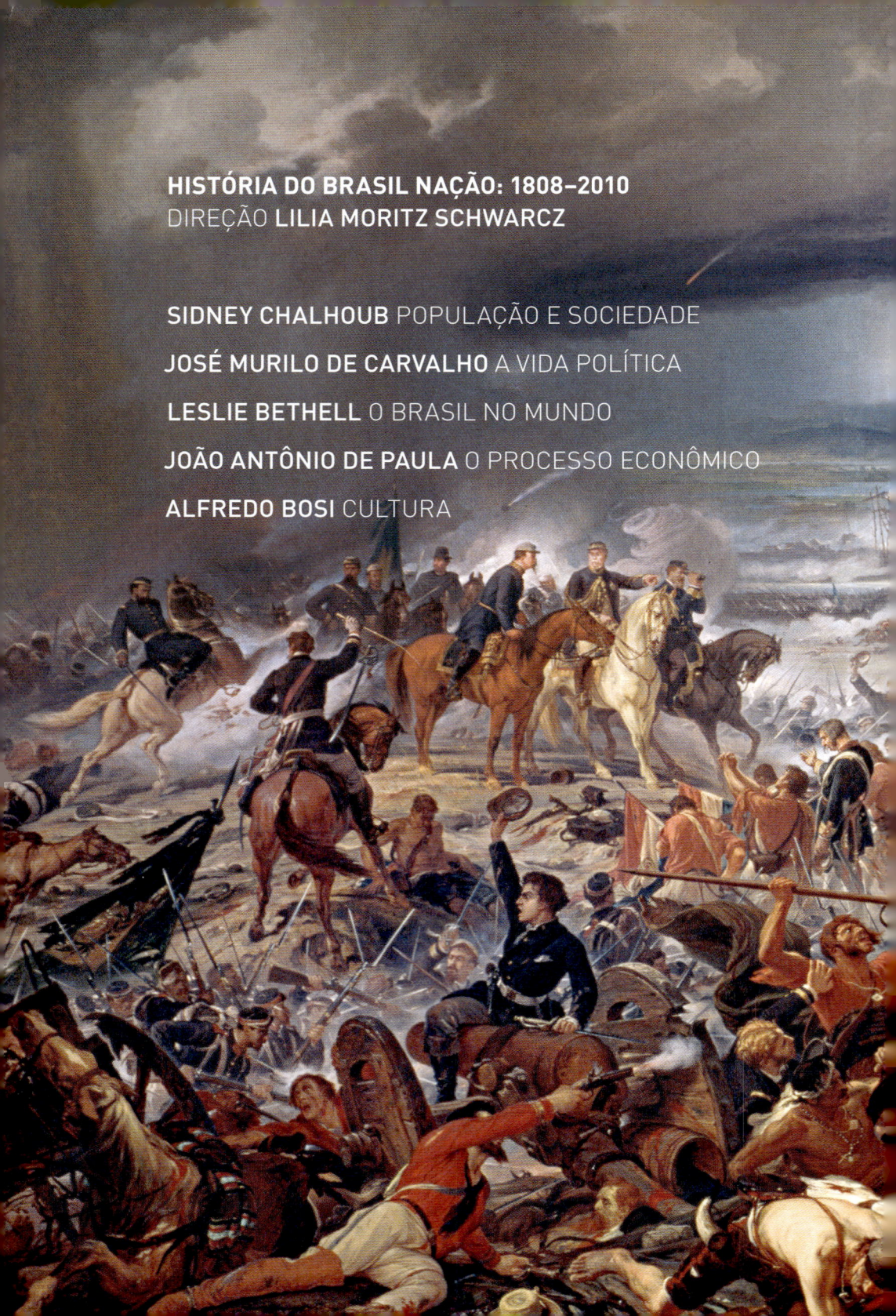

HISTÓRIA DO BRASIL NAÇÃO: 1808–2010
DIREÇÃO LILIA MORITZ SCHWARCZ

SIDNEY CHALHOUB POPULAÇÃO E SOCIEDADE

JOSÉ MURILO DE CARVALHO A VIDA POLÍTICA

LESLIE BETHELL O BRASIL NO MUNDO

JOÃO ANTÔNIO DE PAULA O PROCESSO ECONÔMICO

ALFREDO BOSI CULTURA

AO LADO
Rodolfo Lindemann
Negra, ca. 1880–1900
Instituto Histórico e Geográfico Brasileiro

CAPA
Johann Moritz Rugendas
Moinho de açúcar (Moulin à sucre), 1835
Fundação Biblioteca Nacional

Alfred Fillon
O imperador d. Pedro II, ca. 1876
Instituto Moreira Salles

CONTRACAPA
Marc Ferrez
Largo de São Francisco, Rio de Janeiro
Instituto Moreira Salles

GUARDA
Johann Georg Grimm
Vista do Rio de Janeiro tomada de Santa Teresa, 1883
Coleção Fadel

ABERTURAS
François René Moreaux
O ato de coroação e sagração de d. Pedro II, 1842
Museu Imperial

Victor Meirelles
A primeira missa no Brasil, 1860
Museu Nacional de Belas Artes

Marc Ferrez
Morro do Corcovado, visto do Largo dos Leões, atual rua São Clemente, Botafogo, 1885
Arquivo G. Ermakoff

FOLHA DE ROSTO
Pedro Américo
Batalha do Avaí, 1877
Museu Nacional de Belas Artes

AMÉRICA LATINA NA HISTÓRIA
CONTEMPORÂNEA

CONCEPÇÃO E DIREÇÃO
Pablo Jiménez Burillo

CONSELHO EDITORIAL
Manuel Chust Calero
Pablo Jiménez Burillo
Carlos Malamud Rikles
Carlos Martínez-Shaw
Pedro Pérez Herrero

CONSELHO ASSESSOR
Jordi Canal Morell
Carlos Contreras Carranza
Antonio Costa Pinto
Joaquín Fermandois Huerta
Jorge Gelman
Nuno Gonçalo Monteiro
Alicia Hernández Chávez
Eduardo Posada Carbó
Inés Quintero
Lilia Moritz Schwarcz

COORDENAÇÃO
Javier J. Bravo García

CIP-Brasil. Catalogação na fonte
Sindicato Nacional dos Editores de Livros, RJ

R949
　　　A construção nacional : 1830-1889, volume 2 / coordenação José Murilo de Carvalho. – 1ª ed. – Rio de Janeiro : Objetiva, 2012. (História do Brasil Nação: 1808-2010 ; 2)

　　　Sequência de: Crise colonial e independência
Inclui índice

　　　328p.

　　　ISBN 978-85-390-0319-8
　　　ISBN 978-85-9844-310-3 (FUNDACIÓN MAPFRE)

　　　1. Brasil - História - Império, 1822-1889.
I. Carvalho, José Murilo de, 1939-. II. Título.
III. Série.

11-8351　　　　　　CDD: 981.05
　　　　　　　　　CDU: 94(81)»1822/1889»

HISTÓRIA DO BRASIL NAÇÃO: 1808–2010
VOLUME 2
A CONSTRUÇÃO NACIONAL
1830–1889

Copyright © 2012 dos textos, os autores
Copyright © 2012 desta edição, FUNDACIÓN MAPFRE e EDITORA OBJETIVA, em coedição

Grafia atualizada segundo Acordo Ortográfico da Língua Portuguesa de 1990, que entrou em vigos no Brasil em 2009.

EDIÇÃO
Roberto Feith e Daniela Duarte

PESQUISA ICONOGRÁFICA
Lúcia Garcia

PROJETO GRÁFICO
Victor Burton

DESIGNERS ASSISTENTES
Flora de Carvalho e Natali Nabekura

COORDENAÇÃO GRÁFICA
Marcelo Xavier

COORDENAÇÃO DOS DIREITOS DE IMAGEM
Amaia Gómez

PRODUÇÃO EDITORIAL
Clarisse Cintra

ÍNDICE ONOMÁSTICO
Ronald Polito

REVISÃO
Ronald Polito, Rita Godoy e Luíza Côrtes

11ª reimpressão

[2020]
FUNDACIÓN MAPFRE
Paseo de Recoletos, 23 | 28004 | Madrid
Tel.: 51 91 281 11 31 | Telefax: 51 91 581 17 95
www.fundacionmapfre.com

EDITORA SCHWARCZ S.A.
Praça Floriano, 19, sala 3001 – Cinelândia
20031-050 | Rio de Janeiro, RJ | Tel.: 21 3993 7510
www.companhiadasletras.com.br
www.blogdacompanhia.com.br
facebook.com/editoraobjetiva
instagram.com/editora_objetiva
twitter.com/edobjetiva

CRONOLOGIA 13

INTRODUÇÃO *José Murilo de Carvalho* 19
AS MARCAS DO PERÍODO

PARTE 1 *Sidney Chalhoub* 37
POPULAÇÃO E SOCIEDADE

PARTE 2 *José Murilo de Carvalho* 83
A VIDA POLÍTICA

PARTE 3 *Leslie Bethell* 131
O BRASIL NO MUNDO

PARTE 4 *João Antônio de Paula* 179
O PROCESSO ECONÔMICO

PARTE 5 *Alfredo Bosi* 225
CULTURA

CONCLUSÃO *José Murilo de Carvalho* 281
AMÉRICAS

ÍNDICE ONOMÁSTICO 287
OS AUTORES 295
A ÉPOCA EM IMAGENS 297

CRONOLOGIA

1825

2 de dezembro
Nascimento de d. Pedro II.

1828
Fim da Guerra da Cisplatina. Independência do Uruguai.

1831

7 de abril
D. Pedro I abdica em favor de d. Pedro II.

17 de junho
Regência Trina assume o poder.

7 de novembro
Lei proíbe o tráfico de escravos.

1831-1834
Revoltas de "povo e tropa" em várias capitais provinciais.

1834

12 de agosto
Ato Adicional reduz a centralização política e administrativa e cria assembleias provinciais.

1834

24 de setembro
    Morre em Portugal d. Pedro I do Brasil, IV de Portugal.

1835

20 de setembro
    Início da Revolução Farroupilha no Rio Grande do Sul.

1837

19 de setembro
    Regente Araújo Lima dá início ao regresso conservador.

2 de dezembro
    Criação do Colégio Pedro II.

1838

21 de outubro
    Criação do Instituto Histórico e Geográfico Brasileiro (IHGB).

1839

21 de junho
    Nasce o futuro romancista Joaquim Maria Machado de Assis.

1840

12 de maio
    Interpretação do Ato Adicional.

23 de julho
    Antecipação da maioridade de d. Pedro II.

1848
    Revolução Praieira, última grande revolta provincial.

1850

25 de junho
   Promulgação do Código Comercial.

4 de setembro
   Lei Eusébio de Queirós proíbe o tráfico de escravos.

18 de setembro
   Lei de Terras.

1852

5 de fevereiro
   Batalha de Monte Caseros, em que Rosas é derrotado por tropas de Urquiza, com apoio brasileiro.
   Primeira ligação telegráfica na capital do Império.

1853

6 de setembro
   Marquês de Paraná inaugura política de conciliação.

1854

30 de abril
   Primeira estrada de ferro liga a Corte a Petrópolis.
   Iluminação a gás no Rio de Janeiro.

1857
   Criadas a Academia de Música e a Ópera Nacional.

1858

29 de março
   Abertura da Estrada de Ferro D. Pedro II.

1862
   Brasil participa da Exposição Universal de Londres.

1863

5 de julho
Rompimento das relações diplomáticas com a Grã-Bretanha.

1864

27 de dezembro
Paraguai declara guerra ao Brasil.

1865

1º de maio
Tratado da Tríplice Aliança contra o Paraguai.

1867

Brasil participa da Exposição Universal de Viena.

1868

16 de julho
Ministério Itaboraí: conservadores são chamados ao poder.

1870

1º de março
Morte de Solano López, fim da Guerra da Tríplice Aliança.

3 de dezembro
Fundação e Manifesto do Partido Republicano.

1871

25 de maio
Imperador inicia primeira viagem à Europa.

28 de setembro
Lei do Ventre Livre.

1874

21 de fevereiro e 1º de julho
   Condenação dos bispos de Olinda e do Pará.

22 de junho
   Cabo telegráfico submarino liga Brasil à Europa.
   Revolta do Quebra-Quilos.

1876

26 de março
   Segunda viagem do imperador à Europa, passando pelos Estados Unidos.

1877

   Primeira linha telefônica no país.
   Seca nas províncias do Norte.

1880

1–4 de janeiro
   Revolta do Vintém.

7 de setembro
   Fundação da Sociedade Brasileira contra a Escravidão.

1881

9 de janeiro
   Lei Saraiva introduz eleição direta.

1883

   Início da Questão Militar.

1884

   Abolição da escravidão no Ceará e no Amazonas.

1885

28 de setembro
   Lei dos Sexagenários liberta escravos de 60 anos ou mais.

1886

2 de julho
Fundação da Sociedade Promotora da Imigração.

1887

30 de junho
Imperador parte para a Europa para tratamento de saúde.

1888

13 de maio
Lei Áurea abole a escravidão.

1889

Brasil participa da Exposição Universal de Paris. Única monarquia representada.

15 de novembro
Proclamação da República.

1891

5 de dezembro
D. Pedro II morre em Paris.

INTRODUÇÃO

JOSÉ MURILO DE CARVALHO
AS MARCAS DO PERÍODO

O PERÍODO COMPREENDIDO ENTRE 1830 E 1889 FOI PARA O BRASIL, como para toda a América hispânica, a continuação do longo e doloroso parto de seus respectivos Estados-nação iniciado na primeira década do século. Nele forjaram-se os traços marcantes de cada país, a natureza da sociedade, do governo, da cultura. A seguir, serão apontados alguns grandes temas que podem ser considerados chaves interpretativas para o caso do Brasil, a saber, a unidade política, a continuidade econômica e social, a monarquia presidencial e uma cultura partida. Os capítulos que seguem cobrirão com maior profundidade esses temas que nesta introdução apenas se esboçam.

UNIDADE POLÍTICA

Na demarcação da diferença entre o Brasil oitocentista e os países da América hispânica não se pode exagerar a importância da inversão colonial, quer dizer, da transplantação da corte portuguesa para a colônia em 1808, no contexto da invasão napoleônica da Península Ibérica. Esse evento inédito e extraordinário evitou a eliminação da fonte de legitimidade política operada pela prisão e exílio dos reis de Espanha. Na ausência dessa fonte, as unidades políticas, judiciárias e administrativas da vasta colônia espanhola viram-se na contingência de buscar bases alternativas de autoridade legítima. Desse processo, iniciado ao final da primeira década do século XIX, resultou, 15 anos depois, a formação de 16 países independentes.

Em contraste, o transplante da corte portuguesa, não importa qual tenha sido sua motivação, não só preservou a base de legitimidade como a aproximou dos súditos americanos. Na hipótese da ausência da corte bragantina na América, a enorme colônia, escassamente povoada, cujos meios de comunicação quase que se limitavam às rotas marítimas entre as cidades litorâneas, tenderia a seguir o mesmo caminho de sua contrapartida hispânica, isto é, o caminho da fragmentação. Pode-se dizer, assim, que a transposição da corte foi a causa necessária, embora não suficiente, para o bem ou para o mal, da existência do Brasil assim como ele é hoje conhecido. Estabelecida no Rio de Janeiro, a corte transformou a sede de vice-reinado em centro político efetivo, tanto pela presença nele de toda a máquina administrativa metropolitana quanto pela presença da figura do monarca, fonte de legitimidade que por três séculos comandara a obediência dos súditos americanos do Império luso. Em 1830, a América portuguesa transformara-se no Império brasileiro, composto de 18 províncias.

O feito de 1808 foi reafirmado em 1822 pela independência da parcela americana do Reino Unido de Portugal, Brasil e Algarves sob o regime de uma monarquia constitucional presidida pelo príncipe herdeiro da casa de Bragança. Foi inequívoca nesse momento a atuação de lideranças políticas brasileiras, sobretudo das províncias centrais: Rio de Janeiro, Minas Gerais e São Paulo. O príncipe regente preparava-se, em fevereiro de 1821, para retornar à Europa, obedecendo às ordens das cortes de Lisboa, quando foi convencido por representantes dessas províncias e da capital a permanecer no país. A independência em setembro de 1822, sob a liderança do príncipe, foi decorrência dessa opção. Além da pressão das lideranças políticas, as decisões de ficar e de proclamar a independência também contaram com forte apoio popular na capital. A única reação importante à transferência do centro de poder de Lisboa para o Rio de Janeiro nos marcos de uma monarquia centralizada veio da província de Pernambuco, que pegou em armas em 1824 e se separou do Brasil. A essa altura, no entanto, a nova corte já dispunha de força suficiente para subjugar eventuais resistências regionais.

A importância de 1831 reside no fato de que, quando d. Pedro abdicou do poder e retornou à Europa, pela primeira vez, o governo do país ficou totalmente nas mãos dos brasileiros. O herdeiro do trono, d. Pedro II, contava apenas 5 anos de idade. Mas o episódio mesmo da renúncia não deixou dúvidas sobre a direção que o país queria tomar. Anunciada a abdicação em praça pública, a multidão que lá se congregara aclamou de imediato o imperador-criança, ratificando a manutenção da monarquia, não obstante a existência de facções dissidentes, algumas republicanas. O período regencial (1831–1840) reproduziu no Brasil a fase tumultuada por que passou a América hispânica entre 1810 e 1825, às voltas com a construção de seus Estados nacionais e de seus sistemas republicanos de

Graciliano Leopoldino dos Santos
D. Pedro II
LITOGRAVURA, 1839
FUNDAÇÃO MUSEU MARIANO PROCÓPIO — MAPRO, JUIZ DE FORA, MG

governo. Sob o governo da regência, eleita pelo voto popular, exercido nos termos da Constituição de 1824, inicialmente trina, depois una, pipocaram revoltas por todo o país. As primeiras envolveram povo e tropa das principais cidades, as seguintes mobilizaram as populações rurais. Três províncias separaram-se do Brasil: Bahia, Pará e Rio Grande do Sul. Esta última, além de romper os laços que a ligavam ao Império, proclamou uma república que se manteve independente até 1845.

Nessa fase, tornou-se claro para os que valorizavam a manutenção da unidade do país, entre os quais se encontravam quase toda a elite política nacional treinada em Coimbra, a burocracia do Estado central, o grande comércio da capital e a nova agricultura cafeicultora da província do Rio de Janeiro, que sem a monarquia o país se fragmentaria. Exemplo insuspeito dessa convicção foi o do general Abreu e Lima. Filho de um padre fuzilado por participar da revolta pernambucana de 1824 e republicano convicto, lutara ao lado do libertador Simón Bolívar, que o fizera seu general. Morto Bolívar em 1830, Abreu e Lima regressou ao Brasil no mesmo ano da abdicação. Para surpresa de muitos, tornou-se monarquista e defendeu até mesmo a volta de d. Pedro I. Seu monarquismo era claramente instrumental. Convencera-se de que sem a monarquia o destino da antiga colônia portuguesa seria o mesmo que Bolívar tentara inutilmente evitar na ex-colônia espanhola: a fragmentação.

A agitada fase regencial foi interrompida pela antecipação da maioridade de d. Pedro II, em 1840. O fato de ter sido promovida, ao arrepio da Constituição, pelo Partido Liberal, e com apoio da população da capital (uma multidão de 8 mil pessoas cercou o Senado no dia da proclamação), foi claro indício da força do unitarismo. Oito anos depois fracassava a última grande rebelião, de novo em Pernambuco, e a unidade do país estava consolidada.

CONTINUIDADE ECONÔMICA

A independência política, obtida sem as grandes guerras de libertação que marcaram a colônia espanhola, favoreceu a manutenção da estrutura econômica. O principal gerador de excedentes econômicos continuou sendo o setor externo da economia, dominado pelas exportações de açúcar e algodão no Norte e, cada vez mais, de café, no Sul, e pelo tráfico de escravos. Durante a década de 1830, quando o país corria o risco de se fragmentar, o café transformou-se no principal produto de exportação e o porto do Rio de Janeiro tornou-se o mais importante do país. Essa expansão exigiu grande incremento na importação de escravos, a despeito da forte pressão inglesa contra o tráfico. De 1808 a 1850, quando este foi extinto, entrou no país quase 1,5 milhão de escravos, a maioria dirigida para a província do Rio de Janeiro e para suas vizinhas, Minas Gerais e São Paulo, para onde os benefícios da economia cafeicultora já se difundiam, sobretudo no incremento da produção e do comércio de gêneros para o abastecimento da corte.

A antiga convicção de que a economia brasileira do século XIX se resumia ao latifúndio e à monocultura exportadora já foi exitosamente desafiada por estudos que têm enfatizado a produção e o comércio internos. No entanto, politicamente, o setor exportador era mais importante por causa dos impostos que gerava. À época da Maioridade, os impostos sobre o comércio externo, de importação e exportação, respondiam por cerca de 80% das receitas do governo central. As rendas desse setor da administração, por sua vez, representavam também 80% do total dos impostos arrecadados no país, incluindo os do governo central, das províncias e dos municípios. Isso quer dizer que a máquina administrativa do governo dependia para seu funcionamento dos impostos sobre o comércio externo. Tal dependência tornou-se mais nítida quando o país se negou a renovar o tratado de comércio com a Grã-Bretanha, assinado em 1827. Esse tratado concedia àquele país a condição de nação mais favorecida, cujos produtos eram taxados com a tarifa máxima de 15% *ad valorem*, menor do que a de 16% cobrada de Portugal. Como as importações eram dominadas pelos produtos ingleses, as baixas tarifas do tratado representavam um grande rombo na arrecadação do governo, sem falar no obstáculo que criavam ao desenvolvimento da indústria brasileira. A não renovação do tratado aumentou as rendas das alfândegas, fazendo crescer também a dependência fiscal do governo em relação ao setor externo da economia.

Além de se concentrarem no governo central e no comércio externo, as rendas também se concentravam na alfândega do Rio de Janeiro, graças ao crescimento da economia cafeeira na província. Quando d. Pedro II começou a governar, as receitas arrecadadas na alfândega da Corte representavam 60% de todas as receitas alfandegárias. Um jornalista da época resumiu a relevância política do fato dizendo que o Império era a alfândega do Rio de Janeiro. Apesar do exagero, a expressão indicava a importância da economia exportadora e de sua concentração na cidade do Rio de Janeiro para o êxito da antecipação da maioridade e para a consolidação da liderança política da capital do Império, desde 1834 chamada de Município Neutro. Coincidiam no mesmo lugar o centro político e o centro econômico do país. Na ausência de tal coincidência, a tarefa de unificar o país teria sido mais difícil.

Marc Ferrez
A colheita do café, ca. 1870–1899
FOTOGRAFIA, 16 × 22 CM
SEÇÃO DE ICONOGRAFIA DA FUNDAÇÃO BIBLIOTECA NACIONAL, RIO DE JANEIRO

Ao final do Império, o café ainda representava 61% do valor das exportações. O açúcar ocupava um distante segundo lugar com 10% do total. As receitas alfandegárias, por sua vez, tinham reduzido seu peso no total da arrecadação, mas ainda representavam 65% delas. A grande diferença era que a produção de café, impulsionada pela entrada de trabalhadores livres europeus, se deslocara para a província de São Paulo. Assim como, em 1840, a coincidência dos centros econômico e político tinha favorecido a unidade e a concentração, em 1889, a separação dos dois centros significou um grande reforço, se não da fragmentação, seguramente do federalismo, bandeira que, apesar dos esforços de alguns monarquistas em mostrar sua compatibilidade com o regime vigente, fora monopolizada pela propaganda republicana. Para os paulistas, assim como para os rio-grandenses e mineiros, a república era, sobretudo, federação.

A continuidade verificou-se também em outro tema central, o da propriedade da terra. Regida pelo sistema colonial de sesmarias, já desmoralizado, a distribuição da propriedade rural era extremamente desigual, dando margem à existência de grandes latifúndios movidos à mão de obra escrava, em torno dos quais vegetava uma vasta população civilmente livre, mas econômica e politicamente dependente. Esforços do governo no sentido de alterar essa situação foram derrotados pela resistência dos proprietários. Somente o início da grande imigração europeia na penúltima década do século possibilitou a criação de núcleos de pequenas propriedades nas províncias sulinas.

CONTINUIDADE SOCIAL

A continuidade da base econômica não poderia ter sido conseguida sem a manutenção, e mesmo o reforço, do uso de mão de obra escrava. Só em 1850, sob forte pressão do governo britânico, sobretudo da Royal Navy, é que o governo brasileiro tomou a firme decisão de extinguir o tráfico. Na década de 1840, tinham entrado no Brasil 378 mil escravos. A partir de 1850, e passado o efeito da grande importação dos anos de 1840, a busca de um substituto para o trabalho forçado tornou-se tema central da agenda do governo. As sucessivas medidas abolicionistas, de 1871, que declarou livres os filhos de escravas nascidos a partir da lei, de 1885, que libertou os maiores de 60 anos, e, finalmente, de 1888, que aboliu a escravidão, foram acompanhadas de tentativas de importação de mão de obra asiática e de trabalhadores europeus. As primeiras fracassaram, as segundas tiveram grande êxito, carreando para o país milhares de italianos que se dirigiram para o novo polo econômico localizado na província de São Paulo. No ano da abolição, entraram no país 79 mil imigrantes; no ano seguinte, quando a República foi proclamada, foram 116 mil.

As relações entre a manutenção da escravidão e a conservação da unidade do país são ponto de controvérsia. Para alguns analistas, conservar a escravidão era uma das razões para a manutenção da unidade. A rebelião de Santo Domingo estaria na consciência dos políticos e donos de escravos. Manter a estabilidade e a ordem políticas seria importante para evitar desastre semelhante no Brasil. Teria havido, segundo essa hipótese, uma espécie de pacto da classe dominante no sentido de evitar guerras separatistas, mantendo a unidade e a centralização. Em tese, a hipótese é plausível. Mas ela não consegue explicar as revoltas provinciais do Primeiro Reinado e, sobretudo, do período regencial, muitas delas lideradas por senhores de escravos. E em nenhuma das revoltas em que houve envolvimento de povo, e mesmo de escravos, como a Cabanagem no Pará e a Balaiada no Maranhão, a escravidão foi abolida. A principal figura da independência, José Bonifácio, era um conhecido inimigo da escravidão e, ao mesmo tempo, um dos maiores defensores da manutenção da unidade do país. Outra evidência que leva a duvidar da tese é o fato de que nas centenas de panfletos produzidos durante o processo de independência não foi usado o argumento da escravidão para reforçar a tese da unidade.

Não se pode duvidar do profundo impacto que a manutenção da escravidão teve na economia e na sociedade brasileiras. Embora o trabalho escravo estivesse concentrado na agricultura de exportação, ele invadia todo o território nacional e todas as camadas da sociedade. Em texto clássico, o abolicionista Joaquim Nabuco afirmou, ironicamente, que a escravidão brasileira era mais democrática do que a dos Estados Unidos porque todos os brasileiros podiam possuir escravos, inclusive os libertos e os próprios escravos. Nas cidades maiores, como na Corte, muitas viúvas sustentavam-se com as rendas que lhes proporcionavam seus escravos de ganho, mesmo que fosse apenas um. O clero católico era reconhecidamente conivente com a prática da escravidão. Um dos maiores abolicionistas, José do Patrocínio, era filho de um padre com uma de suas escravas. Não houve no Brasil nada semelhante ao abolicionismo anglo-saxônio, de base religiosa. Esse profundo enraizamento ajuda a explicar por que as revoltas populares não tocaram na instituição. A única rebelião que o fez, a dos malês de Salvador em 1835, limitou a libertação aos escravos de sua etnia e religião.

Ao penetrar toda a sociedade, argumentou ainda Joaquim Nabuco, a escravidão reduzia a produtividade da economia, bloqueava a formação das classes sociais — sobretudo da operária —, reduzia os empregos, aumentava o número de funcionários públicos ociosos, impedia a formação de cidadãos e, portanto, da própria nação. E como os libertos podiam votar e, após 1881, ser eleitos, é ainda Nabuco quem argumenta: a relação senhor-escravo transportava-se para dentro da própria prática política, contaminando a cidadania com os germes do autoritarismo e do paternalismo. Esse terrível libelo, mesmo que fruto da retórica da propaganda abolicionista, ainda se reflete no debate e na agenda política de hoje, quando se discutem ações afirmativas destinadas a beneficiar os descendentes de escravos.

MONARQUIA PRESIDENCIAL

A conquista relativamente tranquila da independência favoreceu a adoção de um regime monárquico-constitucional, mantido sem ruptura até a proclamação da República. Dentro do espírito do Vintismo português, a monarquia brasileira obedeceu a um pacto que incluía a representação popular e a separação dos poderes. Em sua viagem a Minas Gerais em 1830, d. Pedro I ouviu repetidas vezes o grito de viva o imperador enquanto constitucional, isto é, enquanto aderisse à Constituição.

No entanto, a monarquia constitucional brasileira não obedeceu estritamente ao modelo parlamentar que se firmava na Inglaterra. Os redatores da Constituição Outorgada de 1824, escolhidos por um imperador cuja formação se dera dentro do absolutismo, encontraram um meio hábil de conferir, constitucionalmente, ao chefe de Estado mais poderes do que os do soberano britânico. Recorreram à ideia do poder neutro desenvolvida pelo pensador franco-suíço Benjamin Constant (1767-1830) em seu livro *Princípios de política,* publicado em 1815. Buscando evitar o despotismo dos monarcas e a tirania da Convenção, e inspirando-se no exemplo britânico, Constant propôs distinguir o poder real do poder ministerial. O poder real seria neutro, inativo, destinado a servir de juiz em caso de conflito entre os outros poderes. A essa separação ele chamou de chave de toda a organização política. Os redatores da Constituição adotaram a ideia do poder neutro, chamando-o de moderador, mas lhe deram uma interpretação distinta. O imperador, a quem pertencia o Poder Moderador, mantinha a chefia do Poder Executivo. Não se tratava de um poder neutro, mas antes de um poder forte e ativo.

O debate constitucional durante o Segundo Reinado (1840-1889) girou em boa parte em torno da natureza do Poder Moderador e da responsabilidade dos ministros. Os conservadores mantinham-se dentro de uma interpretação literal da Constituição, repetindo François Guizot (1787-1874), historiador e influente político francês: o rei reina, governa e administra. Os liberais apelavam para o espírito da obra de Constant e recorriam a Adolphe Thiers (1797-1877), outro historiador e influente político francês: o rei reina, mas não governa. Na prática, o sistema político imperial poderia chamar-se de monarquia presidencial. Era monarquia na medida em que era hereditário, era presidencial na medida em que acumulava na mesma pessoa a chefia do Estado e do governo.

D. Pedro II era um legalista, mas estava longe de ser um autoritário, como o fora seu pai. Tentou manter a Constituição, mas foi aos poucos caminhando no sentido do parlamentarismo, obedecendo cada vez mais às maiorias parlamentares na escolha de seus ministros. Passado o período de estabilização do Império, cresceram as queixas contra o Poder Moderador e as acusações de ser um poder pessoal despótico. Mas os partidos políticos aprenderam a fazer um uso oportunista desse poder: criticavam-no quando na oposição, apoiavam-no quando chamados ao governo. No governo, manipulavam as eleições em benefício próprio, impondo ao imperador a necessidade de usar seu poder para alternar os partidos no poder. O Poder Moderador de início deu estabilidade política ao país. Mas, na ausência de um eleitorado amplo e independente, ele foi minando a legitimidade do imperador. Liberais e republicanos passaram a exigir o governo do país por si mesmo, significando com isso não propriamente a democracia, mas a eleição do chefe de Estado e do governo. Quando o Poder Moderador, como representante da nação ao lado do Legislativo, tomou medidas abolicionistas que contrariaram interesses poderosos, os partidos monárquicos não o defenderam. Implantou-se o presidencialismo republicano, em que os presidentes detinham poder pessoal ainda maior do que o do imperador, com a diferença de que eram substituídos de quatro em quatro anos.

CULTURA: ENTRE A EUROPA E A AMÉRICA, ENTRE A ELITE E O POVO

A estabilidade política e a presença de um imperador que se dizia nascido para as artes e as letras fez com que houvesse durante o Segundo Reinado um apreciável desenvolvimento da literatura, da música, do teatro, das artes plásticas e da fotografia. O imperador tivera rígida formação, pautada na tradição dos manuais de educação dos príncipes. Sua educação política fora marcada pelo liberalismo moderado da Regência. Sua educação artística e humanística esteve a cargo de mestres estrangeiros, sobretudo franceses, como Félix-Émile Taunay, professor de desenho, história universal e das artes, literatura antiga e grego. O italiano Fortunato Maziotti ensinou-lhe música, o austríaco Roque Schüch, latim e alemão, Alexandre Vandelli, cientista português, filho de italianos, ciências naturais. Dessa educação resultou um leitor voraz profundamente impregnado da cultura europeia e preocupado com sua difusão no Brasil. Em suas viagens à Europa, ao Oriente Médio e aos Estados Unidos, preocupava-se sobretudo em visitar museus, monumentos históricos, escolas e fábricas, e em estabelecer contatos com homens de letras e cientistas, valendo-se de sua condição de poliglota. Entre esses contatos estavam Pasteur, a quem convidou para visitar o Brasil, Victor Hugo, Henry Longfellow, Louis Agassiz. Um desencontro impediu que se encontrasse com Darwin na Inglaterra. Apoiou financeiramente as pesquisas de Pasteur e a construção do teatro de Bayreuth de Richard Wagner.

Durante todo o seu reinado, d. Pedro criou ou patrocinou, ou as duas coisas, várias instituições culturais. Ainda na Regência, foram fundadas, sob seu patrocínio, duas das mais importantes instituições culturais do país: o Colégio Pedro II, em 1837, e o Instituto Histórico e Geográfico Brasileiro, em 1838, ambos na capital do Império. O colégio tornou-se uma escola-modelo que preparava bacharéis para a formação universitária. Por ele passou, estudando ou ensinando, boa parte da elite cultural do país. O instituto congregava o melhor da inteligência nacional e suas sessões contavam com a presença frequente do imperador. Foi responsável pela maior parte dos estudos históricos, geográficos e antropológicos realizados durante o Segundo Reinado e se mantém em atividade até hoje, com sua prestigiosa revista, a mais longeva das Américas. Uma de suas primeiras iniciativas, reveladora de seus propósitos, foi abrir um concurso sobre o tema "Como se deve escrever a história do Brasil". O concurso foi ganho pelo botânico bávaro Karl Friedrich Von Martius (1794–1868), profundo conhecedor do país e futuro autor de uma obra monumental em 15 volumes, intitulada *Flora Brasiliensis*. O texto de Martius, publicado em 1845, distinguia-se, sobretudo, pela valorização da mistura racial que caracterizava o país. Passaram-se oito décadas até que a intelectualidade brasileira decidisse aceitar tal posição. Ao Instituto juntaram-se o Observatório Nacional, o Museu Histórico Nacional, a Academia de Medicina, a Ópera Nacional, a Escola de Minas de Ouro Preto. Para fundar esta última, d. Pedro foi buscar na França físicos, geólogos e engenheiros de minas.

A atuação do imperador estendeu-se também à proteção e ao incentivo à música e às artes plásticas. Era costume seu conceder bolsas de estudo aos alunos da Escola de Belas Artes que se destacassem entre os colegas. Entre os 41 bolsistas que enviou ao estrangeiro, sobressaíram os pintores Pedro Américo e Almeida Jr. e o compositor Henrique Oswald. Uma mulher, Maria Augusta Estrela, foi enviada a Nova York para estudar medicina. De regresso, os artistas reforçaram e atualizaram no país a influência da cultura europeia.

Outro interesse especial do imperador foi a fotografia. Segundo alguns historiadores, a primeira pessoa a usar o nome fotografia e a fazer fotos foi o francês Hercule Florence, residente na cidade de Campinas, em São Paulo.

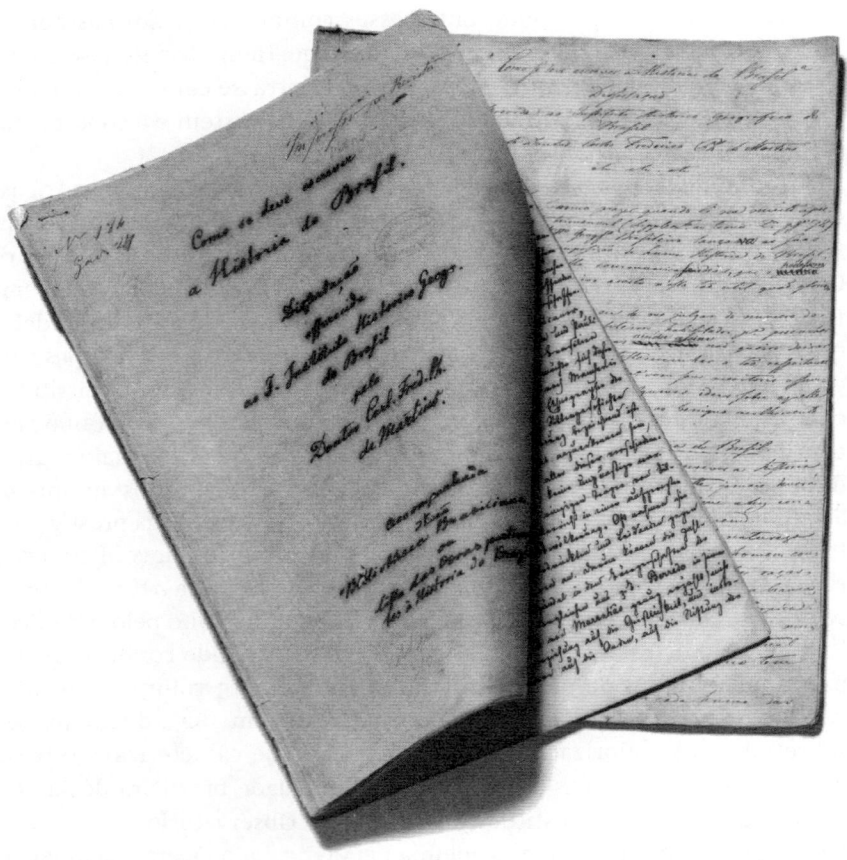

Como se deve escrever a História do Brasil
de Karl Friedrich Von Martius

Publicado pela primeira vez em 1845, no tomo 6, número 24, da *Revista do Instituto Histórico e Geográfico Brasileiro*. Como livro, só foi lançado pelo IHGB em 1991.

CAPA (EM PORTUGUÊS) E PRIMEIRA PÁGINA (EM ALEMÃO)
DO MANUSCRITO ORIGINAL (1843), SEGUIDAS DA PRIMEIRA PÁGINA
DO ORIGINAL DA TRADUÇÃO PARA O PORTUGUÊS (1845)
INSTITUTO HISTÓRICO E GEOGRÁFICO BRASILEIRO, RIO DE JANEIRO

Louis Compte
Paço Imperial, Rio de Janeiro, 1840
De acordo com a descrição de Gilberto Ferrez no livro *A fotografia no Brasil, 1840–1920*
(Rio de Janeiro: Funarte, 1985), "o Paço da Cidade [Paço Imperial],
com a tropa formada à sua frente. No fundo, à esquerda, a torre da Capela Imperial;
ao centro, a sineira provisória da Ordem Terceira do Monte do Carmo;
à direita, o Hotel de France". Este teria sido o primeiro daguerreótipo realizado
na América do Sul, em janeiro de 1840.

DAGUERREÓTIPO
COLEÇÃO DOM JOÃO DE ORLEANS E BRAGANÇA, PETRÓPOLIS, RJ

Ele o fez em 1833, antes da invenção de Daguerre, de 1839. O daguerreótipo, por sua vez, chegou ao Brasil em 1840, poucos meses após sua descoberta na França. Foi trazido pelo padre francês Louis Compte, cujas imagens do Rio de Janeiro são as mais antigas das Américas, tendo desaparecido algumas feitas pouco antes nos Estados Unidos. O jovem imperador tomou logo interesse pela técnica e encomendou o equipamento para produzir suas próprias imagens. Novas tecnologias logo chegavam ao Brasil que, em matéria de fotografia, graças, sobretudo, a artistas estrangeiros, se manteve durante o século *pari passu* com a Europa e os Estados Unidos. D. Pedro tornou-se grande colecionador de imagens da própria família, do Brasil e dos países que visitava. Ao ser deposto, doou a riquíssima coleção de mais de 21 mil fotos, a que deu o nome da imperatriz Teresa Cristina, à Biblioteca Nacional. Por sua importância, a coleção foi declarada pela Unesco, em 2003, patrimônio cultural da humanidade.

A estreita relação das elites culturais com a cultura europeia refletia-se em sua produção e em seu pensamento. A literatura, o teatro, a música, a arquitetura, as artes plásticas seguiam de perto, com maior ou menos presteza, as tendências europeias. A literatura passou pelo neoclassicismo, pelo romantismo, pelo realismo, pelo naturalismo, pelo simbolismo. As artes plásticas também tiveram forte influência europeia, sobretudo da França e da Itália, destino de todos os que buscavam se aperfeiçoar no exterior. A arte colonial, dominada pelo barroco religioso, tinha sido renovada pela presença de um grupo de artistas franceses — pintores, escultores, arquitetos, gravadores — chegados ao Brasil em 1816, ainda no período joanino. O ensino artístico foi consolidado com o início do funcionamento da Academia de Belas Artes, em 1826. Durante o Segundo Reinado, discípulos dos franceses e ex-alunos da Escola produziram vasta obra, em que predominava o neoclassicismo acadêmico. Não foi diferente a trajetória da música erudita, que atingiu seu ápice nas óperas de Carlos Gomes. A principal delas, *O guarani*, cujo libreto se baseava no romance homônimo de José de Alencar, foi representada no Scala de Milão em 1870, com a presença de d. Pedro II.

A presença europeia fazia-se sentir ainda no mundo das ideias filosóficas e políticas. Quanto às primeiras, até a década de 1860, sobressaiu o ecletismo de Victor Cousin (1792–1867). Quanto às segundas, predominaram, até a mesma década, autores como François Guizot, Benjamin Constant, Alexis de Tocqueville (1805–1859), John Stuart Mill (1806–1873). A partir dos anos 1870, invadiram o país as grandes filosofias deterministas da história, típicas do século. Destacaram-se o positivismo de Auguste Comte

AS MARCAS DO PERÍODO

Augusto Malta
Machado de Assis, aos 67 anos, com Joaquim Nabuco, 1906
FOTOGRAFIA, 30 × 24,1 CM
SEÇÃO DE ICONOGRAFIA DA FUNDAÇÃO BIBLIOTECA NACIONAL, RIO DE JANEIRO

(1798-1857), o evolucionismo de Herbert Spencer (1820-1903), o biologismo de Ernst Haeckel (1834-1919), a antropogeografia de Friedrich Ratzel (1844-1904), o racismo de Arthur de Gobineau (1816-1882). Este último foi representante diplomático da França no Brasil, onde fez grande amizade com o imperador, apesar de detestar e desprezar a população mestiça do país. O único determinismo oitocentista que não chegou ao Brasil na época foi o econômico de Karl Marx (1818-1883).

Em contraste com o peso da influência europeia na cultura, era pequena a presença norte-americana e nula a dos países hispano-americanos. No entanto, seria equivocado ver nessa influência apenas uma cópia servil. Na literatura, nas artes plásticas, na música, se o modo de dizer e fazer seguia padrões europeus, os temas e as propostas eram brasileiros. Românticos, realistas, neoclássicos, naturalistas, todos tinham o Brasil como tema. No romantismo indianista de José de Alencar e Gonçalves Dias, no condoreirismo abolicionista de Castro Alves, na pintura histórica de Victor Meirelles e Pedro Américo, no paisagismo de Giovanni Castagneto e Antônio Parreiras, as obras não só tratavam do Brasil como tinham propostas de criação de uma identidade e de uma memória brasileiras, por mais restritas que fossem. O maior dos escritores nacionais até os dias de hoje, Machado de Assis, referiu-se em 1873 à existência na literatura brasileira de "certo instinto de nacionalidade". Tal instinto manifestava-se, segundo ele, sem dúvida, na temática brasileira, como o indigenismo e a cor local. Mas revelava-se ainda mais naquilo que era mais importante num escritor, "certo sentimento íntimo, que o torna homem de seu tempo e do seu país". Foi esse sentimento que fez do próprio Machado um escritor brasileiro de alcance universal.

No campo das ideias verificou-se o mesmo fenômeno. A abundante citação de autores estrangeiros não significava necessariamente adesão a suas ideias. Podia ser um simples recurso retórico de apelo à autoridade. Não faltou originalidade nos pensadores políticos, como o conservador visconde do Uruguai e o liberal Tavares Bastos. Sobretudo, não faltou em José de Alencar, que desenvolveu pioneiramente a ideia da representação proporcional. Nem mesmo os adeptos de sistemas fechados como o positivismo e o determinismo racial deixaram de ser originais. Os positivistas entortaram o pensamento de Comte para defender, por exemplo, um papel político para as classes médias ou a ação política revolucionária para derrubar a monarquia. Os deterministas raciais acharam um meio de combinar evolução com naturalização das diferenças biológicas. Os liberais conseguiram conviver com a escravidão. É dentro dessa complexa dialética do nacional e do universal que se deve interpretar a rica produção cultural do Segundo Reinado. Mesmo imbuídas do propósito de exercer missão civilizatória, não se pode acusar de alienadas as elites política e cultural da época. No caso do abolicionista Joaquim Nabuco, o nacional e o universal fundiam-se na adesão ao valor da liberdade.

Havia ainda, no mundo da cultura, uma cisão entre o erudito e o popular. Com um índice de analfabetismo de 85% da população, o Brasil constituía uma ilha de letrados num mar de analfabetos. Era forte a presença da escultura e da pintura populares expressa na estatuária religiosa e nos ex-votos; existia grande variedade de ritmos populares, como a modinha e o extraordinário chorinho. O mesmo se pode dizer do mundo da dança, onde o reisado, o lundu, o batuque, o maxixe contrastavam com a valsa e a polca dos salões. Eram poucos os pontos de encontro entre as duas tradições. O violão, instrumento popular por excelência, teve de aguardar o século XX para ser aceito nos salões da elite culta e se tornar um símbolo de brasilidade. Povo e elite mantiveram-se em mundos à parte no campo cultural, assim como no mundo social e político. Um dos poucos pontos de encontro foram os contos populares. Inúmeras contadoras de histórias negras, escravas e analfabetas, na melhor tradição africana, encantavam as crianças brancas transmitindo-lhes, em linguagem brasileiríssima, os fantásticos contos compendiados pelos alemães irmãos Grimm, pelo francês Charles Perrault, pelo português Teófilo Braga e pelo brasileiro Sílvio Romero. Europa, África e América fundiam-se nessas histórias contadas por verdadeiras agentes da criação de uma cultura nacional.

BIBLIOGRAFIA

ALONSO, Ângela. *Ideias em movimento*: a geração 1870 na crise do Brasil Império. São Paulo: Anpocs/Paz e Terra, 2002.
BARDI, P.M. *História da arte brasileira*. São Paulo: Melhoramentos, 1975.
CARVALHO, José Murilo de. *D. Pedro II*: ser ou não ser. São Paulo: Companhia das Letras, 2007.
ROMERO, Sílvio. *Folclore brasileiro*: contos populares do Brasil. 2. ed. Rio de Janeiro: Alves & Cia, 1897.
LAGO, Pedro Corrêa do; LAGO, Bia Corrêa do. *Os fotógrafos do Império*. Rio de Janeiro: Capivara, 2005.
MARIZ, Vasco. *História da música no Brasil*. Rio de Janeiro: Civilização Brasileira, 1994.
NABUCO, Joaquim. *O abolicionismo*. Rio de Janeiro: Nova Fronteira, 1999. [1883].

DETALHE DA IMAGEM DA PÁGINA 73

PARTE **1**

SIDNEY CHALHOUB
POPULAÇÃO E SOCIEDADE

POPULAÇÃO: A DIFICULDADE DE CONTAR

A independência obtida em 1822 acarretava o desafio de construir um Estado nacional. Tarefa colossal, à qual os parlamentares da primeira legislatura, empossados em 1826, entregaram-se como quem se vê compelido a tatear na escuridão. Já na primeira sessão, em 14 de junho, o deputado Custódio Dias observou que "nós não temos os dados precisos para sabermos dos males que se devem remediar, e sem os conhecimentos necessários nada poderemos fazer". Requisitou-se logo ao Poder Executivo que se recolhessem "informações circunstanciadas" sobre uma gama variadíssima de assuntos: população, saúde pública, agricultura, exploração mineral, indústria fabril, comércio, obras públicas, instrução pública, administração pública... O ministro do Império, destinatário da cobrança, titubeou diante da magnitude da tarefa, confirmando, todavia, o que todos sabiam: os papéis dos ministérios estavam em "estado de desordem", não havia estatísticas disponíveis sobre os diversos ramos do serviço público e por isso a sociedade para a qual se deveria governar e legislar permanecia em grande medida desconhecida. Havia o seu conhecimento empírico, individual, mas os contornos gerais, coletivos, não eram sabidos.

Apesar da insegurança que tal situação transmitia, num contexto em que deputados e senadores citavam amiúde exemplos estrangeiros — de França, Holanda, Suécia etc. — no intuito de firmar o princípio de que para legislar e governar era preciso antes contar, iniciativas nessa área permaneceram tímidas até o início da década de 1850. Não surpreende que tenha sido assim, diante da instabilidade política do Primeiro Reinado, das insurreições e guerras civis da década de 1830, da incerteza dos anos

1840, quando um gabinete após outro teve de lidar com o problema da pressão britânica contra o tráfico africano ilegal. O ano de 1850 é um divisor de águas na vida política e social do Império. O fim do tráfico africano ilegal interrompeu o principal fluxo de mão de obra para a cafeicultura fluminense e paulista, o que obrigou o governo imperial a imaginar alternativas. Uma delas foi a Lei de Terras, que buscou regularizar a questão fundiária em geral, mas cujo objetivo, na ótica do governo, era permitir a utilização e venda de terras públicas para obter os recursos necessários à implantação de políticas para atrair colonos europeus. Viu-se logo que a articulação das políticas de terra e de mão de obra exigia instrumentos renovados de administração, pois parecia óbvio que não se avançaria nessa área sem conhecimento da ordem de grandeza dos problemas a enfrentar. Ademais, uma terrível epidemia de febre amarela, no verão de 1849/1850, que atingiu várias províncias e vitimou dezenas de milhares de pessoas, agudizou o sentimento de inadequação do conhecimento que as autoridades públicas dispunham sobre o país.

No caso da epidemia de febre amarela, o médico higienista que mais se empenhou em conhecer a tragédia que ela causou na capital do Império, José Pereira Rego, compilou a estatística dos mortos a partir de informações existentes nos hospitais e enfermarias administradas pelo próprio governo; todavia, muitas vítimas faleceram sem nunca chegar a esses estabelecimentos, sendo enterradas nas igrejas e em outros locais sem que houvesse qualquer registro do motivo da morte. Como consequência, os números oficiais de mortos pela epidemia na Corte, mais de 4 mil, pareciam manipulação diante de outras estimativas, que propunham cifras de 10 mil óbitos, às vezes 15 mil, causados pela doença na capital, que tinha à época cerca de 200 mil habitantes.

O gabinete conservador do visconde de Monte Alegre mostrou-se intrépido para reverter esse estado de coisas. No mesmo dia, 18 de junho de 1851, mandou executar dois decretos, um tornando obrigatório o registro civil de nascimentos e óbitos, outro prescrevendo a realização de um "censo geral do Império". O regulamento do registro civil determinava que o serviço seria realizado nos distritos dos juízes de paz, ficando os escrivães deles encarregados de compor os livros. No caso da notificação dos nascimentos, o pai, a mãe ou outro responsável tinha o prazo de dez dias para fazê-lo; os óbitos tinham de ser informados em 24 horas. Os recém-nascidos de condição livre apareceriam nos livros em termos nos quais se declarariam dia e lugar do nascimento, sexo, nome, nome dos pais, profissão e domicílio deles; no caso dos escravos, constariam o nome do senhor, dia e lugar do nascimento, sexo, cor, nome dos pais, se fossem casados, ou somente o da mãe, se não fossem. Além da circunstância da cor, que não constava para os nascidos livres, no livro dos escravos deveria haver anotação específica quando ocorresse concessão de liberdade no ato do registro. No livro de óbitos, à parte as informações esperadas para a identificação do falecido (e, novamente, a exigência da cor apenas para os escravos), desejava-se saber se deixara testamento e "a doença de que faleceu". O decreto determinava ainda a organização dos dados, a serem recolhidos pelos escrivães dos juízes de paz e enviados à Câmara Municipal, que os encaminharia à presidência da província, que os destinaria ao ministério do Império, com cada instância elaborando "mapas" de nascimentos e óbitos pertinentes à sua jurisdição administrativa. Se pensarmos que esses procedimentos se combinavam com a realização de um censo geral do Império, previsto para poucos meses depois de iniciado o registro civil obrigatório, o governo passaria a ter um sistema permanente de acompanhamento do movimento populacional do país no que diz respeito às taxas de natalidade e mortalidade (*Coleção das leis do Império do Brasil*, decretos n°s 797 e 798, 18 de junho de 1851).

Mas a lei não pegou, apesar da linguagem dura, no que concerne à sua aplicação. O registro civil começaria "impreterivelmente" em 1º de janeiro de 1852; a partir de então, não se enterraria ninguém nos campos santos sem certidão de óbito e os párocos exigiriam certidão de nascimento para batizar os recém-nascidos, salvo quando houvesse perigo de vida evidente. Ou seja, o acesso a rituais centrais da religião católica, o assunto grave do salvamento das almas, passava a ter porteiros designados pela burocracia imperial. Ao longo do segundo semestre de 1851, preocupados com possíveis problemas na aplicação da lei, autoridades provinciais enviaram ofícios ao governo imperial para explicar que as condições concretas do país — distâncias enormes, estradas precárias, serviços públicos inexistentes — tornavam difícil o cumprimento do decreto nos termos em que fora lavrado. Em janeiro de 1852, revoltas populares rebentaram quase simultaneamente em Pernambuco, Paraíba, Alagoas, Sergipe e, ao que parece em menor grau, no Ceará e em Minas Gerais. Acuado, o governo suspendeu a execução dos decretos do registro civil e do recenseamento geral em 29 de janeiro de 1852.

Relatórios provinciais e ministeriais escritos nos meses seguintes mostram a perplexidade das autoridades diante da violenta rebelião popular contra o registro civil obrigatório. Ao mesmo tempo, quase à revelia, dão a ver algo do que os revoltosos pensaram sobre a iniciativa do governo, permitindo que nos acheguemos à sociedade brasileira oitocentista pela porta dos fundos, por assim dizer. É possível que parte da insatisfação popular tenha sido inspirada dos púlpitos, por párocos descontentes com a intervenção do poder público sobre suas atribuições. As queixas dos padres aconteciam num contexto mais amplo, pois uma das consequências da epidemia de febre amarela fora o aumento da pressão do governo contra os enterros no interior das igrejas e os rituais fúnebres pomposos e demorados, considerados nocivos à saúde pública. As autoridades provinciais reconheceram a influência dos religiosos no ânimo da população ao solicitar que alguns deles se encarregassem de ir às localidades conversar com os amotinados. Todavia, os relatórios oficiais são unânimes em reconhecer que o que movia os populares era a crença de que "o registro só tinha por fim escravizar a gente de cor", chegando a apelidá-lo de "lei do cativeiro". Em documento dos revoltosos ao delegado de polícia de Pau d'Alho, ao que parece a vila mais conflagrada em Pernambuco, eles se identificavam como "nós, pretos e pardos pobres", que haviam tido "notícia do papel da escravidão" que logo se divulgaria, e queriam saber se era ou não "verdade" o que se dizia — ou seja, que o objetivo do governo era reduzi-los à escravidão.

Instados a refletir sobre a origem dessa crença que se espalhara como rastilho de pólvora por meia dúzia de províncias do Império, ministros e presidentes de província ensaiaram o ramerrão habitual a respeito do "povo rude", "parte menos culta" da sociedade, "gente irrefletida", "espíritos fracos" e sem civilização, prontos a acreditar em qualquer "ideia falsa" que se lhes procurasse incutir, aderindo a ela com "fanatismo", "delírio", "ânimos desvairados" (isso tudo consta nos relatórios dos presidentes das províncias de Pernambuco, Paraíba, Alagoas, Sergipe, Ceará e Minas Gerais às respectivas assembleias legislativas provinciais, referentes ao ano de 1852; e nos relatórios dos ministros do Império, referentes aos anos de 1851 e 1852, e da Justiça, de 1852, à Assembleia Geral Legislativa). O colorido dos adjetivos mal esconde a impossibilidade de acesso desses homens graúdos ao pensamento de homens e mulheres que invadiram igrejas para impedir a leitura do decreto, rasgaram-no em público, colocaram polícia e juízes para correr, atiraram contra soldados, chegando a matar e ferir alguns deles. Todavia, a mensagem dos revoltosos parecia clara o suficiente. Um juiz de direito de Pernambuco escreveu ao presidente da província para dizer que "o motivo pelo qual o povo se ostenta tão descontente e ameaçador é porque diz que as disposições do decreto têm por fim cativar seus filhos, visto que os ingleses não deixam mais entrar africanos". O registro civil de nascimentos seria o cativeiro dos filhos da "gente de cor"; o recenseamento, em seguida, escravizaria os pais.

Em suma, os revoltosos — pretos e pardos livres pobres — relacionavam o fim do tráfico africano de escravos, em decorrência da lei de 1850, com a necessidade de suprir de outro modo a demanda por trabalho escravo nas fazendas, deduzindo daí que seriam eles os escravizados da vez. Ao manifestar tal temor, mostravam saber que o tráfico africano continuara por muito tempo à revelia da lei que o proibira desde 1831, em resistência à pressão inglesa, com a escravização ilegal e rotineira de centenas de milhares de africanos contrabandeados no período. Pretos e pardos livres pobres estiveram equivocados ao imaginar que o registro civil e o recenseamento determinados pelos decretos de 1851 tinham o objetivo de reduzi-los ao cativeiro. Ironia da história, o erro deles revela um entendimento profundo da lógica social do Brasil oitocentista, um jeito de ver aquela realidade imprescindível para quem quiser compreendê-la.

O CENSO DE 1872

O país continuou sem um recenseamento geral até 1872 e, mesmo assim, os resultados desse primeiro censo só se tornaram conhecidos ao longo dos anos de 1876 e 1877. A nova premência em relação ao tema do conhecimento do país em geral esteve associada à experiência da Guerra do Paraguai e à discussão de políticas destinadas à emancipação gradual dos escravos, que empacavam no desconhecimento básico de quantos eram os cativos. Pensar em emancipar escravos, respeitando-se o direito de propriedade, conforme sempre insistiam os senhores, implicava estimar custos de possíveis indenizações para as alforrias. Propunha-se libertar os filhos das mulheres escravas, mas não se sabia quantas crianças escravas nasciam no país a cada ano; pensava-se em criar um fundo para comprar alforrias, mas não se tinha ideia dos recursos financeiros necessários para que tal fundo tivesse algum impacto no processo de emancipação, e assim por diante. A lei de emancipação gradual finalmente aprovada, dita do Ventre Livre, em 28 de setembro de 1871, decidiu esses pontos todos meio no escuro, por isso determinou uma matrícula geral de todos os escravos do país, a ser realizada em 1872/1873, como passo prévio para que vários de seus dispositivos entrassem em vigor.

Vejamos alguns resultados do recenseamento de 1872. A população brasileira somava 9.930.478 habitantes, divididos, quanto à condição social, em 8.419.672 livres (84,7%) e 1.510.806 escravos (15,2%). Essa proporção de escravos era baixa em comparação ao que fora durante toda a primeira metade do século XIX, quando as projeções mais comuns estimavam a população cativa

*Relação n. 176 dos escravos pertencentes
a Antônia Francisca Barbosa Aranha, residente na província de São Paulo,
município de Campinas, paróquia de Santa Cruz*
LIVRO DE MATRÍCULA GERAL DOS ESCRAVOS, 1872
ACERVO DO CENTRO DE MEMÓRIA DA UNICAMP, CAMPINAS

entre 30% e 40% do total de habitantes do país. Todavia, a cessação do tráfico negreiro em 1850, a baixa taxa de natalidade e a alta mortalidade, em especial devido à devastadora epidemia de cólera de 1855 e 1856, provocaram uma diminuição acentuada da população escrava nas décadas de 1850 e 1860, algo que o censo de 1872 registrou bem, apesar de indícios de que subestimou em alguma medida o número de cativos. Quanto às raças, havia 38,1% de brancos, 19,6% de pretos, 38,2% de pardos e 3,9% de indígenas. Pretos e pardos somados, incluídos tanto livres e libertos quanto escravos, chegavam a 5.756.234, ou 57,9% da população total. Excluídos os escravos, chegamos a uma população livre de cor de 4.245.428, ou seja, 42,7% dos habitantes do país eram indivíduos livres de cor, logo egressos da escravidão e seus descendentes, pretos e pardos.

Essa alta porcentagem de pretos e pardos livres na população singularizava a sociedade escravista brasileira em relação a outras do século XIX. Em

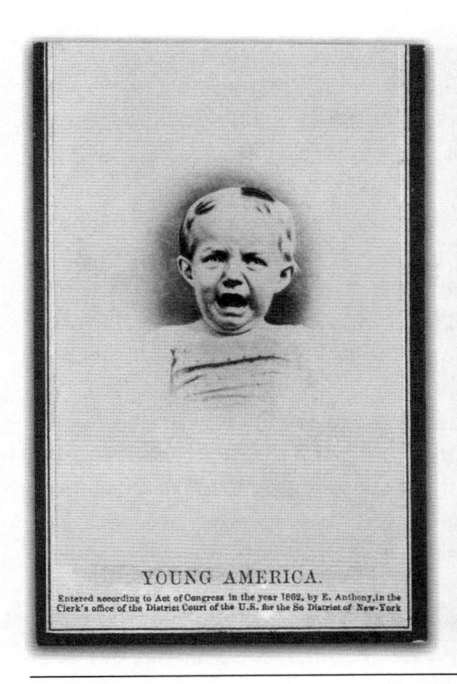

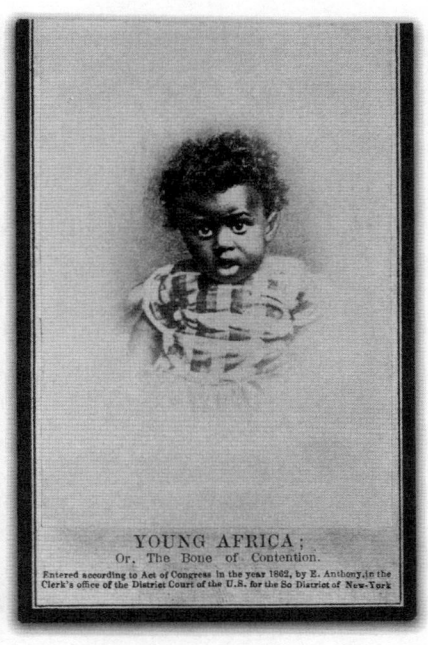

À *esquerda,* Young America *e, à direita,* Young Africa,
or the bone of contention

IN: ANTHONY, EDWARD. *THE PHOTOGRAPHIC ALBUM (PERSONALIDADES
DA GUERRA CIVIL AMERICANA),* CA. 1860-1876
FOTOGRAFIAS, *CARTE DE VISITE,* PAPEL ALBUMINADO, 8,1 × 5,4 CM
SEÇÃO DE ICONOGRAFIA DA FUNDAÇÃO BIBLIOTECA NACIONAL, RIO DE JANEIRO

Cuba, por exemplo, na década de 1860, 26% da população total era cativa e apenas 16% dela era de pessoas livres de cor. Em Louisiana, em 1860, às vésperas da Guerra Civil americana, havia 46% de escravos e menos de 3% de negros livres. Outra maneira de apreciar esses dados é ponderar a presença proporcional de pessoas livres de cor em relação apenas à população negra total. Assim, ainda segundo o censo de 1872, 73,7% dos pretos e pardos habitantes do Brasil eram livres. No caso dos Estados Unidos, em 1860, não mais do que 11% da população negra total era livre, incluídos nessa cifra os estados do Norte, nos quais praticamente não havia mais escravidão e registravam 99% de negros de condição livre. Havia diferenças relevantes entre as regiões do sul escravocrata: no chamado Upper South (estados de

Maryland, Virginia, Carolina do Norte etc.), 13% dos negros eram livres; no Lower South (Carolina do Sul, Geórgia, Florida), 2%; no Deep South (Louisiana, Alabama, Mississippi, Arkansas, Texas), 1%. Esses dados comparativos sugerem que uma característica importante da escravidão brasileira consistia na existência de um número significativo de pessoas cativas obtendo alforrias enquanto a escravidão ainda existia. Em outras palavras, no Brasil, mais do que em outras sociedades escravistas do Oitocentos, a libertação dos escravos ocorreu paralelamente à continuidade da instituição da escravidão. Além da importância do estudo dos modos de obtenção de alforria, ficamos também com a questão da experiência de liberdade para esse contingente numeroso de pretos e pardos que, apesar de livres, viviam numa sociedade tradicionalmente pautada pela escravidão negra.

Quanto aos sexos, na população livre havia 4.318.699 homens (51,2%) e 4.100.973 mulheres (48,7%). Essa pequena desproporção entre os gêneros devia-se à predominância de homens no tráfico negreiro, que durou até 1850, mas deixou africanos remanescentes dele que haviam se tornado libertos. Outra explicação estava na forte presença masculina na imigração espontânea de europeus, em especial portugueses, que tendiam a se concentrar nas cidades — a Corte contava com mais de 55 mil deles. O número de estrangeiros na população livre era baixíssimo, se pensarmos na maciça chegada de imigrantes a partir da segunda metade da década de 1880, somando pouco mais do que 243 mil pessoas, ou 2,9% da população; entre eles, contudo, 74% eram homens, maioria suficiente para explicar quase toda a diferença entre os sexos na composição da população livre total. Entre os escravos, havia 805.170 homens (53,2%) e 705.636 mulheres (46,7%). Entre os cativos "estrangeiros" — isto é, africanos —, que somavam 138.560 indivíduos (9,2% do total de escravos), 62% eram homens. Essa desproporção devia-se a dois fatores. Além da predominância dos homens no tráfico, já mencionada, os estudos sobre alforria mostram que as mulheres se libertavam em proporção superior aos homens. Isso ocorria em parte devido aos esforços dos próprios escravos, que valorizavam a liberdade das mulheres porque isso significava o nascimento de filhos livres.

Um aspecto do censo de 1872 que repercutiu bastante entre os contemporâneos foi o concernente à instrução, ou à "estatística intelectual", como às vezes se dizia para dourar a pílula, pois o assunto era a falta de instrução. Na população livre, 1.563.078 habitantes sabiam ler e escrever (18,6%), 6.856.594 não sabiam (81,4%). Ao decompor os dados entre os sexos, via-se que 76,5% dos homens eram analfabetos; entre as mulheres a cifra subia para 86,5%. Excluídos os menores de 5 anos, logo ainda sem idade escolar,

POPULAÇÃO E SOCIEDADE

Guilherme Gaensly
Hospedaria dos imigrantes, São Paulo, ca. 1898
FOTOGRAFIA, 20 × 27 CM
ACERVO FUNDAÇÃO ENERGIA E SANEAMENTO, SÃO PAULO

77,4% da população era analfabeta (70,5% dos homens; 84,3% das mulheres). Só no município da Corte mais da metade da população livre sabia ler e escrever: assim mesmo, a bola entrou triscando a trave, pois eram 50,1% os alfabetizados. Quanto à população escrava, o recenseamento informava que nenhum cativo frequentava escola primária. Em consequência, havia no país 1.401 escravos que sabiam ler e escrever em mais de 1,5 milhão deles, o que resulta numa taxa de "alfabetização" de 0,08%. Na Corte, onde havia mais instrução do que no resto do país, 329 escravos em 48 mil sabiam ler e escrever — ou seja, 0,67%. Além de analfabeto, o Brasil era obviamente agrícola. Entre os que declararam profissão, 32,2% tinham ocupação na agricultura, 8,3% exerciam ofícios manuais ou mecânicos, 15,7% tinham outras profissões, mas impressionantes 41,6% foram computados como "sem profissão".

Houve três principais movimentos de população no período imperial: o tráfico negreiro na primeira metade do século XIX, de longe o mais significativo; o tráfico interno de escravos, que transferiu contingente importante de cativos do Norte do país para as províncias do Rio de Janeiro e de São Paulo, onde se concentrava a cafeicultura, entre a década de 1850 e o início dos anos 1880; por fim, o desencadeamento do processo de imigração europeia maciça, em especial de italianos, para a província de São Paulo a partir da segunda metade da década de 1880.

DEZ PROVÍNCIAS COM MAIOR POPULAÇÃO ESCRAVA SEGUNDO O CENSO DE 1872

PROVÍNCIAS	Nº DE ESCRAVOS	Nº DE LIVRES PARA CADA ESCRAVO
Minas Gerais	370.459	4,51
Rio de Janeiro	292.637	1,67
São Paulo	156.612	4,35
Bahia	107.824	11,24
Pernambuco	89.028	8,45
Maranhão	74.939	3,79
Rio Grande do Sul	67.791	5,41
Município Neutro*	48.939	4,62
Alagoas	35.741	8,74
Ceará	31.913	21,61

*Designação da cidade do Rio de Janeiro entre 1834 e 1889, quando foi proclamada a República no Brasil e esta então ganhou a denominação de Distrito Federal.
Fonte: Senra, 2006:424.

O TRÁFICO AFRICANO ILEGAL E SUAS CONSEQUÊNCIAS

Observado numa perspectiva panorâmica, o século XIX ocidental e atlântico pode parecer uma marcha célere em direção à liberdade, ao trabalho dito "livre" ou assalariado — isto é, um processo linear de superação de formas de trabalho forçado, como a escravidão, a servidão e práticas diversas de labor compulsório por endividamento. Ao final do século, a ideia de civilização estava ligada à de trabalho livre; à superação da escravidão associavam-se imagens de progresso industrial e tecnológico, aperfeiçoamento de instituições financeiras, expansão de mercados, mobilidade voluntária de trabalhadores, aquisição de direitos civis e políticos, crescimento das cidades.

Perspectiva enganosa essa, por motivos vários, a começar pela adoção do viés ideológico que unia liberdade no trabalho a assalariamento, mas em especial porque apaga o fato de que a escravidão se reorientou e aprofundou nas primeiras décadas do século, e o fez de modo a tornar ainda mais dramática e desumana a experiência multissecular da diáspora africana. No final do século XVIII, os polos mais dinâmicos da economia escravista eram as colônias britânicas e francesas produtoras de açúcar. A revolução haitiana interrompeu a prosperidade da principal colônia açucareira francesa. No início do século XIX, uma sucessão de crises políticas oriundas de forte movimento abolicionista pôs fim ao envolvimento britânico com o tráfico negreiro e, em seguida, provocou a abolição da escravidão em suas possessões caribenhas. O processo histórico que consolidou a hegemonia política e econômica britânica no comércio internacional resultou na abolição da escravidão em suas colônias e no aprofundamento dela em outras regiões do hemisfério americano. Poucas décadas adiante, a indústria algodoeira se expandia e aumentava o comprometimento dos estados sulistas norte-americanos com a escravidão; em 1830, Cuba se tornaria o maior produtor mundial de açúcar, ao mesmo tempo que sua população escrava saltava de 85.900 cativos, em 1792, para mais de 430 mil, em 1841.

Em virtude das baixas taxas de reprodução natural da população escrava, a expansão da cultura cafeeira no Brasil no segundo quartel do século XIX dependeu da importação de trabalhadores africanos escravizados. Na verdade, a entrada de africanos cresceu de maneira exponencial desde a década de 1790, como consequência da abertura de mercados resultante do colapso da produção açucareira no Haiti. Na década de 1820, o café ainda era o terceiro item de exportação do país, atrás do açúcar e do algodão. Em outras palavras, a reestruturação do escravismo no Brasil, após a decadência da atividade mineradora, antecedeu a expansão da cafeicultura ao longo do

A CONSTRUÇÃO NACIONAL

Thierry Frères
Legenda original: **Négresses marchandes d'angou**
[Negras vendedoras de angu]
IN: DEBRET, JEAN-BAPTISTE. *VOYAGE PITTORESQUE ET HISTORIQUE AU BRÉSIL.*
PARIS: FIRMIN DIDOT FRÈRES, 1834–1839. TOMO II, GRAVURA 1
LITOGRAFIA, 25,8 × 22 CM, 1835
SEÇÃO DE ICONOGRAFIA DA FUNDAÇÃO BIBLIOTECA NACIONAL, RIO DE JANEIRO

vale do Paraíba fluminense e paulista. De acordo com as estimativas mais recentes, em todo o período de tráfico negreiro para o Brasil, desde meados do século XVI até os anos 1850, chegaram ao país mais de 4,8 milhões de africanos; no primeiro quartel do século XIX (1801–1825), entraram 1.012.762 africanos; no segundo quartel (1826–1850), 1.041.964, e outros 6,8 mil vieram após a nova lei de proibição do tráfico de 1850. A aritmética dos dados revela que mais de 42% da importação de africanos para o Brasil em três séculos de tráfico negreiro aconteceu na primeira metade do século XIX (ver <www.slavevoyages.org>, acesso em: 15 nov. 2010). A maioria esmagadora das entradas de escravizados no último período, 1826–1850, mais o número residual da década de 1850, destinou-se à região do atual Sudeste e ocorreu quando tratados internacionais e a legislação nacional haviam tornado ilegal o tráfico negreiro.

São bem conhecidas as linhas gerais da história do domínio britânico sobre Portugal, depois sobre o Brasil, e seu desdobramento prático na pressão pela cessação do tráfico negreiro por intermédio da imposição de acordos internacionais: em 1810, os súditos portugueses não podiam mais se engajar no tráfico em territórios africanos fora de seu controle; em 1815, ficou proibido o comércio de escravizados ao norte da linha do Equador; em 1826, em retribuição ao apoio diplomático necessário ao reconhecimento da independência, a Grã-Bretanha obteve do Brasil o compromisso de abolir o tráfico três anos após a ratificação do tratado pelas duas monarquias. Ilegal, por força do dito tratado, desde março de 1830, o tráfico foi proibido por lei aprovada no Parlamento brasileiro em 7 de novembro de 1831. Não obstante a proibição legal, e após decréscimo temporário nas entradas de africanos durante a primeira metade da década de 1830, o comércio negreiro assumiu proporções aterradoras nos anos seguintes, impulsionado pela demanda por trabalhadores para as fazendas de café, acostumado a driblar a vigilância dos cruzeiros britânicos auxiliado pela conivência e corrupção de autoridades públicas e com o apoio de setores diversos da população.

No início dos anos 1850, quando nova conjuntura política interna e externa levaria à interrupção definitiva do tráfico negreiro, mais de 750 mil africanos haviam entrado de forma ilegal no país, e, possivelmente, a metade da população escrava em idade produtiva era constituída por esses africanos e seus descendentes. Essa taxa de ilegalidade da escravidão era decerto muito mais alta nas fazendas de café do vale do Paraíba, para onde afluíram em massa os africanos chegados após a lei de 1831. Não custa reparar nisso: a riqueza e o poder da classe dos cafeicultores, que se tornaria símbolo maior da prosperidade imperial ao longo do Segundo Reinado (1840-1889), viabilizaram-se ao arrepio da lei, pela aquisição de cativos provenientes de contrabando.

Diante do fato óbvio, reconhecido por autoridades públicas e senhores de escravos contemporâneos, de que a propriedade escrava originada na importação de africanos após 1831 era ilegal, não é tarefa fácil entender como foi possível conduzir instituições, negócios e relações sociais de modo a contornar o assunto, ou silenciar sobre ele. Ao que parece, os fazendeiros consideravam o acesso a escravos uma espécie de direito costumeiro, o qual não se questionava diante da expansão do café, que se tornara sinônimo de prosperidade econômica nacional a partir da década de 1830. É possível que a prática do tráfico ilegal tenha se beneficiado do fato de que a propriedade escrava contava com ampla base social na primeira metade do século XIX — isto é, ter escravos não consistia em privilégio de ricos, pois até indivíduos pouco mais do que pobres ou remediados poderiam ter um ou dois cativos. Por isso talvez o apoio de amplos setores da sociedade ao tráfico ilegal, pois tal atividade dependia da colaboração de muita gente, desde populações à beira-mar, que ajudavam no desembarque e na ocultação dos africanos contrabandeados, passando por intermediários diversos, autoridades coniventes em todos os escalões da administração pública, até chegar ao fazendeiro sedento por mão de obra. Todavia, a empreitada sempre foi arriscada, quando menos devido à pressão britânica constante. O governo britânico insistia que tinham direito à liberdade não apenas os africanos de fato apreendidos na repressão ao tráfico — os ditos "africanos livres" —, mas todos aqueles entrados após 1831, cabendo ao governo brasileiro localizá-los e reconhecer sua liberdade. Volta e meia diplomatas de Sua Majestade protestavam contra anúncios, publicados em jornais da Corte, de leilões de escravos africanos cujas idades informadas deixavam clara sua importação após a lei de proibição ao tráfico. Num desses casos, em 1854, o ministro da Justiça, instado a dar explicações, as pediu primeiro ao chefe de polícia da capital. Este esclareceu que as idades informadas nos anúncios pelos vendedores estavam incorretas, pois era de interesse deles que seus cativos à venda parecessem mais jovens. Ademais, caso a polícia fosse investigar cada caso de africano ao qual se atribuía a idade de 20, 21 anos — o que tornava impossível sua importação antes de 1831—, não haveria motivo para deixar de fazê-lo para tantos outros, ainda mais jovens, que se encontravam por toda parte, procedimento que, segundo o tal chefe de polícia, "não me parece de modo algum conveniente [adotar] em nossas atuais circunstâncias" (Arquivo Nacional do Rio de Janeiro, doravante ANRJ, série Justiça, maço IJ6-218).

Os próprios fazendeiros reconheciam que a situação era melindrosa, tanto que não se atiraram com sofreguidão ao ofício de comprar escravos contrabandeados. De início, as importações de africanos caíram de maneira drástica, de quase 73 mil, em 1829, quando o tráfico continuava legal, para pouco mais de 6 mil, em 1831. Entretanto, a expansão do café, a solidariedade da classe senhorial e a hegemonia conservadora no governo central tornaram destemidos os fazendeiros, com o tráfico negreiro de volta ao pico em 1837, quando a audácia chegou ao ponto de se propor no Senado uma nova lei para revogar a de 1831 e legalizar a propriedade escrava obtida à revelia de seus dispositivos. A proposta de revogação enfrentou oposição em ambas as casas legislativas, decerto por uma minoria de parlamentares, todavia loquazes e determinados, além do protesto britânico firme por canais diplomáticos; ainda assim, a revogação passou no Senado, mas os deputados a engavetaram (Anais do Senado, 30 jun. 1837, e várias sessões em julho; Anais do Parlamento Brasileiro, Câmara dos Srs. Deputados, set. e out. 1837). Podemos imaginar as hesitações dos fazendeiros por meio da leitura de trecho do testamento de um deles, Antônio Machado de Campos, de Campinas, província de São Paulo, em 1837:

> *Por ignorância e por me dizerem algumas pessoas que o podia fazer comprei dois africanos depois da lei que tais compras proíbe e porque unicamente desejo salvar a minha alma e em matéria de consciência toda a cautela é pouca determino que meu testamenteiro logo entregue os sobreditos escravos africanos ao juízo de órfãos requerendo que fiquem depositados em poder de meus herdeiros até se educarem e se batizará em tempo marcado, mas nunca como escravos. Desta sorte hei por findo este meu codicilo o qual quero que se cumpra como nele se declara ajustando somente que se houver alguma lei que determine que os africanos ora existentes devam ser escravos então os dois a respeito dos quais eu fiz a declaração acima ficarão pertencendo a meus herdeiros como cativos* (apud Ferraz, 2010:75-76).

Eis um testemunho impressionante de solidariedade da classe senhorial, com seus membros a se encorajar mutuamente na transgressão à lei, irmanados pelo enriquecimento ilícito possibilitado pelo contrabando e escravização ilegal de africanos. Ainda no quesito consciência de classe, Campos se mostra informado sobre o que ocorria no Parlamento imperial à época, pois precisamente naqueles dias os deputados debatiam o projeto da lei que revogaria a de 7 de novembro de 1831, dando providências para legalizar a propriedade dos africanos introduzidos à revelia da legislação vigente — daí a fórmula condicional do codicilo: "[...] se houver alguma lei que determine que os africanos ora existentes devam ser escravos". Apesar de a expectativa senhorial de revogação ter se frustrado, ao menos um deputado argumentou que a discussão do assunto no Parlamento naqueles termos conferiu maior legitimidade ao tráfico ilegal, contribuindo para seu incremento (Anais do Parlamento Brasileiro, Câmara dos Srs. Deputados, 2 set. 1837, p. 453).

O ritmo alucinante da escravização ilegal, a partir de meados da década de 1830, repercutiu no cotidiano da população livre de ascendência africana em geral, pois aumentou a insegurança, tornou a liberdade mais precária. A conexão entre escravização ilegal e precariedade da liberdade é importante, tanto para compreender modos de atuação do poder público no período quanto para observar as atitudes e estratégias de pretos e pardos, escravos e livres ou libertos, no intuito de lidar com essa situação. O desrespeito à lei de 1831 afrouxou os requisitos de prova da propriedade escrava. Por exemplo, no início da década de 1830, quando às vezes ainda se viam autoridades empenhadas em fazer cumprir a lei de proibição ao tráfico, a polícia da Corte percebeu que precisava impedir o transporte dos africanos contrabandeados para onde havia maior demanda deles, ou seja, para o interior das províncias do Rio de Janeiro, São Paulo e Minas Gerais. Apesar de os condutores de escravos para venda no interior terem de apresentar os passaportes dos cativos em postos de controle, esses documentos podiam ser emitidos por diversas autoridades — juízes de paz, autoridades policiais, secretarias de ministérios —, o que resultava em confusão de critérios e exigências. Ademais, a polícia notou que não era regra exigir prova do ato original de aquisição do cativo, o que facilitava a qualquer um postular a propriedade do africano que lhe aprouvesse, pois, ao contrário do que ocorria antes da lei de novembro de 1831, não entravam mais escravos pela Alfândega, com a consequente emissão de certificados e recibos relativos ao pagamento de impostos devidos. O problema da redução de receitas relativas à propriedade escrava tornou-se tão sério que o governo imperial se viu compelido a relaxar ao máximo os requisitos de prova de posse legal de cativos, na esperança de encorajar os senhores a pagar as taxas. Uma lei de 1842, sobre matrícula e pagamento de imposto anual de escravos, dizia assim: "No ato da primeira matrícula a ninguém se exigirá o título porque possui o escravo" (*Coleção das leis do Império do Brasil*, decreto nº 151, 11 abr. 1842, art. 6º).

Regras e procedimentos para possibilitar não ver africanos ilegalmente escravizados e dar aparência de legalidade à propriedade escrava originada de contrabando tiveram duas consequências. Primeiro, encorajaram o furto de escravos, atividade que parecia ter atingido proporções epidêmicas nas décadas de 1830 e 1840, a julgar pela atenção dedicada ao assunto pela polícia da Corte. Furtar escravos era ofício que requeria uma rede de colaboradores, a começar pelos próprios cativos, que em geral tinham de concordar em ser levados e às vezes pediam para sê-lo. Em maio de 1837, um juiz de paz da freguesia de Sacramento foi informado de que uma taberna da vizinhança servia de ponto de reunião e convencimento de escravos interessados em fugir. Como parecia a praxe em tais casos, um escravo fazia o primeiro contato com seus companheiros de cativeiro e os atraía para o local de encontro. Nesse episódio, o nome dele era Mateus, africano do Congo e pedreiro. Interrogado pelo juiz, Manoel Monjolo, um dos fugitivos em potencial, disse que queria "embarcar e se livrar do mau senhor que tinha", e acrescentou que Mateus lhe dissera que um caixeiro português da taberna cuidaria dos detalhes da viagem. As conversas continuaram por algum tempo, pois Manoel Monjolo disse ter comido de graça várias vezes na taberna, decerto enquanto colhia mais informações para avaliar se a mudança de cativeiro melhoraria mesmo sua condição. A trama foi descoberta, e presas as três personagens, quando o caixeiro conduzia Manoel Monjolo para o embarque numa praia da cidade (ANRJ, processo criminal, 1837, Tribunal da Relação do Rio de Janeiro, nº 1281, maço 139, galeria C).

Se a viagem tivesse acontecido, Manoel Monjolo teria se juntado a mais escravos, conduzidos todos possivelmente por outro português rumo ao interior das províncias de Minas Gerais ou São Paulo, por exemplo. Chegando ao destino, Manoel Monjolo passaria a se chamar, digamos, João Monjolo; o senhor o incluiria na lista de cativos de seu domicílio, o matricularia, pagaria a taxa anual de escravos; mais importante, contaria com a atitude solidária de seus pares, que não o questionariam a respeito do modo como obtivera originalmente o cativo.

A segunda consequência da frouxidão de regras no que concerne aos títulos de propriedade escrava foi aumentar o risco de escravização ilegal para homens e mulheres libertos e livres de cor em geral, fossem africanos ou brasileiros. Haveria muitas histórias para contar nesse particular, pois elas aparecem amiúde na correspondência policial, livros de prisões, processos cíveis e criminais, sugerindo que o risco de redução ao cativeiro pautava em grande medida a vida de negros livres, tanto africanos ladinos quanto brasileiros, que tinham de resguardar seus movimentos e atitudes de maneira a evitar o perigo. Após o fim do tráfico africano, em 1850, quadrilhas atuavam no sertão mineiro sequestrando e vendendo crianças livres de cor; a intensificação do tráfico interno de escravos no mesmo período trouxe como corolário a ocorrência de eventos semelhantes nas províncias do Norte do país, conforme discussão ocorrida no Parlamento, entre os deputados gerais, em 1º de setembro de 1854. Ao menos desde os anos 1830, a polícia da Corte adotara o pressuposto de que um negro detido por suspeita de que fosse escravo fugido permaneceria cativo até que apresentasse prova de liberdade; decorridos prazos regulamentares, os "escravos" não reclamados eram leiloados. Como é fácil adivinhar, a polícia errava com alguma regularidade, mas só chegamos a saber disso nos casos em que as vítimas conseguiram provar sua liberdade antes de ir a leilão, às vezes depois dele. Os processos cíveis de liberdade de escravos contam muitos episódios de crianças negras livres batizadas como escravas. Mesmo negros adultos eram às vezes "seduzidos", como se dizia, ou ludibriados, e reduzidos à escravidão.

Menciono apenas uma história, a do preto José, natural de Pernambuco, 37 anos, solteiro, sapateiro, preso na Corte em 1865 pelo assassinato do cunhado de seu suposto senhor. José afirmou ser "livre de nascimento", porém havia sido "engajado" para a Corte para ser "criado" do português Manoel Teixeira, que adoeceu e o deixou com Bernardo Pinto, que sugeriu que fosse para Cantagalo, ao que anuiu "iludido com promessas de lá ganhar mais dinheiro pelo seu ofício". Lá chegando descobriu "que o tinham escravizado"; desesperou-se, sofreu castigos, tentou o suicídio, acabou vendido de volta para a capital, agora escravo de Fuão Goulart. Novos castigos, fuga, emprego como sapateiro, até que o cunhado de Goulart o encontrou e o quis entregar para o suposto senhor, mas levou uma facada e morreu (Arquivo Edgard Leuenroth, Unicamp, processo criminal, 1865/1866, Tribunal da Relação do Rio de Janeiro, rolo 84.0. ACR 163, cópia de original pertencente ao ANRJ).

Não é possível saber se José contou sua história como ela realmente se passou. Mas impressiona o empenho em fornecer à polícia detalhes que poderiam confirmar sua alegação de que fora reduzido à escravidão ilegalmente:

> Que ele respondente é livre de nascimento, e tem a mãe viva no Pau d'Alho, à qual chama-se Joana Maria da Conceição: que além de sua mãe ainda tem na cidade do Recife uma tia de nome Silvéria Maria da Conceição, [...] e é seu padrinho de batismo o tenente-coronel da Guarda Nacional Antônio Lauriano Lopes Coutinho, o qual também é morador na mesma cidade.

Cá está uma personagem capaz de contar versão plausível para sua alegação de liberdade: Maria da Conceição, nome de sua mãe, era apelido comum de mulheres libertas; o padrinho "tenente-coronel da Guarda Nacional" sugeria uma estratégia corrente entre pessoas livres pobres de cor, qual seja, a de buscar no compadrio a possibilidade de proteção em momentos de necessidade ou perigo. Por fim, capricho dos deuses da História, José era natural de Pau d'Alho e diz que sua mãe ainda morava lá. Como vimos, Pau d'Alho foi o centro da rebelião de 1852 contra o registro civil obrigatório, na verdade, contra a suspeita de que o objetivo da lei fosse reduzir à escravidão "a gente de cor". Será que a narrativa de escravização ilegal contada pelo preto José se inspirou na cultura política popular na qual ele se formou?

O CONTROLE SOCIAL NA ESCRAVIDÃO BRASILEIRA

Grosso modo, as relações entre senhores e escravos na sociedade brasileira do século XIX giravam em torno de três eixos: o doméstico, que compreendia as possibilidades de acesso à alforria, os arranjos concernentes à vida familiar e comunitária das senzalas e o disciplinamento por meio do castigo físico; as práticas relativas à compra e venda, que concerniam aos modos de inserção dos cativos no mercado e à pressão que poderiam exercer sobre o desenrolar dessas transações; na relação entre as prerrogativas senhoriais e a atuação do poder público.

Em cada uma dessas dimensões o poder dos senhores se exerce em meio a tensões e conflitos, que ao mesmo tempo reforçavam a ideia de inviolabilidade da vontade senhorial e mostravam que essa vontade encontrava resistências mais ou menos veladas. A prerrogativa senhorial exclusiva quanto à concessão de alforrias consistia talvez no principal fundamento do controle social na escravidão brasileira. Qualquer cativo sabia que chegar à liberdade por dentro do sistema — ou seja, sem tentar de modo permanente a vida de escravo fugido ou quilombola — dependia de em algum momento o seu senhor decidir conceder-lhe a liberdade. Até a lei de 28 de setembro de 1871, não havia qualquer alternativa legal de atingir a liberdade contornando a determinação senhorial. Mesmo quando litigava na Justiça civil pela alforria, o escravo tinha de fazê-lo buscando provar que a intenção de seu senhor em deixá-lo livre estava sendo desrespeitada por herdeiros ou terceiros. A vontade de um senhor morto continuava a governar os vivos, nesse assunto como em tantos outros, determinando a liberdade ou não de um cativo. Todavia, esse controle senhorial do acesso à liberdade, reforçado,

Atribuído a H. Lewis
Legenda original: Kissing the figure of a Saint (begging for the church)
[Beijando a imagem de um santo — pedindo para a Igreja]

DESENHO A AQUARELA, 10,3 × 15,2 CM, ENCADERNADO COM AQUARELAS DE VISTAS E
COSTUMES DA BAHIA ATRIBUÍDAS A MARIA GRAHAM, CA. 1848
SEÇÃO DE ICONOGRAFIA DA FUNDAÇÃO BIBLIOTECA NACIONAL, RIO DE JANEIRO

a cada passo, em leis, rituais religiosos, relações cotidianas, ocorria no contexto das pressões e dos direitos costumeiros dos escravos. Assim, por exemplo, na escravidão brasileira parecia bastante generalizado o costume de concessão da alforria ao cativo que conseguisse indenizar seu preço ao senhor. Ainda que fosse difícil ao escravo chegar a amealhar economias suficientes para alcançar seu valor de mercado, vários o conseguiam, mais nas cidades do que no campo. No meio urbano, as oportunidades de trabalho autônomo e ganhos extras eram maiores, mas também acontecia bastante que famílias e comunidades escravas nas fazendas pudessem cultivar suas roças de subsistência e vender o excedente do que produzissem. O certo é que os senhores tendiam a concordar em libertar o escravo que lhes apresentasse seu valor. Provavelmente porque até levassem vantagem financeira na transação ou quem sabe porque esse procedimento servia de incentivo a outros, que veriam a obediência e o trabalho duro como caminhos possíveis para se remir do cativeiro. Ademais, um escravo frustrado no intento de se alforriar, após sabe-se lá quanto sacrifício para juntar suas economias, poderia se tornar resistente ao trabalho rotineiro, tentar a fuga, entrar em conflito com o feitor ou com o próprio senhor.

É evidente que o controle sobre os escravos se exercia também por meio de outras estratégias, de violência física direta ou intimidação. O castigo físico, de diversos tipos e intensidades, era rotineiro, e os arquivos estão cheios de histórias repugnantes de escravos torturados até a mutilação ou a morte. De qualquer modo, não é menos óbvio que o senhor que mutilava ou matava o próprio escravo rasgava dinheiro; logo, o autointeresse mais mesquinho regrava em alguma medida os impulsos cruéis. Além disso, senhores rigorosos demais poderiam provocar a revolta coletiva de seus escravos, evento potencialmente contagioso, o que fazia com que senhores vizinhos se preocupassem eles próprios em moderar a sanha de seus pares. Por mais que os senhores defendessem as prerrogativas de seu controle privado sobre os escravos, sabiam que havia uma dimensão coletiva em sua segurança; afinal, era comum que os cativos estivessem em maioria, em fazendas distantes, rodeadas de florestas e possibilidades de resistência que urgia prevenir permanentemente. Por isso, ao pensar em castigo físico, é preciso considerar que, de um lado, os escravos pareciam suportá-lo como parte da condição deles e os senhores o viam como privilégio de classe. De outro lado, os escravos tinham visões próprias sobre os motivos aceitáveis e a intensidade devida em tais castigos, algo difícil de definir, que variava ao talante das relações particulares entre senhores e escravos em cada tempo e lugar específicos.

Testemunhos diretos de escravos encontram-se mais amiúde em processos criminais, às vezes em processos cíveis, se bem que aí de modo mais indireto ou mediado pelo advogado ou curador. Esses testemunhos são inequívocos quanto à experiência da compra e venda como uma das mais traumáticas na vida de um escravo. Uma alforria poderia permanecer difícil, até inatingível, porém a pessoa suportaria a coisa em meio a familiares e demais parceiros conhecidos no cativeiro; um castigo poderia ser humilhante, dolorido, injusto, mas havia a possibilidade da cura e o conforto dos companheiros. No entanto, a venda para outro senhor, contra a vontade do cativo, para locais distantes, até em outras províncias, seria a pior das experiências, causadora de sofrimentos insuperáveis ou rebeldias homicidas. De novo, os arquivos cartoriais estão repletos de mães e filhos, cônjuges, irmãos, separados pelo comércio de escravos, retidos no caminho de volta aos entes queridos, presos como fugidos, tornados criminosos em momento de desespero, enrolados

A CONSTRUÇÃO NACIONAL

58

Baleiro Daniel — vendedor ambulante
com seu tabuleiro de doces sobre mesa portátil, Salvador
CARTÃO-POSTAL, 9 × 14 CM. CÓPIA DE FOTOGRAFIA [LINDEMAN?, 1880–1900]
COLEÇÃO WANDERLEY PINHO, INSTITUTO HISTÓRICO E GEOGRÁFICO
BRASILEIRO, RIO DE JANEIRO

em dívidas impagáveis contraídas na tentativa de localizar e resgatar do cativeiro alguém por quem se tinha afeto. A impossibilidade de influenciarem de alguma forma as transações de compra e venda talvez fosse a principal experiência de impotência dentro da escravidão. Por isso os escravos tentavam fazê-lo na medida do possível: davam a ver que desejavam trabalhar em certos ofícios, que queriam ficar próximos a familiares e amigos, que valorizavam algum espaço de economia própria, fosse uma roça para cultivar ou a chance de fazer biscates por um ganho extra na cidade. Às vezes não conseguiam interferir em seu destino, como quando o tráfico interprovincial atingiu em cheio os cativos do Norte, arrancando-os de suas comunidades, atirando-os na cafeicultura — escravos brasileiros que experimentavam pela primeira vez um desenraizamento reminiscente da diáspora africana que vitimara seus pais e avós. Pardos e "crioulos" — como eram chamados os pretos nascidos no Brasil — reagiram, assassinaram senhores, se rebelaram, criaram a legenda do "negro mau vindo do Norte", para fazer cessar o tráfico interno de escravos e ajudar a enterrar a própria instituição da escravidão.

Tudo isso merece ser contado de outro jeito, até porque há personagens "pedindo" para entrar em cena. O pardo Matias, por exemplo, que em 2 de junho de 1848 recorreu à Justiça para obter "um mandado de manutenção" de sua liberdade. Esse tipo de documento funcionava como uma espécie de garantia de liberdade a alguém que tinha motivos para acreditar estar sob a ameaça de escravização; o próprio pardo disse que tomara a iniciativa para poder "tratar de sua vida livre e segura de sustos". Matias afirmava que fora libertado em testamento por sua falecida senhora, dona Francisca das Chagas, que lhe deixara ainda "uma esmola" de 25 mil-réis. Ao apresentar sua petição ao juiz, Matias estava fugido da casa de seu suposto senhor, o dr. Francisco de Sales Torres Homem, médico e advogado, à época um publicista liberal de certo prestígio, mais tarde ministro de gabinete conservador, político nobilitado, que se mostrou espantado com o acontecimento. Afinal, disse ele, havia comprado o escravo a ninguém menos do que o "bispo capelão-mor conde de Irajá", sendo "tal o conceito que lhe merece o exmo. vendedor, que se julga quase habilitado a declarar que não é o meu pardo" — isto é, haveria um erro de identidade. Porém, era mesmo do pardo "dele" que se tratava na petição judicial.

Apesar das versões contraditórias, é possível discernir as linhas gerais dos acontecimentos. Matias nascera em 1809, filho natural de Maria, crioula, batizado na freguesia de São José, na Corte, escravo de João Coelho Marinho, que era casado com dona Francisca das Chagas. Dona Francisca fez seu testamento em junho de 1824, e nele afirmou que Matias ficaria liberto quando da morte dela, sendo o valor dele descontado de seu quinhão nos bens do casal. Todavia, não se sabe bem a partir de quando, o casal passou a viver às turras, ação de divórcio e tudo, querelas em torno de "alimentos" devidos e o mais, como de praxe. Em 1826, o marido resolveu vender Matias, a quem considerava "um tanto vadio e capadócio"; o comprador o vendeu de novo, até que de dono em dono Matias chegou ao reverendíssimo de Irajá, em 1840, e este o vendeu a Torres Homem, em 1847. A essa altura, o casal de brigões morrera havia tempo, porém Matias passara de proprietário em proprietário sem esquecer a promessa de liberdade da senhora, que o teria feito livre desde a morte dela, em 1830. Em maio de 1848, por motivos desconhecidos, ele fugiu da casa de Torres Homem, conseguiu uma certidão da verba testamentária da senhora contendo a promessa de alforria e entrou na Justiça para obter a manutenção da liberdade. Passou a viver como livre desde então, até que Torres Homem quis reavê-lo (ANRJ, processo cível, 1848, Tribunal da Relação do Rio de Janeiro, nº 4, caixa 42).

A história de Matias traz o tema das liberdades condicionais, bastante comuns em cartas de alforria e em testamentos. Em geral, entre 30% e 40% das alforrias eram concedidas mediante alguma condição a ser cumprida pelo liberto, normalmente prestação de serviços por um tempo determinado ou até incerto, como a morte dos senhores ou algum outro evento familiar. Essas alforrias consistiam em promessas de liberdade às vezes logradas, arranjos mais ou menos precários que podiam desandar por motivos alheios ao controle dos libertandos, como no caso de Matias, vítima dos caprichos de uma briga de casal. Mais frequentemente, a liberdade condicional reforçava a dependência dos libertos, vivessem eles ou não como livres desde a concessão dela, pois ao que parece poderia ser revogada com certa sem-cerimônia, como fez o marido de dona Francisca, ao vender Matias. Quanto ao pardo, demorou a decidir lutar na Justiça pelo valimento da promessa de liberdade recebida; quando o fez, porém, foi de maneira decidida, com fuga e manutenção de liberdade, conseguindo até que Agostinho Marques Perdigão Malheiro fosse seu advogado em algumas fases da contenda, que durou até 1852. Perdigão

Malheiro seria anos depois o autor do livro mais importante escrito à época sobre as questões legais relativas à escravidão brasileira (*A escravidão no Brasil: ensaio histórico, jurídico, social*, 2 v., 1866/1867). O pardo Matias fez duelar no foro duas figuras de proa da política imperial nos anos 1850 e 1860, ambos envolvidos na questão da escravidão, fazendo pensar sobre até que ponto a luta desse pardo (e de outros como ele) pela liberdade possa ter influenciado o pensamento posterior de Torres Homem e Perdigão Malheiro.

O resultado da contenda foi inesperado, do tipo que marca a memória dos envolvidos. Tudo caminhava para a vitória de Torres Homem, com Matias voltando ao seu domínio. A sentença do juiz dizia que a verba testamentária de dona Francisca teria sido revogada, na prática, pela venda de Matias feita pelo marido, que estava então no controle dos bens do casal. Todavia, estávamos em 1852, Matias vivia como livre desde 1847, lutava pela liberdade na Justiça desde 1848, exibira seu mandado de manutenção aos oficiais de Justiça quando foram detê-lo, conseguira se manter solto, estava aguerrido, convencido de seu direito. Torres Homem desistiu de ganhar. Em 1º de setembro de 1852, dirigiu-se ao juiz desembargador do Tribunal da Relação, que julgaria o recurso à sentença que lhe fora favorável, e de corpo presente, diante de testemunhas, declarou que "ele de sua livre [e] espontânea vontade e sem constrangimento de pessoa alguma desiste de todo o direito e ação que tenha na presente causa, pois que era sua vontade que o apelante ficasse livre e gozasse de sua plena liberdade, como se nascesse de ventre livre".

Em geral, um escravo que chegasse à liberdade por indenização de seu preço ao senhor ficava mais seguro e com menos obrigações em relação ao ex-proprietário do que um cativo que obtivesse alforria condicional e gratuita. No entanto, no afã de comprar a própria liberdade, acontecia de o escravo contrair com terceiros dívidas difíceis de pagar. Clemência Maria da Conceição era uma preta mina, liberta, moradora na Corte, que adquirira escravos ela própria, mais mulheres ao que parece, não sabemos quantas. Em 1851, decidira voltar para a Costa d'África, por isso "disse a seus escravos que ficariam forros uma vez que lhe entregassem o seu valor". A preta Esperança, também de nação mina, agarrou-se à oportunidade, juntou suas economias e procurou um conhecido, Luís Saldanha, para tomar emprestados os 600 mil-réis de que necessitava. O negócio foi feito e Clemência mandou passar a carta de liberdade de Esperança, mas a entregou a Saldanha, não à preta, pois aquele assim o exigira como segurança de seu empréstimo. Consta ainda que Saldanha pedira outro documento como garantia, uma escritura de compra e venda de Esperança, para ficar com ela como escrava caso não recebesse o dinheiro de volta. Segundo o curador de Esperança, Luís Saldanha fora amante dela e exigira a escritura porque tinha intenções "sinistras e cavilosas" em relação à preta. O fato é que Clemência se foi para a terra natal e Esperança ficou vivendo como forra na Corte, trabalhando para pagar a dívida da compra de sua alforria, e já tinha entregue 250 mil-réis a Saldanha seis meses depois. Contudo, em 23 de abril de 1852, por meio de seu curador, ela entrou com pedido de manutenção de liberdade; ouviram-se testemunhas que confirmaram sua história e o mandado lhe foi concedido. É possível que Esperança se encontrasse em dificuldade para continuar a saldar a dívida, ou quem sabe tivesse perdido a confiança em Saldanha, que afinal tinha a preta como refém ao segurar os papéis que decidiriam seu destino — a escritura que a retornaria à escravidão, ou a carta que lhe confirmaria a liberdade. Esperança prevaleceu no episódio, mas sua história é uma entre muitas de cativos que se endividaram para comprar a liberdade e correram o perigo de perdê-la, por insolvência própria ou trambique de terceiros (ANRJ, processo cível, 1852, Tribunal da Relação do Rio de Janeiro, nº 3.391, caixa 87).

Por mais que os senhores prezassem o domínio privado que tinham sobre seus escravos, com os grandes fazendeiros avessos a qualquer ingerência do poder público no que tange ao que praticavam porta adentro em suas propriedades, o fato é que contavam com iniciativas legislativas e com o Judiciário para auxiliá-los no controle social dos escravos. Foi assim em meados da década de 1830, quando a ocorrência de revoltas escravas importantes, em especial a de Carrancas na província de Minas Gerais, em 1833, e a dos Malês na Bahia, em 1835, levou o governo imperial a aprovar lei destinada a encurtar o caminho para a condenação à morte de cativos acusados de insurreição, de atentarem contra a vida de seus senhores, administradores, feitores e familiares. A documentação do Ministério da Justiça nos anos seguintes mostra que a lei teve de fato o efeito de levar à forca muito rapidamente os escravos condenados pelo homicídio de seus senhores e prepostos. Todavia, ao menos desde o final da década de 1840, o imperador, em consulta com os conselheiros de Estado, passou a comutar regularmente a pena de escravos condenados à morte em galés perpétuas, alegando questões processuais diversas, mas na verdade posicionando-se contra o procedimento sumário e o cerceamento do direito pleno de defesa do escravo nos casos julgados no âmbito da lei de 10 de junho de 1835.

Assim estavam as coisas quando, em 30 de outubro de 1854, a seção de Justiça do Conselho de Estado se reuniu para examinar uma curiosa representação enviada ao governo imperial pela Assembleia Legislativa da Província de São Paulo. Os deputados paulistas protestavam contra a conduta do imperador no que concerne à comutação das penas dos cativos condenados à morte segundo as disposições da lei de 1835. De acordo com os representantes dos latifundiários paulistas, esse procedimento dava aos escravos uma sensação de impunidade, pois eles "julgam preferível a sorte de galé, e o trabalho forçado nas obras públicas à sua sorte de cativos". Os conselheiros de Estado elaboraram uma resposta detalhada à missiva do legislativo paulista, na qual não faltaram ironias veladas à aparente excentricidade da ideia de que os escravos das fazendas paulistas preferiam labutar no sistema prisional do Império a permanecer na escravidão em que estavam. Se os cativos fossem bem tratados e tivessem mais instrução religiosa, estariam mais contentes e resignados... Contudo, o principal argumento dos conselheiros em defesa da comutação das penas era o de que a lei de 1835 não surtira o efeito pretendido, não diminuíra a incidência de crimes de escravos contra seus senhores. Ademais, não convinha aplicar legislação de exceção contra os escravos, pois a situação do país era delicada. Disseram os conselheiros de Estado:

> Milhares de negros eram anualmente importados no Brasil, a despeito da Lei que proibia este nefando tráfico. Não era possível que eles não viessem a perceber a ilegalidade da sua escravidão.
> A liberdade concedida aos que dentre eles eram apreendidos no mar ou no desembarque; as revelações de falsos protetores; as sugestões de outros escravos; tudo, enfim, tem concorrido para fazer-lhes conhecer a sua posição, e para que não devêssemos torná-la ainda mais penosa por um excessivo e insuportável rigor (José Prospero Jehovah da Silva Caroatá. Imperiais resoluções tomadas sobre consultas da seção de Justiça do Conselho de Estado... Rio de Janeiro, 1884, parte I, p. 507–509).

Estamos de volta à lei de 1831 e às consequências da importação ilegal de centenas de milhares de africanos nas décadas de 1830 e 1840. Os conselheiros partem do pressuposto de que a situação criada por esse imenso contrabando, realizado em vista dos interesses econômicos de gente como aquela que agora reclamava ao governo imperial, exigia condução cuidadosa da questão mais ampla da segurança do país, pois os escravizados não podiam deixar de "perceber a ilegalidade da sua escravidão". Em suma, os conselheiros de Estado se arrogam a posição de árbitros das tensões e conflitos sociais entre senhores e escravos, atribuindo-se a função de serenar ânimos, professando conhecer os interesses dos fazendeiros melhor do que eles próprios. Ideia que prosperaria, pois o enredo da crise da escravidão não seria outro que não o processo de subordinação do poder privado dos senhores ao domínio da lei.

A CONSTRUÇÃO NACIONAL

Victor Frond
Escravas cozinhando na roça
LITOGRAFIA, 32 × 25 CM, 1858
SEÇÃO DE ICONOGRAFIA DA FUNDAÇÃO BIBLIOTECA NACIONAL, RIO DE JANEIRO

AGREGADOS, RECRUTAS, ROMÂNTICOS

Em seu relatório à Assembleia Legislativa Provincial relativo ao ano de 1858, o presidente do Rio de Janeiro dedicou alguns parágrafos a um acontecimento "que chegou a incutir receios de perturbação da ordem". Em 17 de março, no município de Paraíba do Sul, ocorrera uma sublevação entre os agregados do barão de Piabanha. Dera ensejo imediato ao episódio uma diligência policial para prender alguns dos referidos agregados, que teriam "invadido e devastado as terras do dito barão", diligência essa que encontrou a resistência decidida de cerca de trinta indivíduos. O grupo invadira a fazenda do Travessão, pertencente ao filho do barão, ameaçando a sua vida. A pendenga durou cerca de dez dias, contou com a adesão de mais agregados, demandou a presença do destacamento de Petrópolis, de praças da cavalaria policial de Niterói, até da Corte chegaram reforços. Onze "amotinados" acabaram presos. O presidente da província explicou assim o episódio:

> Deu lugar a tamanho atentado uma falsa interpretação da lei das terras, que fez crer a alguns que lhes assistia o direito de poder legitimar a posse dos terrenos que cultivavam, por consenso do proprietário, há mais de dez anos, embora a sesmaria estivesse medida e demarcada.
> Essa crença chegou mesmo a insurgir agregados de outras fazendas, que, em idênticas circunstâncias, pleiteavam como em causa comum. O delegado tratou logo de providenciar com os meios a seu alcance, reunindo a força que tinha, e fazendo prender os desordeiros amotinados (Relatório apresentado à Assembleia Legislativa da Província do Rio de Janeiro na 1ª sessão da 12ª legislatura pelo presidente, o conselheiro Antonio Nicolau Tolentino. Rio de Janeiro, 1858, p. 3–4).

Outra vez encontramos uma revolta de pessoas do campo cujo mote viria de uma aparente deficiência de compreensão: no caso do registro civil, os insubordinados imaginaram que a lei vinha para escravizá-los; quanto à Lei de Terras de 18 de setembro de 1850, os agregados de Paraíba do Sul acharam que, segundo seus dispositivos, haviam adquirido direito a posses estabelecidas dentro de terras havidas por barões. No que concerne aos receios de escravização nos motins de 1852, já vimos que, se os populares erraram no evento específico, sabiam bem demais das práticas de escravização ilegal generalizadas naquela sociedade e dos riscos potenciais que elas traziam à liberdade deles. Por isso, antes de dar crédito ao presidente da província do Rio de Janeiro no que diz respeito à "falsa interpretação" dos agregados, convém examinar melhor as coisas.

A Lei de Terras de 1850 teve significados diversos, como é de praxe em peças de legislação que lidam com assuntos sociais complexos. Com a revogação da concessão de novas sesmarias a partir de 17 de julho de 1822, o Brasil conquistou a independência sem uma legislação que organizasse o acesso à terra. Houve uma proposta sobre o assunto em 1835, mas não foi adiante; em 1843 aconteceram debates parlamentares importantes e a aprovação, pela Câmara, de projeto de iniciativa do governo, que emperrou no Senado; a discussão foi retomada em 1850 e chegou-se à chamada Lei de Terras em 18 de setembro. Um primeiro sentido da lei ficaria claro nos debates legislativos e não escaparia a ninguém pela simples leitura de seu longo título, que relacionava de modo explícito a questão das terras e o problema da mão de obra, pois se desejava estabelecer "colônias de nacionais e de estrangeiros" e "promover a colonização estrangeira". Pretendia-se delimitar quais eram as terras à disposição do governo, ditas "devolutas", para que pudessem ser "cedidas a título oneroso" — isto é, vendidas —, disso advindo recursos financeiros a serem investidos na promoção de políticas para atrair trabalhadores imigrantes. Vivia-se o momento do fim do tráfico africano, o que levava à convicção de que a população escrava do país diminuiria nos anos seguintes, provocando escassez de oferta de trabalho à agricultura. Ademais, o fato de doravante o acesso à terra ocorrer apenas por compra dificultaria que homens livres pobres continuassem a ocupar terrenos e se estabelecer como pequenos posseiros, furtando-se assim ao trabalho nas grandes propriedades (*Coleção das leis do Império do Brasil*, decreto nº 601, 18 set. 1850).

Essas eram as conjecturas do governo imperial. Na prática, como mostram bem os relatórios e demais papéis do Ministério da Agricultura, quase em parte alguma foi possível discriminar as terras disponíveis para uso público daquelas ocupadas ou reclamadas por particulares, o que fez ruir a intenção principal da lei vista da perspectiva do governo central. Todavia, no intuito de realizar sua ideia capital, a lei estabeleceu uma série de procedimentos destinados a regularizar a questão da propriedade fundiária — validar títulos, demarcar e medir propriedades, reconhecer posses e benfeitorias. A revogação do instituto das sesmarias sem que nada o substituísse por três décadas criou — ou aumentou — certo limbo legal, pois a própria situação das sesmarias concedidas era variada, com muitas delas caídas "em comisso", como se dizia — isto é, jamais regularizadas em definitivo por falta de cumprimento de exigências legais, fosse medição, cultivo efetivo ou outra coisa. Ou talvez a situação não fosse tão indefinida assim, pois a velha legislação portuguesa, as Ordenações Filipinas, reconhecia a posse efetiva da terra como fundamento legal para a obtenção posterior da propriedade dela. Logo, havia algum lastro legal, por exemplo, para as imensas posses de terra que a cafeicultura fluminense estabelecia no vale do Paraíba àquela época.

Não obstante tal lastro legal, fazer vingar posses de terra significava ter poder para "produzir dependentes", para acionar as redes de relações pessoais que definiam os lugares sociais naquela sociedade. O apossamento das terras como modo de aquisição delas tornava frequente a indefinição de fronteiras entre as "propriedades" como parte da dinâmica social, privatizando de maneira radical os conflitos agrários. Por conseguinte, o registro de terras requerido pela lei de 1850 colocou cada proprietário ou posseiro numa espécie de dilema micropolítico. Como as fronteiras entre as propriedades ou posses geralmente não estavam regularizadas, declarar os limites da própria fazenda implicava dois riscos: primeiro, os confrontantes deviam reconhecer a veracidade da sua declaração, ou conformar-se com ela, do contrário haveria disputa em torno do domínio de parte do território; segundo, declarar as fronteiras da fazenda poderia limitar sua expansão, vedando ou dificultando, por exemplo, a invasão do terreno ao lado e a expulsão de um vizinho desafeto, ou de um ex-agregado com pretensões a voo autônomo. Por isso a adesão ao registro exigido por lei variou muito, de município para município, e dentro deles, a depender da avaliação de cada um sobre qual seria o seu melhor interesse. O barão de sei-lá-qual poderia optar pelo registro, se parecia tranquila e estável sua relação com os coronéis da vizinhança; contudo, se achasse vulneráveis os vizinhos, posseiros zés-ninguém que o subdelegado capacho ajudaria a pôr para correr, talvez o melhor fosse ficar quieto até expandir mais os limites da propriedade. O tal zé-ninguém, nesse caso, poderia tentar o registro, se fosse capaz de produzir confrontantes outros que não o barão para certificar sua presença na área. A lei de terras, em suma, como ocorre tantas vezes quando aproximamos a lupa em tais assuntos, foi um recurso a mais em conflitos sociais que vinham de longe, e que decerto foram impactados pela existência da nova legislação.

A historiadora Márcia Motta argumenta que a história da sublevação dos agregados do barão de Piabanha ocorreu numa região marcada naquele momento pela existência de uma comunidade de agregados e arrendatários que se esforçavam para obter reconhecimento de sua situação como pequenos posseiros. Para eles, o "Livro de Terras", como diziam, pareceu uma oportunidade. A lei previa a possibilidade de legitimação das "posses mansas e pacíficas" constituídas por "ocupação primária" ou obtidas do primeiro ocupante, desde que as terras estivessem cultivadas e fossem a morada habitual do posseiro. Mesmo no caso de as posses requeridas se encontrarem em sesmarias ou outras concessões do governo, a presença do ocupante nelas "não perturbada por dez anos" daria direito à legitimação. No caso do barão de Piabanha, assim como no do barão de Entre Rios, seus agregados perceberam que os limites declarados pelos fazendeiros para suas propriedades eram imprecisos e incluíam extensas áreas não ocupadas de fato por eles. Afinal, se os fazendeiros haviam constituído uma sociedade na qual os limites de suas terras pareciam função de seu poder de produzir dependentes, de "acumular" relações pessoais, consideravam naturalmente as áreas utilizadas por agregados como pertencentes a eles, barões, não importa o quanto de terreno adjacente jamais estivesse previsto em qualquer tipo de acordo original com seus dependentes. Ao perceber as discrepâncias entre as terras declaradas e as realmente havidas pelos poderosos locais, alguns agregados de Paraíba do Sul, provavelmente por haverem eles próprios realizado a "ocupação primária" das áreas que reivindicavam, viram na Lei de Terras a possibilidade de se tornarem pequenos posseiros em terras limítrofes às dos latifundiários — isto é, dos grandes posseiros — locais. Se os agregados de Paraíba do Sul cometeram algum equívoco, não foi de interpretação da lei, mas de avaliação das relações de poder: ao entrar em conflito com seus agregados, o barão de Entre Rios era um dos principais fazendeiros de café do município, presidente da Câmara de Vereadores, juiz de paz e sogro do subdelegado de polícia; o barão de Piabanha fora deputado, juiz de paz, vereador em várias legislaturas.

Gente como o barão de Piabanha, cercado de dependentes e escravos por todos os lados, decerto se imaginava um deus tutelar, protetor de todos à volta. A figura do grande senhor de terras e de pessoas impregnava debates parlamentares, projetos de nação, obras literárias, inventava um mundo ao seu talante, por assim dizer. Na literatura, por exemplo. Em 1864, o jovem Machado de Assis publicou, no *Jornal das Famílias*, um conto intitulado "Virginius". A história é narrada por um advogado e tem como uma de suas personagens o fazendeiro Pio, conhecido como "Pai de todos". Homem boníssimo, que fundia em si "a justiça e a caridade", funcionando como síntese das autoridades judiciárias, policiais e municipais, pois nada se decidia localmente sem que ele proferisse sua sentença, que "todos acatam e cumprem". O "Pai de todos" tinha um filho biológico,

Carlos, menino bom ao que parecia, mas que depois de um tempo fora para se bacharelar voltara mudado. Morava num sítio próximo um lavrador chamado Julião, protegido e agregado do fazendeiro Pio, outra alma boníssima a completar as relações idílicas entre senhor e dependente. Julião tinha uma filha, Elisa, que seus olhos de pai achavam "a mulatinha mais formosa daquelas dez léguas em redor", que crescera junto a Carlos, o filho do fazendeiro. Ao voltar dos estudos, Carlos, que dedicava seu ócio na fazenda à caça, passa a olhar Elisa a partir da perspectiva do predador sexual. Chega a contratar capangas e tenta estuprar a menina, no que é impedido por Julião. Mas o agregado entende que não poderia suportar o ímpeto do sinhozinho, fica desolado ao ver o desespero da filha diante da iminência de ser violentada, por isso decide matá-la para evitar a desonra. O advogado narrador da história fora contratado pelo "Pai de todos" para defender Julião no júri.

Nem é preciso delongar em apreciações literárias sobre essa história, pois o próprio Machado de Assis nunca a recolheu nos vários volumes de contos próprios que organizou ao longo da vida. Em seu jeito derramado, entremeando paroxismos de virtude e malvadeza e desgraças quase inverossímeis, o conto sugere que da bondade proverbial do latifundiário emana desgraça e injustiça social; aos seus protegidos, como Julião, o "Pai de todos" só pode dispensar a vulnerabilidade estrutural pertinente à situação de dependência pessoal. Apesar das aparências, a história desestabiliza no conjunto o maniqueísmo das virtudes e dos vícios que a constitui no varejo: o "Pai de todos" não pode proteger a quem deseja; o agregado Julião não se sente seguro, não obstante sua devoção ao fazendeiro-deus-tutelar; o amor do fazendeiro ao filho produz ócio, comportamento arbitrário, impunidade; o amor do agregado mata a filha. Nada sobrevive quanto à possibilidade de uma sociedade ordenada pelo paternalismo, a escravidão, a dependência pessoal.

Verdade que o "Pai de todos" puniu o filho. Nem se aventa a hipótese de a Justiça pública proceder contra a rapacidade sexual do sinhozinho. O fazendeiro castigou o filho à sua moda, enviando-o para o sul do país, "para que assentasse praça em um batalhão de linha". Carlos objetou, disse que "era doutor", logo recrutamento não condizia com seu naipe social. De fato, no Brasil do século XIX o recrutamento parecia elemento importante no controle social das pessoas livres pobres. Era um deus nos acuda quando um chefe de polícia, da Corte ou das províncias, enviava aos juízes de paz e aos subdelegados a ordem de que deveriam apresentar um determinado número de recrutas para o Exército ou a Armada. Os lavradores abandonavam o trabalho e corriam para o mato, ou se fiavam na proteção de gente como o barão de Piabanha, que veria na possibilidade de apadrinhar seus dependentes e protegê-los do recrutamento mais uma oportunidade de "acumular" poder simbólico. Ou acumulava o tal poder simbólico mandando a polícia local ao encalço de seus desafetos, como, por hipótese, os agregados que o teriam "traído" ao reivindicar a posse de terras que o barão atribuía a si próprio. Assim, não virar soldado parecia um jeito de se distinguir socialmente, uma maneira de construir hierarquias no interior do mundo das pessoas livres pobres ou apenas remediadas.

Para reforçar esse ponto, uma breve história de romantismo prático. Em maio de 1849, Maria Joaquina d'Anunciação Bastos enviou uma "petição de graça" ao imperador solicitando proteção para seu marido, José Cândido da Cunha Bastos, "ilegalmente detido a bordo da corveta União, a título de praticante de piloto". A "suplicante", como se dizia nessas petições, conta que vivia "honestamente" na companhia de seus pais no curato de Santa Cruz, tendo sido cortejada por alguns mancebos, quem sabe "porque lhe favorecessem os dotes da natureza". Nada evoluiu, porém, até o aparecimento de José Cândido, que conseguiu a autorização dos pais da moça para o ansiado casamento. O moço passou a frequentar a casa, mas logo se viu que protelava o casório. Pressionado, confessou que sua família se opunha ao enlace, a ponto de ter conseguido que o bispo enviasse circular a todos os vigários da diocese proibindo recebê-los. Depois disso os eventos se precipitaram, e a narrativa de Maria Joaquina se turvou, pois "a mais violenta paixão a cegava", o que a deixou "toda entregue à disposição daquele homem". Consumada a conjunção carnal, urgia realizar o casamento de qualquer forma, na polícia que fosse, para salvar Maria Joaquina da desonra. Todavia,

> uma ordem de prisão foi expedida pelo Chefe de Polícia, a casa dos pais da Suplicante varejada, e porque se não encontrasse ali o moço, os matos foram batidos, ele preso, e como se tivesse cometido algum crime, arrastado até esta Corte, e metido a bordo da corveta União na qualidade de grumete, isto é criado dos marinheiros!! Releva Senhor aqui ponderar, que este moço, o marido da Suplicante estava frequentando seus últimos estudos, é proprietário de bens de raiz, possui uma legítima paterna superior, segundo se diz a 50 contos (causa de toda a oposição porque alguém se não quer desapegar a esses bens), pertence a uma família, que se trata com decência, e finalmente é cunhado de um Juiz de Direito membro da Assembleia Provincial e comendador, aparentado e relacionado com as melhores pessoas da Corte de V. M. I. (ANRJ, Série Justiça, maço IJ3-26).

Em suma, para coroar os dissabores do casal, a própria família de
José Cândido puniu a desobediência dele de modo incompatível com sua
posição social. Obrigou-o a correr para o mato para fugir da detenção e
do recrutamento, fazendo com que um mancebo bem-nascido e educado
sofresse as agruras reservadas a sujeitos pobres, mal relacionados, supostos
vadios. Como se vê, as histórias de Machado de Assis e de Maria Joaquina, a
primeira de literário romantismo, a outra verídica, informam ambas sobre
o sentido do recrutamento no controle social das pessoas livres pobres no
Brasil oitocentista; e o fazem ao invocar a inadequação de sua aplicação
às personagens em pauta — Carlos e José Cândido.

CRISE E ABOLIÇÃO DA ESCRAVIDÃO. E DEPOIS?

A figura do fazendeiro-deus-tutelar, senhor de terras e de gente, esteve no
centro da luta ideológica durante o processo de desmantelamento da escravidão no Brasil. No debate legislativo sobre a lei de emancipação gradual de
28 de setembro de 1871, era comum atribuir o projeto de lei a um desígnio
da Coroa, que impunha sua vontade de modo arbitrário e contando com
títeres no Parlamento para contrariar os interesses dos grandes proprietários. Nesse sentido, o imperador fazia o papel de mau senhor, pois agia
de maneira a colocar em risco aqueles a quem deveria proteger. Vejamos
a versão de lamento senhorial apresentada pelo deputado Pinto Moreira:

> *Mas fere-se hoje a escravidão em seu princípio; a lei que antes a protegia, a
> condena agora como coisa injusta, contrária à religião, à moral e ao direito;
> torna-se uma instituição caduca, que mal pode sobreviver aos princípios que
> a sustentavam.*
>
> *Por outro lado cria-se um estado novo dentro da família do lavrador, novas
> relações jurídicas aí se estabelecem; o regime dos estabelecimentos agrícolas
> afrouxa; a autoridade do senhor e a autoridade pública diariamente se encon-
> tram no mesmo estabelecimento; aquela perde o seu anterior prestígio, esta
> não pode manter mais a imparcialidade; os domésticos, escravos ou libertos
> se entregam à intriga alimentada por toda sorte de embustes [...]. No centro
> está o lavrador, o pai de família abandonado às suas próprias forças, coberto
> de ódio pela lei, molestado todos os dias pelas investigações da autoridade,
> atormentado pelas maquinações da vizinhança, exposto às conspirações do-
> mésticas* (Anais do Parlamento Brasileiro. Câmara dos Srs. Deputados,
> 1871, t. IV, p. 82).

A primeira lamúria do deputado, a respeito de a escravidão ter se tornado "uma instituição caduca", resume bem a situação de isolamento internacional do país quanto ao assunto naquele momento. Desde as discussões iniciais sobre o projeto de lei no Conselho de Estado, em meados da década de 1860, era comum recitar a marcha da emancipação ao longo do século — Inglaterra, França, Portugal, Holanda e Dinamarca haviam libertado os escravos em suas colônias; a Espanha preparava providências com o mesmo intuito em Cuba e Porto Rico. Quando dos debates no Parlamento brasileiro em 1871, a Espanha já adotara a Lei Moret, encaminhando a questão da emancipação em suas colônias do Caribe por meio de medida legislativa muito semelhante àquela que seria logo adotada no Brasil. Ademais, a caduquice da escravidão havia se patenteado dramaticamente com a derrota do Sul na Guerra Civil americana. O desfecho da guerra nos Estados Unidos enterrara qualquer sonho de viabilidade de uma escravocracia interamericana duradoura. Por fim, a experiência da Guerra do Paraguai fora decisiva em vários aspectos. Além da presença de contingente significativo de libertos nas tropas, lutando pelo país que ainda escravizava parentes e amigos seus, a diplomacia brasileira, na figura do visconde do Rio Branco, alegava que os vizinhos do Prata tinham "uma falsa apreciação sobre o Brasil em consequência do estado servil" (*Anais do Parlamento Brasileiro*. Câmara dos Srs. Deputados, 1871, t. III, p. 146).

Pode ser também que o sentimento de caduquice da escravidão tivesse a ver com o crescente isolamento da instituição dentro do próprio país. Nisso, aliás, o eco da Guerra Civil americana aparecia novamente, pois o problema era a concentração crescente dos escravos nas províncias cafeicultoras do atual Sudeste, o que fomentava comparações com o processo de divisão interna que ocorrera nos Estados Unidos. Segundo o censo de 1872, perto de 868 mil escravos, ou quase 58% deles, labutavam apenas nas províncias de Minas Gerais, São Paulo, Rio de Janeiro e na Corte. Desde a década de 1850 intensificara-se o tráfico interprovincial de escravos, que já havia transferido mais de 100 mil cativos do norte para o sul do país até o início dos anos 1870. Esse movimento de população escrava aumentaria nos anos seguintes, com 90 mil pessoas transplantadas entre 1873 e 1881, média de 10 mil por ano. Outro fator que deve ter contribuído para produzir a sensação de perda de legitimidade interna da instituição foi a crescente concentração da propriedade escrava, pois a majoração dos preços após o fim do tráfico africano tornara mais difícil sua aquisição por gente remediada ou de poucas posses.

POPULAÇÃO E SOCIEDADE

Marc Ferrez
Mulheres no mercado, ca. 1875
ALBÚMEN, 14,8 × 22,8 CM
INSTITUTO MOREIRA SALLES, RIO DE JANEIRO

A segunda lamúria do deputado concernia ao suposto encontro entre "a autoridade do senhor e a autoridade pública diariamente" nos estabelecimentos agrícolas. Nisso o parlamentar ecoava o ressentimento dos grandes proprietários quanto à intervenção do poder público nas relações entre senhores e escravos. Vários dispositivos da lei de 1871 deram origem a esse tipo de reclamação. Afora o próprio fato de a lei determinar que doravante os filhos da mulher escrava nasceriam "de condição livre", portanto subtraindo aos senhores a prerrogativa de decidir sobre a liberdade dessas crianças, ela estabelecia que os pequenos ficariam "em poder e sob a autoridade dos senhores". E prosseguia em linguagem capaz de ensandecer quem se imaginava "Pai de todos": os proprietários das mães escravas "terão *obrigação* de criá-los [aos menores] e tratá-los até a idade de 8 anos completos" (grifo meu). Ao atribuir responsabilidades legais aos senhores no que diz respeito às crianças das escravas, a lei criava direitos aos quais os escravizados poderiam recorrer e conferia ao poder público a prerrogativa de fiscalizar o que se fazia dentro das fazendas.

O artigo 4º conferia aos cativos o direito ao pecúlio — isto é, reconhecia a possibilidade de os escravos acumularem bens, podendo até mesmo legá-los a cônjuges e herdeiros. Adiante, no mesmo artigo, dizia-se que o escravo "que, por meio de seu pecúlio, obtiver meios para indenização de seu valor, tem direito a alforria"; caso não houvesse acordo quanto ao valor da indenização, ela seria fixada por arbitramento judicial. Facultava-se ao escravo, "em favor de sua liberdade", obter a soma necessária para indenizar o senhor por meio da contratação de prestação de seus serviços a terceiros por um período máximo de sete anos. Decerto essas disposições da lei de 1871 formalizavam caminhos para a obtenção da liberdade que eram tradicionais na escravidão brasileira, às vezes até tidos por direitos costumeiros dos escravos, os quais ao rejeitar o senhor assumia riscos quanto à manutenção do controle de seus trabalhadores cativos. A concessão de liberdades na pia batismal era jeito comum de recompensar mães escravas dedicadas à família senhorial, além de maneira de acumular boas ações por parte de senhores e senhoras, muito pios todos, preocupados com o perigo de arder no inferno após a morte. A liberdade por indenização de preço consistia talvez naquilo que mais se aproximava a um direito costumeiro dos cativos; por conseguinte, ao inscrevê-lo em lei, os parlamentares transformavam em direito formal, positivo, uma estratégia de obtenção da liberdade que havia muito estava no repertório dos escravizados no Brasil. Segue-se disso, portanto, que os deputados que se opunham ao projeto o faziam por entender bem a diferença entre uma alforria por indenização de preço consentida pelo senhor e outra, a vigorar após a lei de 1871, na qual a vontade senhorial não podia mais regular a iniciativa do escravo, pois bastava a este apresentar o seu valor em juízo, caso não fosse possível chegar a um acordo com o proprietário. Por isso Pinto Moreira caprichava na lamentação, falava em regime (disciplinar) que "afrouxa", em autoridade senhorial que perdia o seu "anterior prestígio", no "lavrador", "pai de família abandonado", "exposto às conspirações domésticas". Na visão de mundo dessas personagens, a iniciativa dos outros, o protagonismo dos dependentes — agregados, escravos, mulheres — aparece como traição pessoal, episódios de "conspiração doméstica".

Não há dúvida de que houve escravos que souberam tirar partido das mudanças trazidas pela lei de 1871. Os arquivos cartoriais brasileiros que lograram escapar até hoje às fogueiras — ou à "reciclagem" — promovidas pelo Judiciário estão cheios de ações de liberdade de escravos fundamentadas no artigo 4º. A possibilidade aberta pela lei facilitou iniciativas coletivas para comprar liberdades, fosse pelos próprios escravos ou, mais tarde, por abolicionistas e simpatizantes. De qualquer modo, as coisas ficaram um pouco como eram antes, pois a chance de obter pecúlio para comprar alforria continuou maior nas cidades do que no campo. Na Corte, aliás, a oportunidade com frequência virava risco, pois logo apareceram negociantes dispostos a emprestar dinheiro aos escravos em troca de serviços exorbitantes, mal pagos. Contudo, entre 1872 e 1885, um em cada três escravos na Corte havia ficado livre; em contraste com um em cada nove na província de São Paulo, um em cada 13 na província do Rio, apenas um em cada 18 em Minas. No início da década de 1880, o abolicionista Joaquim Nabuco dizia que, para qualquer escravo brasileiro, a perspectiva de morrer no cativeiro permanecia maior do que a de atingir a liberdade.

Não só por isso se deve ver com alguma desconfiança o gênero narrativo da lamúria senhorial — o enredo do senhor abandonado, solitário, supostamente traído por seus dependentes, cujo epítome literário é Bento Santiago, no *Dom Casmurro* de Machado de Assis. Pois o que mais impressiona é a coerência do governo imperial na defesa do interesse dos grandes fazendeiros quanto à propriedade escrava adquirida por contrabando após 1831. A reivindicação de indenização pela propriedade escrava em qualquer passo do governo em direção à emancipação de escravos consistiu em óbice sério à adoção de medidas a respeito do assunto até a Abolição, que veio porque tinha de vir, já que os escravos no verão de 1887/1888 tomaram o assunto nas próprias mãos e abandonaram em massa as fazendas de café. No entanto, talvez seja verdade que a monarquia caiu em 1889, entre outros motivos, porque os cafeicultores se mostraram inconformados com o fato de a lei de Abolição não ter contemplado a indenização dos proprietários pela libertação dos escravos.

A ideia de que a lei de Abolição tenha incorrido em confisco de propriedade escrava é curiosa, em vista da continuada diligência do governo imperial em ignorar o direito à liberdade de centenas de milhares de africanos, e de seus descendentes, escravizados à revelia da lei de 7 de novembro de 1831. Quando o assunto aflorava, era um corre-corre para silenciar os recalcitrantes. Em 28 de outubro de 1874, a seção de Justiça do Conselho de Estado se reuniu para apreciar um ofício do presidente da província do Rio Grande do Norte a respeito de africanos que reivindicavam a liberdade alegando terem sido importados após a lei de proibição do tráfico de 1831. Os africanos estavam listados no inventário de um senhor de engenho, mas haviam dirigido uma petição ao chefe de polícia explicando os motivos pelos quais pensavam ter direito à liberdade. O que espantou os conselheiros foi que o chefe de polícia da província achara que havia ali matéria para investigar. Logo encaminhou a petição ao promotor público, que decidiu interrogar os africanos, obteve "valiosos documentos" para comprovar a história deles, e entregou tudo ao juiz municipal, para proceder segundo a lei. Nesse ponto, o herdeiro do falecido, um "bacharel", protestou ao presidente da província, pois "o procedimento" do juiz municipal "tem levado a perturbação e a desordem às fábricas de seus Engenhos". O presidente da província, porém, considerou que estava tudo conforme a lei, ao que parece sem suspeitar que residia aí precisamente o problema, e deu prosseguimento ao caso, limitando-se a enviar "vinte praças" para o local para garantir a ordem. Incrédulos diante do que se apresentava, os conselheiros passaram um longo sabão na autoridade provincial, dizendo-lhe que o "negócio não é tão simples", "é muito grave pelo seu alcance e consequências". Depois de várias considerações, reafirmaram a ideia de que não cabia investigar o direito à liberdade daqueles africanos, que só aqueles apreendidos em mar ou imediatamente após o desembarque tiveram sua condição de "africanos livres" reconhecida. Quanto aos outros, estava em vigor uma "prescrição dos fatos passados", por considerações "de ordem pública"; "seria uma medida revolucionária arrancá-los sem indenização de seus senhores"; "essa ideia, infelizmente apoiada pela autoridade pública", equivalia a "uma propaganda de insurreição", seria "funesta nas Províncias,

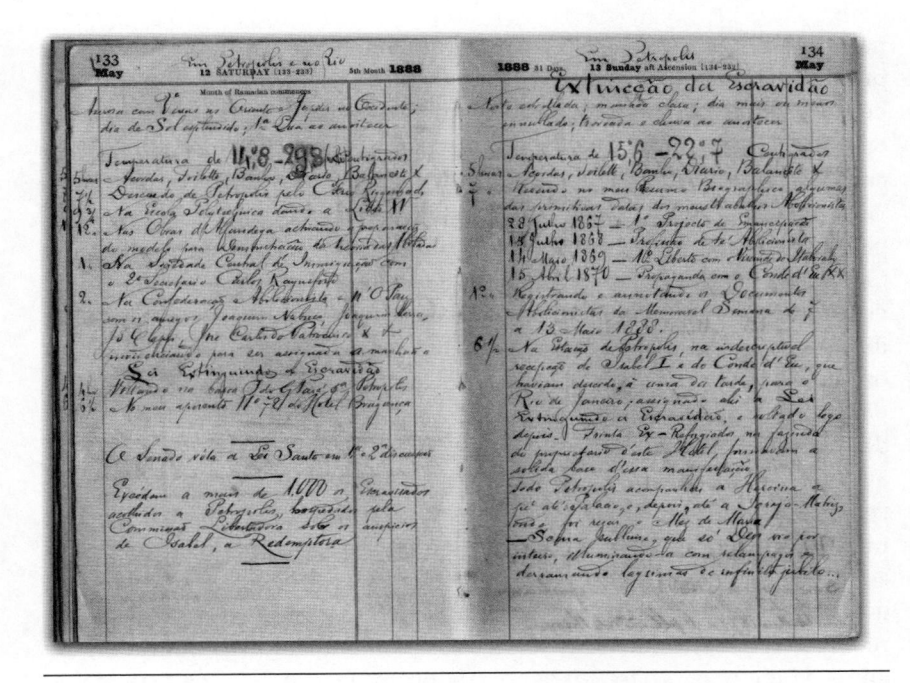

Diário de André Rebouças.
Ano da Abolição, 13 de maio de 1888
PETRÓPOLIS, HOTEL BRAGANÇA, APOSENTO N. 72, AUTÓGRAFO. 366 P.
MANUSCRITO, 20 × 15 CM
ARQUIVO ANDRÉ E JOSÉ REBOUÇAS, INSTITUTO HISTÓRICO
E GEOGRÁFICO BRASILEIRO, RIO DE JANEIRO

onde há grande aglomeração de escravos". Havia apenas 13 mil cativos na província do Rio Grande do Norte segundo o censo de 1872, explicação possível para a indiferença de seu presidente em relação à discussão pública da lei de 1831. Mas os conselheiros de Estado mandaram parar tudo, o ministro da Justiça concordou, o imperador rubricou (Caroatá, *Imperiais resoluções*, parte II, p. 1721–1725).

Abolida a escravidão em 13 de maio de 1888, após outras escaramuças parlamentares, nova lei para procrastinar o desfecho em 1885, radicalização do movimento abolicionista, fuga em massa de escravos, resta perguntar o que ocorreu no mundo do trabalho quando os escravos se foram. O debate à época focalizou mais a questão da cafeicultura, em parte porque ainda havia muitos escravos lá, em parte porque seu poder de dramatização das próprias perdas roubava a cena. A província de São Paulo adotara o alvitre de subsidiar a vinda de imigrantes italianos, e mais de 120 mil entraram em 1887 e 1888. Quanto às áreas que não dispuseram dessa alternativa, cabe contar mais uma história para encerrar este capítulo.

Em 2 de junho de 1888, o advogado Ferreira França entrou com um pedido de *habeas corpus* em favor dos libertos da Fazenda do Socorro, em Cantagalo, província do Rio de Janeiro. O advogado informava que à frente dos "referidos cidadãos ex-escravos" acha-se o ex-escravo Sebastião Rufino dos Santos Maranhão, que dizia que seus companheiros queriam se retirar da dita fazenda, porém sofriam constrangimento ilegal do fazendeiro para lá permanecer. Maranhão alegava ser "perseguido", "ameaçado de morte", sem "encontrar apoio nas autoridades locais". Os juízes do Supremo Tribunal de Justiça concederam o *habeas corpus* e mandaram investigar incontinente. O proprietário, capitão Manoel Pereira Torres, foi interrogado pelo juiz municipal em 16 de junho. Disse que, promulgada a lei de 13 de maio, reuniu seus ex-escravos e lhes declarou que os que quisessem podiam partir, e os que preferissem permanecer passariam a receber "retribuição de seus serviços". Quanto a Maranhão, teria fugido antes da lei, mas "apareceu depois da promulgação dela, na fazenda do Suplicante com cartas do Desembargador Ernesto Ferreira França". O fazendeiro sugeriu ao juiz que interrogasse os negros.

Em 23 de junho, os "ex-escravizados da Fazenda do Socorro" foram inquiridos pelo delegado de polícia, na própria delegacia, presentes o comandante do destacamento policial, um sargento, vários praças. Havia 13 libertos presentes, outros nove haviam sido intimados mas não compareceram "por doentes". A forma adotada foi a de um interrogatório coletivo, as questões dirigidas a todos os presentes. Perguntados "se conheciam a sua condição atual", a tal voz coletiva respondeu "que sim, que sabem que são livres por uma Lei, da Princesa, que dizem ser de 13 de maio". Em seguida, o delegado quis saber se haviam sido "constrangidos" a continuar na fazenda, ao que responderam negativamente, afirmando que eram tratados como "homens livres", e "são pagos de seu trabalho de roça, ganhando cada um, quer homens, quer mulheres, um tanto por mês, tendo além disso casa e sustento". Enfim, haviam ficado na fazenda porque se acharam "contratados em boas condições". O delegado perguntou então se o "ex-parceiro" deles, Sebastião Maranhão, foi impedido de levar "a sua amásia, os seus filhos naturais que com esta tem", quando ele se apresentou na fazenda para fazê-lo. Os autos continuam assim:

Responderam que não foi negada por seu patrão Torres a amásia de Sebastião quando este, na Fazenda do Socorro, se apresentou para levá-la, mas que não sabem as razões porque ela não o acompanhou. (Neste momento, um filho de Sebastião Maranhão, tomou a palavra e fez a seguinte declaração: "Minha mãe, que não é casada com meu pai Sebastião, eu e meus irmãos, não queremos acompanhar nosso pai porque achamo-nos comprometidos a fazer a colheita deste ano, e se tal contratos [sic] fizemos, foi porque não quisemos sair da Fazenda, nem sabíamos onde estava nosso pai, porquanto há dois anos que ele se ausentou de nós". É textual, e chama-se o declarante Ignacio Maranhão.)
(ANRJ, Petição de *habeas corpus*, 1888, Supremo Tribunal de Justiça, n⁰ 2.713, maço 1.722.)

O documento é extraordinário, exemplo raríssimo de libertos reunidos para contar como decidiram o que fazer de suas vidas após o 13 de maio. Como de praxe na leitura dessas fontes, não podemos saber se o que consta nelas é o que aconteceu na realidade, ou mesmo se é o que os depoentes acreditam que aconteceu. Não obstante os libertos dizerem que não sofreram constrangimento, causa espécie a informação de que nove deles se declararam doentes e não apareceram. Gente demais na enfermaria, quem sabe porque não conviesse a presença deles. Em outro documento constante do processo de *habeas corpus*, o chefe de polícia da província afirma estar atento ao cumprimento da lei de Abolição, porém professa a mesma prontidão para a "repressão da vadiagem e vagabundagem", o que permite ver uma nuvem ameaçadora por sobre as cabeças dos libertos da região, caso deixassem as fazendas. As versões presentes nesses papéis sobre o que poderia acontecer em seguida à Abolição eram correntes à época, polarizadas como aparecem aqui. Sebastião Maranhão representava a possibilidade de os libertos abandonarem em massa as fazendas para buscar a vida noutras paragens, talvez na cidade, como fez Maranhão, que morava na Corte; o filho dele, Ignacio Maranhão, e seus companheiros contam que conseguiram negociar novas condições de trabalho e acharam vantajoso permanecer onde estavam, com o antigo senhor, agora patrão, a pagar salário. As pesquisas históricas sobre o pós--emancipação precisam avançar para que possamos saber com segurança o que ocorreu, diante da diversidade de cenários possíveis. Nesse processo de *habeas corpus*, os libertos de Cantagalo assumiram a narrativa da própria história, contaram-na como experiência coletiva ao relatar o que os levara a decidir ficar na fazenda, deixaram ver algo do debate interno entre eles sobre o que esperavam da vida em liberdade.

BIBLIOGRAFIA

ALENCASTRO, Luiz Felipe de (Org.). *História da vida privada no Brasil*. São Paulo: Companhia das Letras, 1997. v. 2.

AZEVEDO, Elciene. *Orfeu de carapinha*: a trajetória de Luís Gama na imperial cidade de São Paulo. Campinas: Editora da Unicamp, 1999.

BETHELL, Leslie. *A abolição do tráfico de escravos no Brasil*. Rio de Janeiro: Expressão e Cultura; São Paulo: Edusp, 1976.

CHALHOUB, Sidney. *Visões da liberdade*: uma história das últimas décadas da escravidão na corte. São Paulo: Companhia das Letras, 1990.

_____. *Machado de Assis, historiador*. São Paulo: Companhia das Letras, 2003.

EISENBERG, Peter L. *Homens esquecidos*: escravos e trabalhadores livres no Brasil, séculos XVIII e XIX. Campinas: Editora da Unicamp, 1989.

FERRAZ, Lizandra. *Entradas para a liberdade*: formas e frequência da alforria em Campinas no século XIX. Dissertação (Mestrado) — Universidade Estadual de Campinas, Campinas, 2010.

FRAGA FILHO, Walter. *Encruzilhadas da liberdade*: histórias de escravos e libertos na Bahia (1870–1910). Campinas: Editora da Unicamp, 2006.

FREITAS, Judy Bieber. Slavery and Social Life: Attempts to Reduce Free People to Slavery in the Sertão Mineiro, Brazil, 1850–1871. *Journal of Latin American Studies*, v. 26, n. 3, p. 597–619, 1994.

GOMES, Flávio dos Santos. *Histórias de quilombolas*: mocambos e comunidades de senzalas no Rio de Janeiro, século XIX. 2. ed. São Paulo, Companhia das Letras, 2006.

LARA, Silvia H.; MENDONÇA, Joseli M. N. (Org.). *Direitos e justiças no Brasil*: ensaios de história social. Campinas: Editora da Unicamp, 2006.

MATTOS, Hebe. *Das cores do silêncio*: os significados da liberdade no Sudeste escravista — Brasil, século XIX. Rio de Janeiro: Nova Fronteira, 1998.

_____. *Ao sul da história*: lavradores pobres na crise do trabalho escravo. Rio de Janeiro: FGV, 2009.

MOTTA, Márcia. *Nas fronteiras do poder*: conflito e direito à terra no Brasil do século XIX. Rio de Janeiro: Vício de Leitura, Arquivo Público do Estado do Rio de Janeiro, 1998.

PALACIOS, Guillermo. Revoltas camponesas no Brasil escravista: a "Guerra dos Maribondos" (Pernambuco, 1851–1852). *Almanack Braziliense*, n. 3, p. 9–39, maio 2006.

REIS, João José. *A morte é uma festa*: ritos fúnebres e revolta popular no Brasil do século XIX. São Paulo: Companhia das Letras, 1991.

_____. *Rebelião escrava no Brasil*: a história do levante dos malês em 1835. São Paulo: Companhia das Letras, 2003.

SENRA, Nelson de Castro. *História das estatísticas brasileiras*. Rio de Janeiro: IBGE, 2006. v. 1.

SLENES, Robert W. *The demography and economics of Brazilian slavery*. Tese (Ph.D. em História) — Stanford University, 1976.

_____. *Na senzala, uma flor*: esperanças e recordações na formação da família escrava (Brasil sudeste, século XIX). Rio de Janeiro: Nova Fronteira, 1999.

DETALHE DA IMAGEM DA PÁGINA 93

PARTE **2**

JOSÉ MURILO DE CARVALHO
A VIDA POLÍTICA

ENTRE 1831 E 1889, O BRASIL CONSOLIDOU SUA INDEPENDÊNCIA, garantiu a unidade da antiga colônia portuguesa, definiu suas relações com os países vizinhos no rio da Prata, fundou uma monarquia constitucional representativa, manteve a liberdade de imprensa e a competição partidária, deu os primeiros passos na industrialização e, embora muito lentamente, livrou-se do trabalho escravo, compensando-o com a imigração de trabalhadores europeus. Politicamente, o período pode ser dividido em três fases. A primeira, turbulenta, em que a unidade do país esteve seriamente ameaçada, vai de 1831 a 1850. O ano de 1850, graças às reformas introduzidas, é o grande marco divisório. A segunda corresponde ao apogeu do Império e vai de 1850 até 1875, final do gabinete Rio Branco, também marcado por grandes reformas. Finalmente, a terceira, de lenta e progressiva perda de legitimidade da Monarquia, que culminou com a intervenção militar que implantou a República em 1889. A seguir, cada fase é subdividida em períodos mais curtos.

1831-1850: A CONSTRUÇÃO DA ORDEM

1831-1840: ABDICAÇÃO E REGÊNCIA

Em 7 de abril de 1831, d. Pedro I abdicou o poder em favor de seu filho, d. Pedro II, então com 5 anos de idade. Não foi um desquite amigável entre o imperador e a nação, nem tranquila a passagem do trono para o filho. O primeiro imperador, passado o momento de popularidade decorrente da proclamação da independência, foi se indispondo com as correntes liberais e mesmo com a população em geral. Inicialmente, dissolveu a Constituinte em 1823 e, no ano seguinte, outorgou uma Constituição que, apesar de liberal, não tinha a legitimidade da votação dos constituintes. A seguir, envolveu-se numa guerra impopular no rio da Prata para manter a Colônia de Sacramento (Banda Oriental) que, afinal, perdeu. Finalmente, envolveu-se na luta dinástica portuguesa para defender o trono da filha, d. Maria II, contra a usurpação do irmão, d. Miguel. Em 1830, a queda de Carlos X na França forneceu um exemplo externo de luta contra o autoritarismo monárquico. O acontecimento foi discutido no Conselho de Estado, tal era seu potencial de perturbação política.

A partir desse ano aumentou a tensão política. Na oposição, militavam os liberais, insatisfeitos com as práticas despóticas do imperador; os republicanos que, embora minoria, atuavam na imprensa e nas ruas; e os brasileiros em geral, irritados com a lusofilia do governante e de seus áulicos. Para acalmar os ânimos, o imperador viajou à província de Minas Gerais no início de 1831. Ao retornar ao Rio de Janeiro em março, houve sérios conflitos de rua entre brasileiros e portugueses, que duraram cinco dias. Logo a seguir, no dia 6 de abril, por discordância quanto a escolhas ministeriais, e estando o Parlamento em recesso, cerca de 4 mil pessoas se reuniram no Campo de Santana para exigir a volta dos ministros demitidos. Juntaram-se à multidão os deputados que já se achavam na capital, forças militares e juízes de paz. Eram povo, tropa e políticos juntos em rara manifestação de unidade. Na manhã do dia 7, o imperador anunciou a abdicação na pessoa do filho. A notícia foi levada à multidão que, por um instante, permaneceu perplexa. Não se esperava solução tão radical. Mas ao grito de "Viva d. Pedro II!", dado pelo general Manuel da Fonseca Lima e Silva, o povo prorrompeu em aplausos. O Congresso improvisou uma reunião para eleger uma regência trina, composta pelo general Francisco de Lima e Silva, o senador liberal Nicolau Vergueiro e o ex-ministro e conservador Joaquim Carneiro de Campos, marquês de Caravelas. D. Pedro I regressou a Portugal no dia 13 na corveta inglesa *Warspite*. Os ingleses levaram de volta o filho depois de terem trazido o pai, d. João, para o Brasil em 1808.

Após a aclamação em praça pública, a multidão foi buscar o menino imperador no palácio da Quinta da Boa Vista para trazê-lo ao palácio da cidade. Segundo Jean-Baptiste Debret, pintor francês que morava no Brasil desde 1816, testemunha ocular da cena, a criança chorava muito, apavorada com o atropelo da multidão e o barulho dos tiros de canhão.

Mas o Brasil não chorava. Tomava, entusiasmado, posse de si mesmo. O país era composto na época de 18 províncias, com uma população estimada

Pedro Victor Larée (a partir de desenho
de Manuel de Araújo Porto-Alegre)
O imperador d. Pedro II no dia de sua coroação e sagração
DESENHO, 14,8 × 33 CM
SEÇÃO DE ICONOGRAFIA DA FUNDAÇÃO BIBLIOTECA NACIONAL, RIO DE JANEIRO

de 5,3 milhões de pessoas espalhadas por um imenso território com cerca de 8 milhões de quilômetros quadrados e 20 mil quilômetros de fronteiras. A província mais populosa era a de Minas Gerais, com 930 mil habitantes. A menos populosa, Piauí, com apenas 46 mil. Os escravos representavam em torno de 30% da população total. Na época da independência, o número de "índios não domesticados" era estimado em 800 mil. O de escravos, em 1,1 milhão. A população escrava tinha crescido muito devido à grande importação durante a década de 1820. Embora de modo desigual, a escravidão espalhava-se por todas as províncias, tanto nas áreas rurais como urbanas. Não havia parte alguma do país, ao contrário dos Estados Unidos, em que não houvesse escravos.

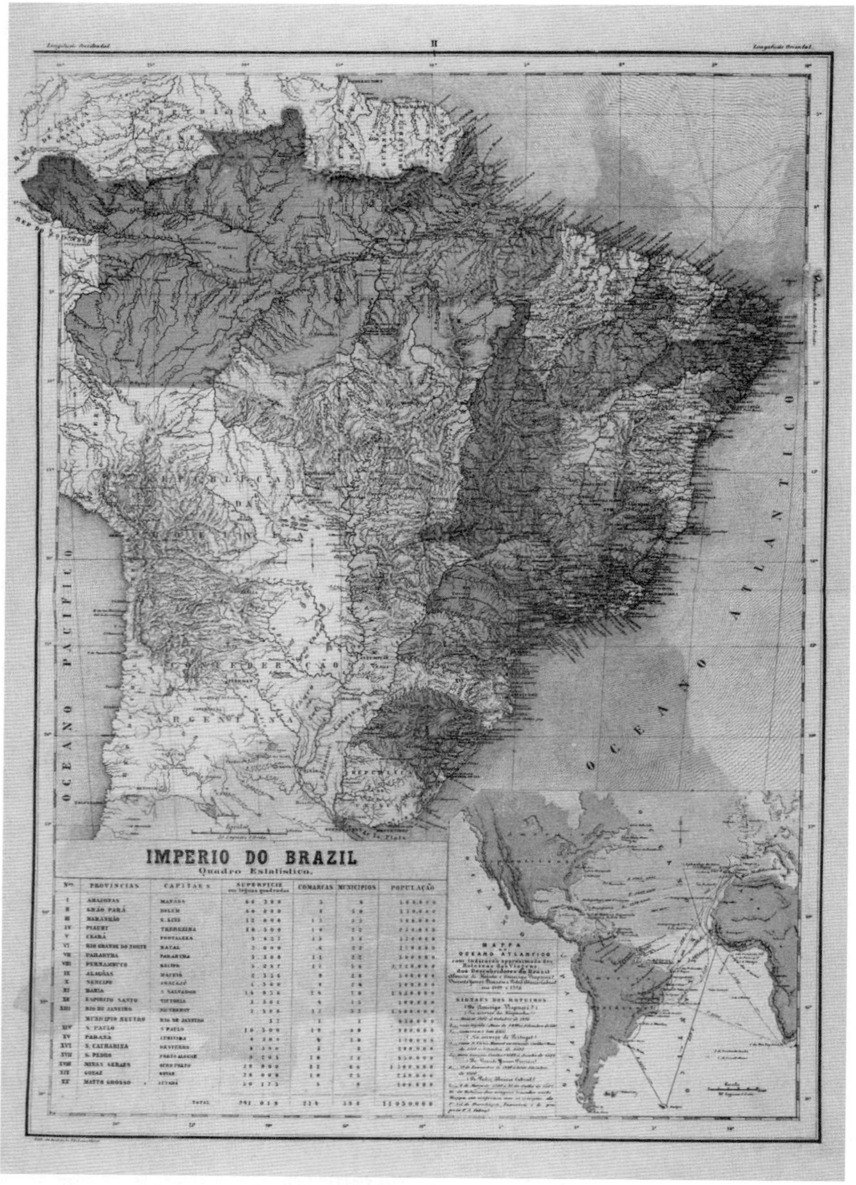
IMPERIO DO BRAZIL
Quadro Estatistico.
OCEANO PACIFICO
OCEANO ATLANTICO

Cândido Mendes
Atlas do Império, 1868

Primeiro atlas escolar feito no Brasil, dedicado aos alunos das escolas públicas, sobretudo do Colégio Pedro II. Seu autor, Cândido Mendes de Almeida, era jurista e professor de geografia. Além da finalidade pedagógica, buscava explicitamente, seguindo práticas de outros países, utilizar a geografia para promover o patriotismo. Publicado durante a Guerra do Paraguai, o Atlas certamente veio em momento oportuno.

BIBLIOTECA BRASILIANA GUITA E JOSÉ MINDLIN

A saída do imperador e a ausência de um sucessor dinástico capaz de assumir o trono deram início a um período de grande agitação política. Alguns historiadores apropriadamente consideram essa fase da vida brasileira como uma experiência republicana. Pode-se dizer que ela representou, para o Brasil, o que tinham sido os 15 anos entre 1810 e 1825 para a colônia espanhola da América, quando nela desaparecera a fonte da soberania tradicionalmente localizada no monarca. Como na América hispânica, houve no Brasil instabilidade, revoltas regionais, conflitos urbanos, secessões. A diferença em relação aos países hispânicos foi que o Brasil conseguiu sobreviver ao teste e manter sua unidade política. O período regencial pode ser dividido em duas partes. A primeira, de 1831 a 1837, correspondeu à vitória do liberalismo moderado. A segunda, de 1837 a 1840, foi marcada pela reação conservadora.

VITÓRIA LIBERAL

A notícia da abdicação espalhou-se lentamente (às vezes com demora de mais de mês) pelo imenso território onde as comunicações mais rápidas eram por via marítima. A reação inicial foi de entusiasmo generalizado. Tratava-se, de fato, de um acontecimento quase tão importante quanto o da independência, se não mais: o país passava a se autogovernar, sem a mediação de uma figura real. Mas a sensação de liberdade levou também à emergência de conflitos. Entre 1831 e 1835, mais de vinte levantes se verificaram nas cidades principais, sobretudo as marítimas, cobrindo quase todas as províncias. O motivo mais comum para os conflitos era o antilusitanismo. Já presente na década de 1820, esse sentimento se aguçou após a abdicação. Livres do português d. Pedro I, muitos brasileiros se vingaram nos compatriotas do ex-imperador, e não sem motivos. Portugueses ocupavam posições importantes na administração civil e militar e dominavam o comércio. Contra eles se voltou a ira de pequenos funcionários, de soldados, de pobres afetados por aumentos de preços causados pela desvalorização do mil-réis e pela circulação de moedas falsas. Não por acaso, a liderança dessas revoltas era atribuída à "tropa e povo", sendo que a tropa era, na realidade, parte integrante da população pobre. Em vários desses conflitos, exigiam-se a demissão e expulsão de portugueses e a proibição de sua entrada no país. Considerando apenas a Corte, houve entre 1831 e 1832 seis revoltas feitas por "tropa e povo". Em uma delas, em 1832, temeu-se mesmo a tomada da cidade pelos revoltosos. Reunido, o Conselho de Estado cogitou retirar o imperador da cidade.

Conflitos violentos verificaram-se também em Salvador, capital da Bahia, onde se propôs a adoção do federalismo. Nessa mesma cidade, houve uma revolta de escravos malês em 1835 que foi reprimida com dureza. Morreram cerca de cinquenta revoltosos, 294 foram processados, dos quais 78% foram condenados, quatro deles à morte. No Recife, capital de Pernambuco, logo após a chegada da notícia da abdicação, a cidade foi tomada e saqueada, morrendo mais de cem pessoas. Em Ouro Preto, capital de Minas Gerais, houve um movimento restauracionista. Houve ainda uma rebelião escrava em 1833 em Minas Gerais, esta em área rural.

Uma revolta rural desse período merece atenção especial por revelar a complexidade das forças em jogo. Ela se deu entre 1831 e 1835 e localizou-se entre as províncias de Pernambuco e Alagoas. Chamada Guerra dos Cabanos, teve como participantes pequenos proprietários, camponeses, índios e escravos, apoiados por comerciantes portugueses do Recife. Por três anos (1832–1835), os rebeldes lutaram uma guerra de guerrilha contra as tropas do governo. Reivindicavam a volta de d. Pedro I e defendiam a religião católica. Era uma revolta popular restauracionista. Após a morte do ex-imperador em setembro de 1834, o bispo de Olinda foi encarregado de tentar convencer os rebeldes da inutilidade da luta. Muitos se entregaram, outros nunca o fizeram. Foram caçados nas florestas, um a um, como animais, na expressão do comandante das forças legais. Seu líder, Vicente Ferreira de Paula, ex-sargento do Exército, conseguiu escapar.

Nesse meio-tempo, na capital, liberais moderados, absolutistas, chamados de caramurus, e radicais, conhecidos como exaltados, organizados em sociedades à moda da maçonaria, disputavam o poder nas ruas, na imprensa e no Parlamento. Os moderados, no controle do governo, tiveram de enfrentar dois grandes problemas, o da manutenção da ordem pública e o das pressões federalistas. Para lidar com o primeiro, licenciaram todas

Benjamin Mulock
*Antigo Palácio do Governo da província da Bahia, em frente
ao qual foi postada uma guarda atacada pelos rebeldes nos primeiros
momentos do Levante dos Malês, ca. 1860*
IN: FERREZ, GILBERTO. *BAHIA, VELHAS FOTOGRAFIAS, 1858–1900*. RIO DE JANEIRO:
KOSMOS; SALVADOR: BANCO DA BAHIA INVESTIMENTOS S.A., 1988. P. 56
FOTOGRAFIA, 17 × 23 CM
INSTITUTO HISTÓRICO E GEOGRÁFICO BRASILEIRO, RIO DE JANEIRO

as praças do Exército estacionadas na capital e criaram em 1831 a Guarda Nacional. Chamada de Milícia Cidadã, ela copiou o espírito da instituição francesa do mesmo nome, qual seja, colocar a manutenção da ordem nas mãos dos que tinham algo a defender, isto é, dos proprietários. Para pertencer à Guarda era exigida renda de 200 mil-réis nas quatro maiores cidades e de 100 mil-réis no resto do país.

No que se refere ao federalismo, a Constituição de 1824 era excessivamente centralizadora para um país tão vasto e com tantos interesses conflitantes. A reação já se materializara em 1824 em uma revolta que abrangeu várias províncias do Norte, sob a liderança de Pernambuco. Todas as províncias desejavam maior autonomia. Alguns porta-vozes desses interesses iam ao extremo de propor um federalismo republicano. Mas depois de uma fracassada tentativa de golpe por parte de um grupo de deputados liberais, chegou-se, afinal, a um compromisso no Parlamento. A Constituição foi reformada em 1834 por um Ato Adicional votado pela Câmara, que recebera para isso mandato especial dos eleitores. Foi a única reforma constitucional feita durante o Império. O Ato Adicional concedeu às províncias assembleias e orçamentos próprios e deu a seus presidentes poderes de nomeação e transferência de funcionários públicos, mesmo quando pertencentes ao governo geral. O novo sistema só não era plenamente federal porque os presidentes continuavam a ser indicados pelo governo central.

O Ato Adicional também aboliu o Conselho de Estado e retirou da Regência uma das principais atribuições do Poder Moderador, a de dissolver a Câmara. A contrapartida, cedida aos conservadores, foi a manutenção da vitaliciedade do Senado. Por fim, à medida que aproximava o país de uma república, o Ato Adicional decretou a eleição popular de um regente único em substituição à regência trina. Com indisfarçado orgulho e algum exagero, o Ato Adicional foi comunicado à Regência e ao imperador como a realização na América do sonho europeu de "uma monarquia sustentada por instituições populares". Era a vitória dos moderados sobre exaltados e caramurus.

Outra medida importante tomada pela Regência em novembro de 1831 foi a proibição do tráfico de escravos. Essa lei punha em prática o que fora acordado com a Grã-Bretanha no tratado de 1826. Embora os efeitos imediatos não tenham sido dramáticos, era a primeira tentativa de enfrentar um problema quase intratável, tal o peso da escravidão na economia e na sociedade brasileiras.

O BRASIL EM PERIGO

A descentralização de 1834 viabilizou o surgimento de um novo tipo de revolta. O aumento do poder dos governos provinciais fez deles objeto de luta entre as facções locais. Por um período de dez anos, reproduziu-se no Brasil, em ponto menor, o fenômeno centrífugo que se verificara na colônia espanhola após a prisão de Carlos IV e Fernando VII. Várias das revoltas tinham características federalistas, três delas foram separatistas. Outras assumiram caráter de guerras populares.

Já em 1835, houve duas revoltas importantes, uma na província do Pará, chamada de Cabanagem, outra na província do Rio Grande do Sul, a Farroupilha. A primeira deu sequência às lutas entre liberais e portugueses que tinham marcado a província desde a independência. Em 1835, o presidente foi assassinado, seguindo-se uma guerra de cinco anos. Líderes populares assumiram o controle da luta, tomaram a capital, Belém, e declararam a independência da província. Tropas do governo central retomaram a cidade e se engajaram em uma luta de guerrilhas contra os rebeldes embrenhados na selva amazônica, onde, sendo a maioria deles de origem indígena, se sentiam à vontade. Foi uma das lutas mais sangrentas da história do país, comparável apenas à de Canudos, na Bahia, em 1897. Soldados do governo desfilavam nas ruas da capital exibindo colares feitos de orelhas dos revoltosos. Calculou-se, talvez com algum exagero, que teriam perecido na luta cerca de 30 mil pessoas, ou 20% da população total da província. A Cabanagem foi uma revolta popular que horrorizou os liberais do Rio de Janeiro. O mais importante deles, Evaristo da Veiga, referiu-se aos rebeldes como gentalha, crápulas, massas brutas, e observou, revelando a imagem que a elite brasileira tinha dos países vizinhos, que o Pará dava a impressão de pertencer à América hispânica e não ao Brasil.

A Cabanagem mobilizou índios, caboclos e escravos sob a liderança de um seringueiro de 21 anos chamado Eduardo Angelim. Um padre lhe servia de secretário. Os cabanos não apresentaram um programa ou lista de reivindicações. Davam vivas à religião católica, a d. Pedro II, ao Pará e à liberdade. Seus principais alvos eram os portugueses e os brancos em geral, muitos dos quais foram mortos quando a capital foi tomada. Foi, sem dúvida, uma explosão popular contra a opressão secular de que tinham sido vítimas, mas à margem do sistema político de que, exatamente, estavam excluídos. Estranhamente, apesar da participação de escravos, os rebeldes não aboliram a escravidão. Ao contrário, Angelim, que era branco, reprimiu uma revolta paralela de escravos.

A Farroupilha foi uma guerra dos estancieiros da província do Rio Grande do Sul contra o governo central. A economia da província era dominada por grandes proprietários que se tinham beneficiado da incorporação da Banda Oriental em 1821. A vantagem foi em parte perdida em 1828 quando a Banda Oriental se tornou independente. Permaneceu, no entanto, estreita a relação entre as duas partes. Muitos estancieiros gaúchos mantinham propriedades no Uruguai. Nos dois lados prevaleciam a mesma economia e a mesma cultura dominadas por criadores de gado, charqueadores e comerciantes. Cavaleiros todos eles, os gaúchos formavam naturalmente, em suas vastas planícies, corpos combatentes. Caso único no Brasil, o Rio Grande do Sul tinha proprietários de terra que eram também militares, ao estilo dos caudilhos da Argentina e do Uruguai.

A revolta começou em 1835 com a deposição do presidente nomeado pela Regência. Em setembro do ano seguinte, os rebeldes proclamaram a independência da província com o nome de República de Piratini. A luta arrastou-se por dez anos até que um armistício foi celebrado em 1845, já no Segundo Reinado. Os estancieiros queriam condições mais favoráveis para seu gado e seu charque no mercado brasileiro. O governo central precisava do charque para a alimentação dos escravos nas outras províncias e do Rio Grande do Sul como uma primeira frente de defesa contra ameaças argentinas. Os charqueadores, por seu lado, ficaram ao lado do governo central, com receio de perder o mercado brasileiro, sem o qual teriam de competir em desvantagem com argentinos e uruguaios. A complexidade dos conflitos de interesse ficou clara na posição do segundo mais importante líder dos rebeldes, o coronel e estancieiro Bento Manoel, que trocou três vezes de lado durante a luta. Alguns escravos foram incorporados às forças rebeldes sob a promessa de libertação, mas não se pensou na alforria dos que formavam cerca de 30% da população. Nas cláusulas do armistício de 1845, o governo central concordou em introduzir um imposto de 25% sobre o charque importado.

Outra revolta importante verificou-se em Salvador, capital da Bahia. Chamou-se Sabinada, uma referência ao nome de seu líder, Sabino Barroso, professor da Escola de Medicina local. O levante teve início nos quartéis da cidade em novembro de 1837. A capital foi imediatamente tomada, o presidente foi deposto e a Câmara Municipal declarou a independência da província. Salvador foi bloqueada por mar pela Marinha imperial e sitiada por terra pelas forças dos barões do açúcar que dominavam seu entorno. Em dezembro de 1838, uma batalha final foi travada durante três dias dentro da cidade, resultando na derrota dos rebeldes. Houve 1,2 mil mortos entre os rebeldes e seiscentos entre as forças do governo. Como nas revoltas urbanas que se seguiram à abdicação do imperador, a Sabinada teve como principais participantes a tropa e o povo de Salvador, mas agora com algum apoio entre comerciantes e intelectuais, um deles o próprio Barroso. Sua principal motivação foi o federalismo. A declaração inicial de independência foi logo depois modificada para valer apenas até que se verificasse a maioridade do imperador. Foi criado um batalhão de pretos, mas os rebeldes não aboliram a escravidão nem recorreram à população escrava, provavelmente graças ao medo gerado pela Revolta dos Malês dois anos antes.

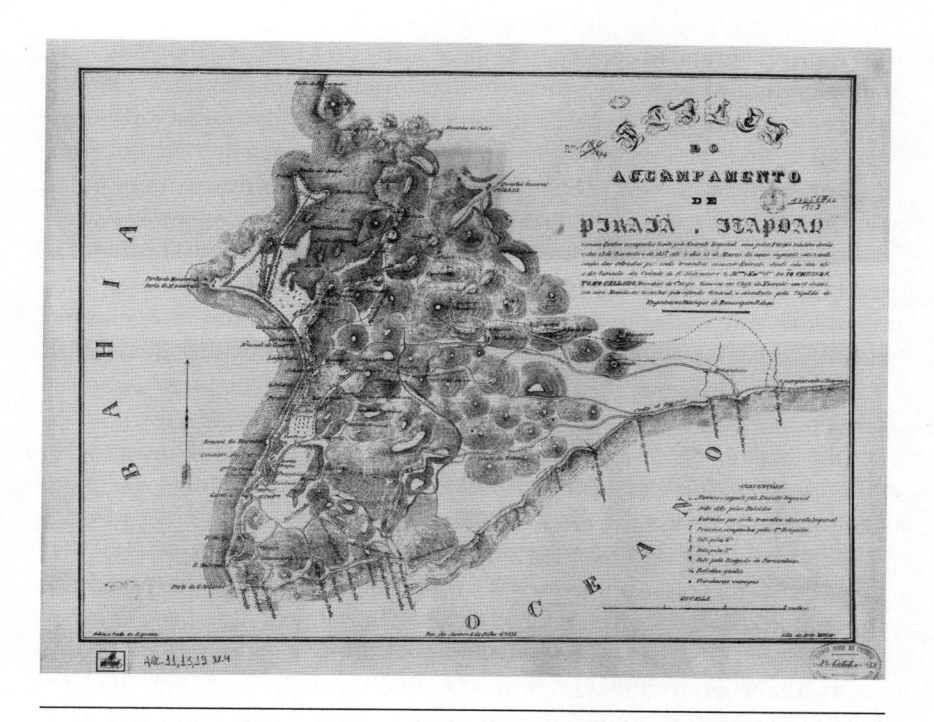

Henrique Pedro Carlos de Beaurepaire-Rohan, visconde de Rohan
*Planta do acampamento de Pirajá e Itapoã e mais pontos
ocupados tanto pelo Exército imperial como pelas
forças rebeldes desde o dia 13 de novembro de 1837
até o dia 13 de março do ano seguinte com a indicação das
estradas por onde transitou o mesmo Exército desde este dia
até o da tomada da cidade de S. Salvador pelo ilmo.
e exmo. sr. João Crisóstomo Calado, marechal de campo de Salvador,
pelo general em chefe do Exército, em 16 do mesmo mês.*
LITH. DO ARCH. MILITAR, 1839, MAPA, 40 × 51 CM
SEÇÃO DE CARTOGRAFIA DA FUNDAÇÃO BIBLIOTECA NACIONAL, RIO DE JANEIRO

A última grande revolta antes da reação conservadora foi a Balaiada, que eclodiu em 1838 na província do Maranhão, que contava à época com uma população de cerca de 200 mil pessoas, das quais 50% eram cativas, a mais alta proporção na época. À semelhança da Cabanagem e da Guerra dos Cabanos, a Balaiada foi uma revolta tipicamente popular. Seu início esteve ligado às disputas entre liberais e conservadores surgidas em consequência do aumento do poder dos presidentes de província introduzido pelo Ato Adicional. Num ambiente de grande tensão, um incidente simples, a invasão de uma cadeia para libertar correligionários liberais, detonou a revolta. O responsável pela invasão, o vaqueiro Raimundo Gomes, recebeu apoio de pequenos proprietários e vaqueiros provenientes de várias partes da província. A ele se aliou Balaio, apelido de um fazedor de cestos (balaios), desejoso de se vingar de um capitão de polícia que lhe violentara a filha. Mais à frente, outro líder, chamado Cosme, começou uma revolta paralela à frente de 3 mil escravos fugidos. Cosme intitulava-se "Tutor e Imperador das Liberdades Bentevis" (liberais), e se fazia tratar por Dom. Os balaios mobilizaram 11 mil homens e tomaram Caxias, a segunda maior cidade da província. Conflitos internos entre Cosme e Gomes e a falta de apoio dos liberais da capital da província enfraqueceram o movimento e facilitaram sua derrota em 1840. Os rebeldes foram anistiados, exceto Cosme, que foi enforcado dois anos depois. As demandas dos rebeldes tinham a ver com mudanças nas leis provinciais que permitiam a criação de prefeitos e a nomeação de guardas nacionais. Uma de suas proclamações terminava com vivas à religião católica, ao imperador e à sagrada causa da liberdade.

A morte de Pedro I em 1834 deixara os restauracionistas sem causa. As revoltas populares, embora sem tocar na escravidão, tinham assustado os próprios liberais moderados. A repressão tinha derrotado os radicais na capital do Império. O regente único, eleito em 1835, o liberal padre Diogo Antônio Feijó, passou a sofrer pesada oposição na Câmara que, nos termos do Ato Adicional, ele não podia dissolver. Até mesmo os liberais moderados, autores das reformas, começavam a admitir que elas tinham ido longe demais. Seu principal representante, Evaristo da Veiga, via anarquia por todo o Império e temia que o Brasil mergulhasse na instabilidade típica das antigas colônias espanholas, com risco para a unidade do país. Curiosamente, um brasileiro que fora general dos exércitos de Bolívar, Abreu e Lima, tendo regressado ao Brasil, tornou-se monarquista, vendo nessa forma de governo o único meio de manter a unidade do país. Incapaz por temperamento de negociar, já sem o apoio de Evaristo que morrera em 1837 e temendo também a desintegração do país, iniciada pelo Rio Grande do Sul, o regente Feijó decidiu renunciar. Seu substituto legal, o ministro do Império Pedro de Araújo Lima, futuro marquês de Olinda, era um político experiente vindo do Primeiro Reinado. Era formado em Coimbra, senhor de engenho em Pernambuco, profundamente conservador e opositor declarado da descentralização introduzida pelo Ato Adicional. Submetendo-se à eleição popular, Araújo Lima foi eleito com mais de 4 mil votos, perdendo apenas em três das 18 províncias. Tanto o novo regente quanto a nova Câmara apoiavam a reforma do Ato Adicional. Foi o início do movimento que ficou conhecido como regresso conservador.

REGRESSO CONSERVADOR E MAIORIDADE DO IMPERADOR

O regresso foi liderado por Bernardo Pereira de Vasconcelos, outro ex-aluno de Coimbra e deputado por Minas Gerais. Antigo líder liberal, Vasconcelos era o autor do projeto de lei do Ato Adicional. Evaristo da Veiga defendia ajustes nas reformas, Vasconcelos, seu antigo aliado, queria ir mais longe e defendia mudanças mais profundas. Ele foi chamado para o ministério de Araújo Lima juntamente com políticos ligados à magistratura e à grande agricultura de exportação, sobretudo a do açúcar e do café, todos educados na Europa. Os antigos restauracionistas, que eram também centralizadores, apoiaram o novo governo, dando origem à primeira organização a que se poderia dar com propriedade o nome de partido político, o Partido Conservador. O restante dos moderados congregou-se no Partido Liberal. Os dois partidos, com pequenas variações, dominaram a política até o final da monarquia. A filosofia dos conservadores, desenvolvida por Vasconcelos, defendia um Estado central forte e um governo baseado no que chamava de classes conservadoras, entendendo por isso aquelas que em momentos de mudança brusca tinham tudo a perder e nada a ganhar. O grosso dessas classes era formado por proprietários de terra e escravos voltados para a agricultura de exportação, concentrados nas províncias do Rio de Janeiro, Bahia e Pernambuco, por grandes comerciantes e pela burocracia, sobretudo judiciária. O Partido Liberal, por seu lado, favorecia a descentralização política e administrativa, era menos resistente às medidas tendentes a abolir o tráfico e congregava, sobretudo, os proprietários rurais mais voltados para o mercado interno, como os de Minas Gerais, São Paulo e Rio Grande do Sul e profissionais liberais urbanos.

De posse do poder, os conservadores não perderam tempo. Em 1840 fizeram aprovar no Parlamento uma interpretação do Ato Adicional

A CONSTRUÇÃO NACIONAL

S.A. Sisson (a partir de pintura de F. Krumholz)
Bernardo Pereira de Vasconcelos
IN: *GALERIA DOS BRASILEIROS ILUSTRES: OS CONTEMPORÂNEOS.*
RIO DE JANEIRO: S.A. SISSON, 1859. V. I, ESTAMPA 37
LITOGRAFIA, 32,5 × 26 CM
SEÇÃO DE ICONOGRAFIA DA FUNDAÇÃO BIBLIOTECA NACIONAL, RIO DE JANEIRO

que reduzia substancialmente os poderes dos presidentes de província, sobretudo no que se referia à nomeação e transferência de funcionários. Os liberais, temendo outras reformas, tentaram preveni-las recorrendo a uma causa popular, embora mais próxima dos conservadores, qual seja, a antecipação da maioridade do imperador que, pela Constituição, só se daria em dezembro de 1843. O movimento teve o apoio entusiasta da população da Corte. Consultado sobre a antecipação, d. Pedro, então com 14 anos, aconselhado por seu tutor e mestres, concordou. Em meio a grandes festas, a maioridade foi formalmente sancionada pela Assembleia Geral. Em reconhecimento, os liberais foram chamados ao governo.

Colocava-se no poder uma criança tímida e inexperiente. D. Pedro, nascido em 1825, era órfão de pai e mãe, só lhe restando no Brasil duas irmãs, com quem convivia numa corte chamada por um diplomata de "a mais triste do universo". Fora educado sob rígida disciplina pelos homens da Regência, que procuraram fazer dele um governante perfeito nos termos dos modelos da época para os bons príncipes. Coroado, o jovem monarca esteve durante os primeiros anos sob a influência de palacianos a que se deu o nome de facção áulica. Aos poucos, no entanto, tornou-se independente e passou a governar com todos os poderes que lhe conferia a Constituição.

O governo liberal durou menos de um ano. De volta ao poder, os conservadores anularam as eleições feitas pelos liberais e, com o apoio da Câmara antiga, aprovaram em 1841 mais duas leis destinadas ao fortalecimento do poder central. A primeira delas foi a recriação do Conselho de Estado abolido pelo Ato Adicional; a segunda, uma reforma do Código de Processo Criminal de 1832, considerado excessivamente liberal. A reforma colocou o Judiciário e a polícia nas mãos do governo central. Todos os juízes, exceto os de paz, que eram eleitos, passaram a ser nomeados pelo ministro da Justiça. Mais ainda, boa parte dos poderes dos juízes de paz foi transferida para os chefes de polícia e seus delegados. Enfraquecia-se um dos baluartes do liberalismo de tradição anglo-saxônica, a justiça eletiva. O ministro da Justiça passou a controlar o Judiciário, a polícia e a Guarda Nacional, isto é, todo o aparato repressivo do governo. Até mesmo os carcereiros eram de sua nomeação por via indireta.

1840-1850: O PODER MODERADOR EM AÇÃO

Temerosos de que tanta concentração de poder os excluísse para sempre do poder, os liberais recorreram às armas. Em 1842, surgiram revoltas nas importantes províncias de São Paulo e Minas Gerais, lideradas pelos principais chefes do Partido, inclusive o ex-regente Feijó, e apoiadas por frações da Guarda Nacional e proprietários rurais. Não eram revoltas separatistas como a do Rio Grande do Sul. As províncias de São Paulo e Minas estavam muito ligadas ao centro político do país. Os líderes das duas revoltas queriam apenas garantir sua participação no governo. Foram derrotados por forças do Exército após curta luta.

Foi nesse momento que o imperador, já com alguma experiência, começou a fazer uso do Poder Moderador. Esse poder constitucional, baseado nas ideias de Benjamin Constant, em sua versão brasileira, dava ao governante a chefia do Estado e, via ministros, do governo. O imperador escolhia livremente os ministros e, quando solicitado, podia dissolver a Câmara. Essas atribuições mostraram-se funcionais no arbitramento do conflito entre setores da elite. Em 1844, os liberais, derrotados no campo de batalha em 1842, foram chamados ao governo e uma anistia lhes foi concedida. No poder, eles não revogaram as leis do regresso, mas as utilizaram em seu próprio benefício. Sua volta ao poder sinalizou-lhes que era possível a alternância no poder promovida pelo Poder Moderador, dispensando o recurso a revoltas, e mesmo a eleições. Essa capacidade de arbitramento por parte do Poder Moderador ajudou a legitimar a monarquia, embora, com o passar do tempo, se tenha transformado em fator de deslegitimação, como se verá adiante.

O processo de consolidação tomou uma década. Em 1845, terminou a mais longa rebelião regencial, a Farroupilha. Em 1848, os liberais fizeram uma última revolta, chamada Praieira, em Pernambuco, terra do presidente do Conselho e antigo regente, Pedro de Araújo Lima. O levante verificou-se fora da capital da província e foi apoiado por pequenos senhores de engenho de açúcar. Os rebeldes, por meio de seus representantes urbanos, demandavam medidas antilusitanas, como a expulsão de portugueses e a nacionalização do comércio varejista, por eles controlado; federalismo, sufrágio universal e abolição do Poder Moderador. Mas, sem apoio em outras partes do país, o movimento foi dominado. Falhou a tentativa de conquista da capital numa batalha em que os rebeldes perderam quinhentos homens. Fechava-se com essa revolta o ciclo de rebeliões iniciado após o Ato Adicional. O sistema estabilizou-se sob a hegemonia dos conservadores, que se estenderia por cerca de dez anos.

1850: MARCO DIVISÓRIO

O gabinete conservador que assumiu em 1848 derrotou a Praieira e governou, com algumas mudanças, até 1853. Foi o segundo gabinete mais longo do Segundo Reinado. Eliminadas as revoltas, consolidado o regime, o governo sentiu-se em condições de enfrentar alguns problemas urgentes na área social, econômica e de política externa.

O FIM DO TRÁFICO DE ESCRAVOS

O primeiro deles tinha a ver com o tráfico de escravos. Proibido desde 1831 em função de tratado com a Grã-Bretanha, ele se reduzira inicialmente, mas

S.A. Sisson
*Eusébio de Queirós, ministro da Justiça do Gabinete de Pedro II,
responsável pela apresentação ao Parlamento do projeto de lei que adotou
medidas eficazes para a extinção do tráfico negreiro*
IN: GALERIA DOS BRASILEIROS ILUSTRES: OS CONTEMPORÂNEOS.
RIO DE JANEIRO: S.A. SISSON, 1859.
GRAVURA
BIBLIOTECA BRASILIANA GUITA E JOSÉ MINDLIN

voltara a crescer durante o regresso conservador e mais ainda durante a década de 1840, tanto em governos liberais quanto conservadores. Irritado com a não renovação do tratado de comércio, que expirara em 1844, o governo britânico retaliou no ano seguinte, autorizando sua Marinha de Guerra a tratar como piratas os navios negreiros e aprisioná-los para julgamento nos tribunais do vice-almirantado. A medida provocou forte reação antibritânica na imprensa e nas ruas. Além de desrespeitar a soberania nacional, a política britânica ameaçava um dos pilares da economia brasileira, a mão de obra escrava. A década terminou sem que fosse dada solução ao problema.

A resposta brasileira veio em 1850. Sentindo-se fortalecido, o governo conservador decidiu enfrentar a questão. A Marinha britânica aumentara sua pressão invadindo as águas territoriais brasileiras e trocando tiros com as fortalezas, em aberta violação da soberania nacional. A situação era intolerável para o governo. Sem forças para enfrentar militarmente o agressor e temeroso de negociar em posição de fraqueza, o gabinete, com o apoio do Conselho de Estado, decidiu acabar com o tráfico, agora para valer. A medida feria diretamente os interesses dos traficantes, que usavam o argumento da defesa da soberania nacional para jogar a opinião pública contra os ingleses. Atingia também os proprietários de escravos, mas nesse caso seus efeitos seriam em parte atenuados pela grande importação de africanos nos anos precedentes. O mercado estava abastecido, sobretudo na região de expansão do café. A nova lei de abolição do tráfico foi aprovada no Congresso e publicada em 4 de setembro de 1850.

Desta vez, o resultado foi distinto do da lei de 1831. O governo empenhou-se a fundo na repressão, usando os poderes que a centralização lhe dera. Prendeu, processou e deportou traficantes, na maioria portugueses. A lei era mais dura com os traficantes, entregues à auditoria da Marinha, do que com os proprietários, que seriam julgados por juízes de paz, muito mais lenientes. De qualquer modo, já em 1850, o número de escravos importados caiu para 22.856, e, no ano seguinte, para oitocentos. Em 1855, houve a última tentativa de desembarque, eficazmente reprimida.

LEI DE TERRAS E CÓDIGO COMERCIAL

Outra medida que marcou 1850 teve a ver indiretamente com o problema da escravidão. Findo o tráfico, era inevitável, em algum momento, o fim da própria escravidão. Fazia-se, então, necessário, pensar em alternativas para a mão de obra escrava. O assunto ocupava o governo desde 1842, quando foi apresentado à Câmara um projeto de regulamentação da estrutura fundiária, que previa a venda de terras públicas para o financiamento da contratação de trabalhadores livres na Europa. O projeto arrastou-se no Congresso sem conseguir ser aprovado. Em 1850, o governo o transformou em lei. Mas foi tal a resistência de proprietários e de autoridades locais à sua aplicação, sobretudo no dispositivo que previa medição e venda de terras públicas, que a lei pouco resultado teve.

Ainda no campo econômico, foi também importante, e nesse caso bem-sucedida, a lei que introduziu o primeiro código comercial do país. A regulamentação das atividades comerciais e, sobretudo, da organização de empresas veio em momento oportuno. O fim do tráfico deixara ociosos recursos que buscaram outras aplicações. Em consequência, o Rio de Janeiro foi palco do primeiro surto de atividades econômicas, incluindo a criação de bancos, de companhias de navegação, de transporte urbano, e industriais. Algumas dessas empresas tinham caráter especulativo, outras foram de fato implantadas. Era o início da modernização capitalista do país.

A POSIÇÃO DO BRASIL NO RIO DA PRATA

Na política externa, o gabinete definiu a posição do país na política platina. Esquivo desde a perda da Cisplatina em 1828, o Brasil se viu levado a definir sua posição em função da política de Juan Manuel de Rosas, governador do Estado Confederado de Buenos Aires, que interviera na política uruguaia a favor de Oribe. Este, por sua vez, começou a hostilizar os proprietários brasileiros que habitavam a Banda Oriental. O governo brasileiro rompeu relações com Rosas em 1851 e aliou-se a seus rivais argentinos Urquiza e Virasoro. Em 1852, Rosas foi derrotado pelas forças aliadas na batalha de Monte Caseros. Com essa intervenção, o ministério, sob a influência de Paulino José Soares de Sousa, futuro visconde do Uruguai, definiu a política do país na área, que poderia ser resumida na frase: não conquistar e não deixar conquistar. O alvo principal da política era, naturalmente, a Confederação Argentina.

REFORMA DA GUARDA NACIONAL

A ação inovadora do governo também se fez sentir no campo político ao reformar a Guarda Nacional. Milícia cidadã, a Guarda era submetida ao Ministério da Justiça e não ao da Guerra. Seus oficiais não eram comissionados pelo governo, mas eleitos por seus próprios membros. Essa característica democrática conferia à organização certa autonomia em relação ao governo. Nas revoltas de 1842, parte de seus oficiais aliou-se aos revoltosos. A reforma de 1850 apertou os laços que prendiam a instituição ao governo. Seus oficiais passaram a ser nomeados pelo ministro da Justiça. A mudança não só conferia ao governo maior controle sobre a Guarda como lhe permitia transformá-la em poderoso instrumento de cooptação dos proprietários rurais, que eram a base do poder econômico e social do país. Nas mãos do governo, os postos de oficiais da Guarda tornaram-se moeda política. Os proprietários cobiçavam-nos como símbolo de status social. Aos poucos, a instituição foi perdendo sua natureza de guardiã da ordem e se tornando precioso instrumento de manipulação eleitoral. O posto mais alto de sua hierarquia, o de coronel, transformou-se em sinônimo de chefe político. Durante a República, a palavra coronelismo passou a significar o peso político dos donos de terra, algo parecido com o caciquismo do mundo hispano-americano.

A OBRA DA CENTRALIZAÇÃO

O aumento do controle sobre a Guarda foi a última medida dentro do movimento de centralização iniciado em 1837. A cúpula do sistema era ocupada pelo imperador, armado constitucionalmente do Poder Moderador que lhe concedia a faculdade de nomear livremente os ministros. O Poder Executivo constava de um presidente do Conselho e seis ministérios. Os ministros controlavam a burocracia judiciária, policial, militar, fiscal e eclesiástica em todo o país. O ministro da Justiça tinha em suas mãos o aparato policial e judiciário e a Guarda Nacional, o do Império nomeava os presidentes de província, os bispos e párocos e os professores das escolas superiores. O controle desse aparato permitia a interferência nas eleições, mesmo contra a vontade do imperador, e a formação de bancadas governistas na Câmara. Os recursos financeiros à disposição das províncias eram limitados e os dos municípios, quase nulos. Na definição algo retórica, mas com certo grau de verdade, de um conhecido porta-voz do liberalismo na época, Tavares Bastos, o Estado era tudo, a sociedade era nada.

Desaparecidas as revoltas e o perigo da fragmentação, tornou-se mais visível o peso da centralização em um país tão vasto. A partir da década de 1860, com o retorno dos liberais ao Parlamento e ao governo, voltaram as demandas por maior descentralização, maior autonomia para províncias e municípios. Havia, sem dúvida, certa ilusão de ótica nessa crítica à centralização. O poder do Estado era em parte ilusório. As autoridades locais, como os delegados de polícia e os comandantes da Guarda Nacional, eram nomeadas pelo governo central, mas sempre em entendimento e em benefício dos chefes políticos locais. Tratava-se não tanto de um controle do governo como de um acordo tácito com os grupos dominantes locais. Mas as demandas por descentralização e, no limite, por federalismo, tornaram-se cada vez mais fortes e foram plenamente vitoriosas com a adoção do federalismo republicano em 1889.

1850-1875: GUERRA E APOGEU DA MONARQUIA

A CONCILIAÇÃO E A VOLTA DOS LIBERAIS (1853-1868)

O domínio inconteste dos conservadores ortodoxos, chamados vermelhos, estendeu-se até 1853. Desse ano até 1862 predominou uma política chamada de Conciliação partidária, seguida de um período liberal até 1868, quando os vermelhos voltaram ao poder. Em 1853, visando acabar com a exclusão dos liberais, o imperador chamou ao governo um chefe conservador que se dispunha a superar as disputas que dividiam o país desde 1831. Este homem era Honório Hermeto Carneiro Leão, marquês de Paraná. Ele deu o nome de conciliação à política que pôs em prática. Começou por chamar para o ministério jovens políticos conservadores e alguns antigos chefes liberais. Ao mesmo tempo, promoveu reformas no sistema eleitoral, introduzindo o voto por distrito que, a seu ver, reduziria a influência do governo na formação da Câmara e, em consequência, permitiria a representação da oposição. Tendo falecido em 1856, e não havendo substituto à altura, sua obra ficou inconclusa, apesar do continuado interesse do imperador pela causa.

No entanto, mesmo curta, a Conciliação mudou o equilíbrio de forças partidárias que caminhou na direção do fortalecimento dos liberais. Sucederam-se gabinetes sem caráter bem definido até que em 1862 foi criado um novo partido que reunia liberais moderados e conservadores dissidentes, a que se deu o nome de Liga ou Partido Progressista. A década de 1860 foi toda ela tomada pela luta entre esse partido e os antigos liberais que voltaram à Câmara graças às reformas eleitorais de Paraná. Ao mesmo tempo, passado o receio de revoltas e fragmentação, tiveram início grandes disputas sobre a natureza do sistema político. Progressistas, liberais e, depois de 1869, radicais, começaram a colocar em xeque várias características do regime, algumas delas matéria constitucional. Entre as mais visadas estavam o Poder Moderador, a vitaliciedade do Senado, as eleições indiretas, a centralização política e administrativa, a dependência do Judiciário em relação ao Executivo, a Guarda Nacional. Os reformistas só se abstinham de contestar o sistema político, isto é, a monarquia. Foi a década de mais intenso debate político do Segundo

S.A. Sisson
Gabinete de 6 de setembro de 1853

No centro, d. Pedro II; em sentido horário, o marquês de Paraná, presidente do Conselho e ministro da Fazenda; Luís Pedreira do Couto Ferraz, ministro do Império; José Tomás Nabuco de Araújo Filho, ministro da Justiça; Antônio Paulino Limpo de Abreu, ministro dos Estrangeiros; Pedro de Alcântara Bellegarde, ministro da Guerra; José Maria da Silva Paranhos, ministro da Marinha.

GRAVURA, 50 × 40,6 CM
SEÇÃO DE ICONOGRAFIA DA FUNDAÇÃO BIBLIOTECA NACIONAL, RIO DE JANEIRO

Reinado. Vários livros importantes foram publicados e as discussões se davam até mesmo em conferências públicas.

A efervescência política viu-se interrompida, no entanto, por um acontecimento imprevisto: a guerra da Tríplice Aliança contra o Paraguai, iniciada ao final de 1864. Prolongando-se o conflito, o imperador julgou necessário chamar ao poder os velhos conservadores, a cujo grêmio pertenciam os políticos mais experientes e os melhores oficiais. A mudança se deu em 1868 e causou um pequeno terremoto político, a que voltaremos após discutir a guerra.

A GUERRA DE TRÍPLICE ALIANÇA CONTRA O PARAGUAI

O conflito internacional voltou à região do Prata em 1864, novamente originado na política uruguaia. O presidente Berro, do partido Blanco, adversário dos Colorados apoiados pelo Brasil em 1851, entrou em conflito com a Argentina aliando-se ao governador José Justo de Urquiza, de Entre Ríos, rival do presidente argentino, general Bartolomé Mitre. Também se indispôs com o Brasil ao cobrar imposto de exportação sobre o gado que estancieiros gaúchos residentes no Uruguai exportavam para o Rio Grande do Sul e ao proibir que fizessem uso de mão de obra escrava em seu país. Cerca de 40 mil brasileiros residiam no Uruguai, um quinto da população, onde possuíam em torno de um milhão de cabeças de gado. Os rio-grandenses foram à Corte pedir medidas contra o país vizinho. O brio nacionalista ainda dominava a opinião pública na capital por causa do conflito com a Grã-Bretanha no ano anterior. Naquela ocasião, a inabilidade do representante britânico, Douglas Christie, provocara um sério atrito com o governo que resultou no rompimento de relações diplomáticas por parte do Brasil. Houvera grandes manifestações populares e ameaças contra cidadãos britânicos. Nesse ambiente, o governo progressista viu-se forçado a tomar a defesa dos rio-grandenses. Tentativas de negociação com o sucessor de Berro, Atanasio Aguirre, não tiveram êxito. O Brasil, com o consentimento da Argentina, invadiu o Uruguai em 1865 e ajudou a colocar no poder o general Venâncio Flores.

A invasão brasileira deu oportunidade ao presidente do Paraguai, Francisco Solano López, de buscar ter voz na política regional. Em defesa do Uruguai, deu início às hostilidades contra o Brasil apreendendo um navio que passava por Assunção a caminho da província de Mato Grosso. Logo após fez uma declaração formal de guerra, seguida da invasão da província de Mato Grosso. A seguir, em grande erro estratégico, invadiu também a província argentina de Corrientes, inviabilizando uma preciosa aliança. Abriu-se, então, o caminho para a cooperação entre Brasil, Argentina e Uruguai contra um isolado Paraguai, formalizada no tratado da Tríplice Aliança de maio de 1865. Teve início a mais longa e sangrenta guerra jamais travada na América do Sul.

Foi uma guerra improvável porque a tradicional rivalidade no Prata tinha sempre envolvido Brasil e Argentina, os dois maiores países da região. Com o Paraguai, o Brasil tinha apenas alguns problemas de fronteira que a diplomacia brasileira julgava poder resolver pela negociação. Para os aliados, a guerra foi uma surpresa. Brasil e Argentina não se tinham dado conta das grandes mudanças ocorridas no Paraguai desde a subida de Solano López ao poder em 1862 sucedendo ao pai. Em busca de um papel maior na política regional, o novo presidente armou o país e se preparou para a guerra. Apesar de contar com uma população de pouco mais de um milhão de pessoas, chegou a mobilizar 100 mil homens. Em consequência, um conflito que os aliados julgavam poder ser decidido em poucos meses prolongou-se por cinco longos anos, semeando os campos de batalha de milhares de mortos.

A guerra não aproveitou a ninguém. O Paraguai teve metade ou mais de sua população dizimada, sobretudo a masculina. Ao final do conflito, lutavam velhos e crianças. Na Argentina, a guerra foi sempre impopular e o presidente Mitre teve de abandonar o comando dos aliados para resolver problemas de política interna. O mesmo aconteceu com Flores, do Uruguai, que acabou assassinado. O Brasil teve de suportar o maior peso dos custos do conflito em termos de homens e recursos. À medida que a guerra se prolongava, o entusiasmo que de início alimentou o voluntariado se esvaneceu e a opinião pública passou a ter dúvidas quanto à conveniência de continuar o conflito. Só a firme posição do imperador, decidido a levar a guerra até a derrota final de López, manteve as tropas no campo de batalha. As consequências financeiras para o Brasil foram desastrosas. As despesas públicas cresceram em mais de mil por cento. O governo viu-se forçado a aumentar impostos, emitir moeda e contratar empréstimos internos e externos no valor de 76 mil contos de réis. O custo total da guerra foi calculado pelo governo em 614 mil contos, cerca de US$ 49 milhões.

Os efeitos políticos foram também negativos. Preocupado em ter um gabinete afinado com o comando militar, então nas mãos do marquês de Caxias, que era membro do Partido Conservador, o imperador chamou ao poder esse partido quando a Câmara era dominada por progressistas e liberais. A mudança era constitucional, mas no ambiente reformista da época foi acusada de golpe de Estado. Golpe ou não, a tendência que se desenhava no sistema partidário de enfraquecimento dos conservadores foi revertida, voltando-se à antiga divisão bipartidária. Parte dos progressistas voltou ao Partido Liberal, outra parte criou o Clube Radical que, fiel ao nome, radicalizou as propostas de reforma, mal se detendo diante da pregação da república. Essa barreira foi superada logo após o final da guerra, em 1870, quando os radicais criaram o Partido Republicano.

Os novos liberais e os radicais tinham também introduzido pela primeira vez o tema da abolição da escravidão em seus programas políticos. A própria guerra contribuíra de várias maneiras para essa mudança. Uma delas foi a falta de combatentes. Esgotado o entusiasmo inicial, houve grande resistência ao recrutamento entre a população. No Conselho de Estado, chegou-se a pensar em contratar mercenários. A opção foi descartada por ser incompatível com a honra do país e pelos riscos que poderia trazer. Além de adotar métodos mais rigorosos no recrutamento, o governo recorreu também à alternativa de permitir a libertação de escravos em troca do alistamento. Com isso, cerca de 4 mil libertos brasileiros lutaram no Paraguai, num total de 139 mil combatentes. A grande presença de negros livres e libertos entre as tropas brasileiras era um claro lembrete da existência da escravidão. O fato foi amplamente explorado pela propaganda paraguaia, que apontava aos libertos o fato de suas famílias permanecerem escravas no Brasil. É verdade que ainda havia escravidão no Paraguai, só extinta, ironicamente, pelo comando das tropas de ocupação brasileiras, então nas mãos do conde d'Eu, marido da princesa imperial. Mas lá não tinha ela o peso social e econômico de que gozava no Brasil. A lembrança da escravidão constituía um grande embaraço para os oficiais e diplomatas brasileiros, e também para o imperador que visitou o campo de batalha. O desconforto pesou quando em 1866 o governo brasileiro, em texto redigido pelo imperador, respondeu a apelo da Junta Francesa de Emancipação afirmando que a abolição era uma questão de forma e oportunidade e que o governo lhe daria prioridade assim que terminasse a guerra. Ao subirem em 1868, os conservadores sepultaram o assunto, mas setores liberais e radicais o retomaram e o imperador cumpriu o prometido e retornou ao assunto logo após o final da guerra.

Outra consequência da guerra que se manifestaria abertamente na década de 1880 foi a criação de um espírito de corpo entre os oficiais do Exército. O processo de independência do Brasil não foi acompanhado das grandes campanhas militares que marcaram o surgimento dos países da América hispânica. O país não produziu qualquer herói militar da independência, nenhum libertador, em vivo contraste com os que povoam, em forma de monumentos, as praças das cidades hispano-americanas.

Anônimo
Militares brasileiros na Guerra do Paraguai posando para foto diante de casa ornamentada. À esquerda, grupo de soldados negros
FOTOGRAFIA, 16 × 19,2 CM, 1868
SEÇÃO DE ICONOGRAFIA DA FUNDAÇÃO BIBLIOTECA NACIONAL, RIO DE JANEIRO

Após a abdicação de Pedro I, o Exército foi quase dissolvido, só voltando a ser reorganizado para combater as revoltas regionais da Regência. A elite política imperial tinha como ponto de honra exibir seu caráter puramente civil e considerava prova de civilização o fato de o país não estar sujeito às contínuas revoltas e pronunciamentos militares de seus vizinhos. A dura vivência da guerra deu aos militares brasileiros uma experiência que fortaleceu sua identidade e uma justificativa para cobrar do governo mais atenção a seus interesses e reivindicações.

Pelo lado positivo, a guerra constituiu poderoso fator de formação da identidade nacional brasileira. Sem guerras, sem experiências dramáticas que afetassem o grosso da população, e com enormes distâncias entre as províncias, a independência do país não criara uma identidade nacional. Um forte sentimento antilusitano estivera presente em várias revoltas, sobretudo as urbanas, mas era vivido mais como fenômeno local, como disputa de empregos e como reação a altos preços de mercadorias e aluguéis. Contra a Grã-Bretanha houvera também reações por causa do tráfico e da Questão Christie, mas sem a intensidade de uma guerra sangrenta. As guerras externas, por sua vez, as de 1828 e 1852, tinham-se verificado na distante fronteira sul do país, com pouco envolvimento das outras províncias. A guerra contra o Paraguai também se deu na região Sul, mas teve característica muito distinta. Pela duração e pela quantidade de tropas envolvidas, adquiriu dimensão nacional. Os 139 mil soldados brasileiros que lutaram no Paraguai provinham de todas as províncias do país, embora predominassem os rio-grandenses. Desses, 50 mil eram voluntários. Pela primeira vez, brasileiros do Norte tinham convivido com compatriotas do Sul e vice-versa. O inimigo era claramente identificado, ele invadira duas províncias brasileiras e era acusado de cometer atrocidades contra homens e mulheres.

O entusiasmo patriótico despertado no início da guerra, expresso no voluntariado, teve exemplo paradigmático em Jovita Feitosa. Jovita era uma jovem nortista de origem modesta que cortou o cabelo e se fez passar por homem para se alistar e poder lutar, como alegou, contra os monstros paraguaios que tantas ofensas tinham cometido contra suas irmãs brasileiras na invasão do Mato Grosso. Outro exemplo foi o de Cândido da Fonseca Galvão, negro livre, que no sertão da Bahia reuniu trinta outros voluntários e se apresentou ao serviço de recrutamento "pelo sacrossanto amor do patriotismo" para "defender a honra da pátria tão vilmente difamada". A redução do entusiasmo provocada pelo prolongamento da guerra certamente não apagou essas manifestações de um sentimento novo no país.

A mudança verificou-se também no tratamento dado aos símbolos nacionais, sobretudo ao hino e à bandeira. Antes pouco valorizados, nem mesmo havia uma letra fixa para o hino, eles ganharam força simbólica ao acompanharem as tropas no campo de batalha e nos navios de guerra, ao marcarem as cerimônias de despedida dos combatentes nas províncias e na capital do Império. Nesse último caso, o imperador com frequência se fazia presente, tornando-se, ele também, símbolo da nação. Os cartunistas passaram a representá-lo como chefe indígena, marca de brasilidade criada pelo romantismo literário. A valorização do hino tornou-se evidente quando, em 1869, o pianista e compositor norte-americano Louis Moreau Gottschalk, então no Rio de Janeiro, o incluiu na *Marcha solene brasileira*, cuja execução despertou enorme entusiasmo cívico.

Anote-se, por fim, o custo da guerra para o imperador. Pacifista por convicção, d. Pedro viu a entrada do Brasil no conflito como uma questão de desagravo à honra nacional ofendida pela agressão paraguaia. Resistiu a tentativas de negociação dos aliados e a propostas de mediação. Fez questão de cumprir à risca os termos do Tratado da Tríplice Aliança, que estabeleciam como condição para o fim do conflito a prisão de Solano López ou sua expulsão do país. Quando seus próprios ministros pareciam duvidar da conveniência de continuar o conflito, ele se mantinha inabalável. Durante cinco anos, foi incansável no esforço de levar a luta até o fim. Ao final da guerra, com apenas 45 anos, parecia um velho de cabelos embranquecidos e rugas precoces. Apesar do desgaste físico e psicológico, em nenhum momento, nem mesmo nos anos de exílio, manifestou qualquer dúvida ou arrependimento sobre sua atuação. Nunca, porém, aceitou qualquer homenagem pela vitória. Ao lhe proporem a construção de um monumento na capital do país, recusou a homenagem e pediu que os recursos fossem empregados na criação de escolas.

O MANIFESTO REPUBLICANO

O ano do fim da guerra, 1870, foi o mesmo da fundação do Partido Republicano no Rio de Janeiro. O manifesto do Partido, datado de 3 de dezembro, fazia longas críticas ao sistema imperial, muitas delas tiradas do programa dos radicais. Como novidade, transformava a demanda de descentralização em exigência de federalismo e colocava este último como ponto central do programa. O manifesto não era radical. Pedia que a mudança da forma de governo fosse feita por uma Assembleia Constituinte convocada para esse fim. Foi assinado por 57 pessoas, a maioria jovens profissionais liberais sem experiência política. Apenas oito dos assinantes tinham sido deputados ou presidentes de província.

Em 1873, foi fundado o Partido Republicano de São Paulo, com grande presença de fazendeiros de café proprietários de escravos. Um deles, Campos Sales, seria mais tarde presidente da República. O partido paulista exibiu desde o início um grau maior de organização e foi o único no país que demonstrou alguma força eleitoral, aliando-se, pragmaticamente, ora aos conservadores, ora aos liberais. O imperador deu pouca importância ao surgimento do novo partido. Censurou um presidente do Conselho que propôs negar emprego público aos republicanos. Alegou que se os brasileiros não o quisessem para imperador iria ser professor. No mesmo espírito, nomeou um militar positivista, Benjamin Constant, professor de matemática de seus netos. Esse oficial exerceu mais tarde papel importante na proclamação da República. A atitude do imperador em relação aos republicanos até o final da monarquia foi de estranha simpatia.

O Partido cresceu lentamente, com altos e baixos. Fora da Corte e da província de São Paulo, núcleos republicanos de algum peso só se organizaram no Rio Grande do Sul e em Minas Gerais. Poucos deputados republicanos conseguiram eleger-se. No entanto, criaram-se clubes e jornais republicanos em várias províncias. Sobretudo, o republicanismo conquistou boa parte da intelectualidade, de modo especial os alunos das escolas superiores. Com a ajuda do positivismo, as duas faculdades de Direito, uma em São Paulo, outra no Recife, e as duas de Medicina, no Rio de Janeiro e em Salvador, tornaram-se focos de oposição à monarquia. O mesmo se deu na Escola Politécnica e na Escola Militar do Exército, ambas localizadas na capital do Império.

O MINISTÉRIO RIO BRANCO: VENTRE LIVRE E OUTRAS REFORMAS

A LEI DO VENTRE LIVRE (1871)

O tema mais polêmico e mais importante após a guerra foi, no entanto, o da abolição. Conforme prometido à Junta Francesa, o imperador insistiu no enfrentamento do problema, apesar da resistência dos principais chefes do Partido Conservador. Mas encontrou em José Maria da Silva Paranhos, visconde do Rio Branco, a pessoa certa para a tarefa. Rio Branco era um liberal que se passara para o campo conservador durante a experiência da Conciliação. Ganhara a confiança do imperador por seu desempenho como diplomata durante a guerra. Tamanha era essa confiança que d. Pedro não só lhe entregou a presidência do Conselho em 1871 como decidiu sair do país para sua primeira viagem à Europa, há muito por ele sonhada, deixando a chefia do Estado sob a regência da filha, a inexperiente princesa Isabel. Foi um gesto temerário, muito criticado por opositores e defensores de medidas abolicionistas.

Rio Branco utilizou um projeto já discutido no Conselho de Estado que propunha como primeira medida emancipacionista a libertação do ventre escravo. Contrariando a antiga regra do direito romano, *partus sequitur ventrem*, o projeto declarava livres todos os filhos de escravas que nascessem a partir da promulgação da lei. Na Câmara, que era na época unanimemente conservadora, houve feroz oposição ao projeto. Em várias ocasiões registraram-se tumultos no plenário. O presidente do Conselho pronunciou 21 discursos nas duas casas legislativas tentando convencer deputados e senadores. Uma das acusações ao projeto foi a de que era de inspiração do imperador e não das câmaras, que era ordem que vinha do alto. Até mesmo os republicanos em seu jornal *A República* aderiram à crítica. Os proprietários de escravos das províncias cafeicultoras, Rio de Janeiro, São Paulo, Minas Gerais e Espírito Santo, manifestaram-se em representações ao Parlamento e em "a pedidos" na imprensa. A Câmara recebeu 33 representações, o Senado, trinta, algumas com mais de seiscentas assinaturas. Com muito poucas exceções, essas manifestações eram contrárias ao projeto. Na capital, uma reunião com seiscentos participantes decidiu criar o Clube da Lavoura e do Comércio com o fim de combater a proposta. Um republicano de Minas Gerais, Cristiano Otoni, foi escolhido para representar o Clube. O principal argumento dos opositores, dentro e fora do Congresso, era que a lei tirava a força moral dos senhores, tornava-os odiosos e, em assim fazendo, incentivava a rebelião e a violência dos escravos.

Depois da maior batalha já travada no Parlamento, Rio Branco conseguiu fazer aprovar o projeto na Câmara por 61 votos contra 35. Valeu-se, para a vitória, da menor resistência dos representantes das províncias do Norte do país que detinham apenas 34% dos escravos e passavam por um período de estagnação econômica. Em contraste, as três principais províncias cafeicultoras, Rio de Janeiro, São Paulo e Minas Gerais, focos de oposição, sozinhas respondiam por 59% da escravatura. O café era, desde a década de 1830, o principal produto de exportação do país. Na década de 1860, ele representava a metade do valor dos produtos exportados, daí o peso político das províncias produtoras. O resultado da votação na Câmara refletiu a oposição dessas províncias. Apenas 36% dos deputados do Sul apoiaram a medida, contra 83% dos do Norte. Outro fator que favoreceu a vitória foi a presença de funcionários públicos entre os deputados. Eles eram mais vulneráveis a pressões do Executivo.

Segundo a lei, a libertação do ventre estava sujeita a algumas condições. O senhor tinha a opção de entregar o ingênuo, isto é, o filho livre de escrava, ao governo quando ele completasse 8 anos, em troca de uma indenização em títulos da dívida pública. Caso preferisse manter o ingênuo sob sua guarda, poderia beneficiar-se de seus serviços até os 21 anos. A lei criou um fundo de emancipação para atender às necessidades da indenização e da educação dos ingênuos e da libertação de escravos e mandava que se fizesse um censo da população cativa. Apesar da forte oposição ao projeto, a aplicação da lei foi pacífica, sem aberta resistência dos senhores e sem revoltas dos escravos. Poucos senhores utilizaram a

Henrique Fleuiss
Retrato de d. Pedro II e dos ministros visconde do Rio Branco (presidente do Conselho); Francisco de Paula de Negreiros Saião Lobato [visconde de Niterói] (Justiça); Teodoro Machado Freire Pereira da Silva (Agricultura, Comércio e Obras Públicas); Manuel Francisco Correia (Negócios Estrangeiros); Domingos José Nogueira Jaguaribe [visconde de Jaguaribe] (Guerra); Manuel Antônio Duarte de Azevedo (Marinha)

RIO DE JANEIRO, IMPERIAL INSTITUTO ARTÍSTICO, 1871
DESENHO E LITOGRAFIA, 48 × 63 CM
INSTITUTO HISTÓRICO E GEOGRÁFICO BRASILEIRO, RIO DE JANEIRO

opção de entregar os ingênuos ao governo. Em contraste, aumentaram muito as manumissões voluntárias. Muitos proprietários preferiam libertar seus escravos a sofrer a interferência do governo ou correr o risco de rebeliões. A população escrava sofreu redução substancial. Entre 1873 e 1887, ela passou de 1,5 milhão para 723 mil devido a mortes e manumissões onerosas ou gratuitas. Aumentou também a concentração de escravos nas províncias cafeicultoras, que passou de 57% para 67%.

Como consequência das leis de 1850 e 1871, não entravam nem nasciam mais escravos no Brasil. O tempo da escravidão estava contado. Os proprietários sabiam disso e adotaram a tática de adiar o mais possível o momento final. A província de São Paulo, onde o café mais se expandia, iniciou uma política de atração de mão de obra livre proveniente da Europa. Para os escravos, a lei de 1871 teve o efeito de abrir a possibilidade de usá-la contra os senhores e de tornar eficaz o direito de comprar a própria liberdade. Multiplicaram-se as ações de liberdade, propostas por advogados abolicionistas. Surgiam as condições para a formação de um movimento abolicionista, que se efetivaria a partir do início da década de 1880.

Para a monarquia, a lei de 1871 teve também grande significado. O envolvimento direto do imperador foi visto pelos proprietários como traição da Coroa a eles e aos interesses do país. Eles começaram a questionar a legitimidade da monarquia e a voltar os olhos para o novo partido fundado um ano antes. Para o sistema político as consequências também foram importantes. A nova lei, como a de 1850, foi aprovada por um gabinete conservador, quando a bandeira da emancipação fora levantada por liberais e radicais. O efeito foi deletério para ambos os partidos. O Liberal sentiu-se desprestigiado por não ter sido chamado para fazer aprovar a lei, o Conservador cindiu-se ao meio e os opositores passaram a hostilizar o gabinete. Como decorrência, o sistema partidário como um todo também se enfraqueceu.

O CONFLITO COM A IGREJA

O governo Rio Branco enfrentou outra grande batalha, dessa vez contra a hierarquia da Igreja católica. Respondendo a esforço de romanização da Igreja, promovido pelo Vaticano em conformidade com as diretrizes conservadoras de Pio IX, dois bispos brasileiros proibiram a presença de maçons em irmandades religiosas. Houve recurso da decisão ao governo sob a alegação de que a legislação do país, que previa a união da Igreja e do Estado, exigia que decisões de Roma tivessem a aprovação do governo

J. Insley Pacheco
D. Antônio de Macedo Costa

Bispo do Pará (1860) e posteriormente arcebispo da Bahia (1890),
cargo que não chegou a ocupar por ter falecido. Juntamente com
d. frei Vital Maria Gonçalves de Oliveira, bispo de Olinda, iniciou a luta
contra a interferência da maçonaria nas confrarias e ordens terceiras,
e contra a atividade de leigos maçons nas irmandades,
conforme orientação do papa Pio IX, cujos desdobramentos deram origem
à chamada Questão dos Bispos ou Questão Religiosa, que durou de 1873 a 1875.

FOTOGRAFIA EM CARTÃO DE VISITAS, 7 × 5,5 CM, S.D.
INSTITUTO HISTÓRICO E GEOGRÁFICO BRASILEIRO, RIO DE JANEIRO

antes de serem adotadas. Em 1874, os dois bispos foram processados e condenados à prisão pelo Supremo Tribunal de Justiça, fato extraordinário em país de longa tradição católica. O episódio deu margem a violenta campanha anticlerical na imprensa, jamais igualada, antes ou depois. O presidente do Conselho, grão-mestre da maçonaria, e o imperador foram exaltados, ao passo que a Igreja, bispos e padres, e o próprio papa, foram cruelmente caricaturados. Apesar de anistiados no ano seguinte por um novo ministério, o choque com a Igreja veio juntar-se ao conflito com os proprietários na deslegitimação da monarquia. O imperador não ficou livre de censura por ter apoiado Rio Branco.

O Ministério Rio Branco (1871–1875) foi o mais longo e o mais reformista do Império. Além da lei de 1871, reformou a polícia, o sistema judiciário, a Guarda Nacional e fez aprovar a primeira lei de recrutamento militar. Realizou ainda o primeiro recenseamento nacional da população, ligou o Brasil à Europa pelo telégrafo, via Lisboa, e pôs em prática o sistema métrico decimal, copiado da França. Apoiou a imigração, a construção de estradas de ferro, a navegação. Dele se disse que esvaziou o programa de reformas dos liberais. Pode ser considerado o ponto alto do governo de Pedro II. Ao mesmo tempo, nele também germinaram algumas das principais causas da queda do Império, o ataque à escravidão, alienando os proprietários, o conflito com os bispos, alienando a Igreja, e o surgimento do Partido Republicano, que fornecia uma alternativa à monarquia.

CIDADÃOS EM NEGATIVO

As leis do recrutamento e do sistema métrico postas em prática por Rio Branco causaram revoltas populares. Foram movimentos totalmente distintos dos que se deram durante a Regência. Naquela época as rebeliões populares acoplavam-se a conflitos entre grupos dominantes e tinham caráter propositivo, embora pouco elaborado. Pacificados os grupos dominantes, as novas rebeliões mudaram de natureza. Em sua maioria, eram reações ao avanço de um Estado que buscava estender sua autoridade por todo o território e sobre todas as camadas da população.

Foi o caso das duas leis mencionadas. Ambas representavam ações do Estado que atingiam profundamente a vida das pessoas. No primeiro caso, a guerra tinha exposto o sério problema de recrutar combatentes, sem falar na formação de reservas. Antes do conflito, a população e os próprios senhores de terra reagiam negativamente à conscrição, que acabava sendo feita de maneira forçada. Passado o entusiasmo inicial, retomou-se o recrutamento forçado que recaía exclusivamente sobre as camadas pobres da população. Quem tinha alguma renda servia na Guarda Nacional. Ora, a lei de 1874 obrigava todos os homens de 19 a 30 anos a servirem. Uma junta composta pelo juiz de paz, o delegado e o pároco devia reunir-se todos os anos na igreja matriz e compor a lista dos que deveriam servir. Mas como a lei permitia a oferta de substitutos, seu peso continuou a cair sobre os mais pobres. Houve reações imediatas em oito províncias. Bandos de até cinquenta pessoas invadiam as igrejas e rasgavam listas e livros do recrutamento. Em alguns casos, até as imagens dos santos foram vítimas da ira popular. Alguns bandos eram compostos exclusivamente de mulheres que assumiam a defesa de filhos e maridos. Foi o primeiro exemplo de manifestação política coletiva de mulheres no país.

A reação contra a introdução do sistema métrico decimal teve características semelhantes. A lei era de 1862, mas previa um prazo de dez anos para a aplicação. A principal reação veio das províncias do Norte, Pernambuco, Alagoas, Paraíba e Rio Grande do Norte. Multidões de até oitocentas pessoas invadiam as feiras populares para destruir os padrões das novas medidas, atacavam câmaras municipais e coletorias de impostos, onde rasgavam documentos, e assaltavam cadeias para soltar presos. A quebra dos padrões deu origem ao nome das revoltas: Quebra-Quilos. Em meio aos distúrbios, ouviam-se vivas à religião e morras à maçonaria. Tais expressões eram clara referência ao conflito iniciado em 1873 entre a Igreja e o Estado. Nas duas revoltas e, antes delas, em outras contra o registro civil de nascimentos e óbitos e o recenseamento, verificadas em 1851, a ação do governo atingia diretamente a vida das pessoas, quebrava costumes e convicções arraigados. As revoltas contra o registro civil também afastavam a Igreja de tarefas que ela tradicionalmente desempenhava. Nenhuma delas era propositiva. Reagiam ao que era considerado violação de um pacto não escrito entre o governo e a população. Eram revoltas de cidadãos em negativo.

1875-1889: CRISE E QUEDA DA MONARQUIA

Os últimos 14 anos da monarquia foram marcados pela erradicação da escravidão, pelo surgimento dos militares como ator político e pelo crescimento do movimento republicano. Todos esses fatores contribuíam para a perda de legitimidade da monarquia perante os setores influentes da sociedade. Para agravar a situação, uma reforma eleitoral reduziu a representatividade do parlamento.

UMA REFORMA ELEITORAL NA CONTRAMÃO

O sistema eleitoral brasileiro foi estabelecido na Constituição de 1824 e reformado algumas vezes ao longo do Segundo Reinado. O modelo original foi o da Constituição de Cádiz. Suas marcas principais eram uma franquia eleitoral ampla para a época, a eleição em dois turnos e o voto por província. Votavam os adultos livres ou libertos de mais de 25 anos que tivessem 100 mil-réis de renda líquida anual. Era permitido o voto dos analfabetos. A renda de 100 mil-réis, aumentada para 200 mil-réis em 1846, excluía pouca gente, pois equivalia a menos do que o salário de uma cozinheira no Rio de Janeiro em 1870. Quanto aos analfabetos, todas as legislações europeias os excluíam. Para se ter ideia da amplitude da franquia eleitoral, pode-se compará-la com a de alguns países europeus. Em torno de 1860, a participação eleitoral na Grã-Bretanha era de 3% da população, a da Holanda de 2,5%, a da Espanha de 2,6%, a da Itália de 2%. No Brasil, em 1872, os eleitores registrados eram 10,8% da população total e 13% da população livre. Esses números só eram inferiores aos dos Estados Unidos, onde 18% da população votou nas eleições presidenciais de 1888.

Houve reformas eleitorais em 1846, 1855 e 1875. A reforma de 1846 dobrou a exigência de renda para atender à desvalorização da moeda. Em 1855 foi introduzido o sistema distrital, ou majoritário, para diminuir o peso das grandes bancadas provinciais. Essa mesma reforma introduziu vários impedimentos às candidaturas de funcionários públicos, sobretudo de juízes e presidentes de província. A de 1875 procurou garantir a representação de minorias e criou o título eleitoral. A partir da década de 1860, liberais e radicais começaram a pedir a eleição direta. Argumentavam que o eleitorado do primeiro grau era muito suscetível à influência de agentes do governo, como presidentes de província, chefes e delegados de polícia, oficiais da Guarda Nacional. Não por outra razão, nenhum partido no poder perdia eleição e fazia sempre maioria na Câmara (o Senado era vitalício). Após a aprovação da lei do Ventre Livre em 1871 por um gabinete que logo depois dissolveu a Câmara e elegeu outra mais governista, os conservadores opostos à lei também aderiram à tese da eleição direta.

Havendo concordância dos dois partidos em relação ao tema, o imperador em 1878 chamou os liberais para fazê-la aprovar. Incapaz de conseguir acordo sobre o método de votar a lei e enfraquecido por uma revolta popular contra aumento nos preços dos bilhetes de transporte urbano, o gabinete liberal, o primeiro depois de dez anos de domínio conservador, caiu e foi substituído por outro do mesmo partido, chefiado por José Antônio

Saraiva. Político hábil, Saraiva conseguiu aprovar o projeto nas duas casas sem dificuldade, transformando-o em lei em 1881.

A lei eliminou o primeiro grau e manteve o censo de 200 mil-réis. Mas introduziu duas mudanças nada democráticas. A primeira foi a proibição do voto do analfabeto, quando a porcentagem de analfabetos na população livre era de 80%. A segunda foi a introdução de grandes dificuldades burocráticas para a comprovação da renda, antes feita por declaração do interessado ou por testemunho oral de outras pessoas. O eleitor tinha agora de apresentar requerimento por escrito e anexar documentos comprobatórios. A consequência das duas exigências foi uma brutal redução no número dos eleitores. Em 1872, havia 1.098 mil pessoas registradas para votar, das quais cerca de 80% efetivamente votavam, ou seja, em torno de 880 mil eleitores. Nas primeiras eleições legislativas posteriores à lei de 1881, votaram 96.411 pessoas. Na província do Rio de Janeiro, a mais rica do país, havia 72.517 votantes registrados em 1872. Em 1882 eles foram reduzidos a 1.064 eleitores.

O impacto da lei foi profundo e de longa duração. Uma participação que começara ampla foi fortemente reduzida. O Congresso passou a representar apenas uma pequena parcela da população, a mais rica e educada. É verdade que um dos propósitos da lei foi atingido: a influência do governo nas eleições diminuiu e não mais houve câmaras unânimes. Ministros foram derrotados pelos novos eleitores. Se se acrescenta a isso o fato de que o imperador cada vez mais se abstinha de usar o Poder Moderador para mudar situações políticas, tem-se a irônica situação de um regime que aperfeiçoava a prática parlamentarista ao mesmo tempo que perdia representação, de um Congresso que se fortalecia diante do Executivo enquanto se afastava do eleitorado. À perda do apoio dos proprietários, da Igreja e dos militares, a monarquia foi afastada do povo pela redução da participação eleitoral.

VINTÉM

A única revolta popular da década de 1880 verificou-se na capital do Império. O governo aumentara em 20 réis (um vintém) o preço das passagens de bondes. Alguns republicanos aproveitaram a medida impopular para incitar uma revolta. Em 28 de dezembro de 1879, uma multidão ajuntou-se em frente ao palácio de São Cristóvão para solicitar ao imperador a revogação da lei. D. Pedro respondeu que receberia apenas uma delegação, o que não foi aceito. No dia 1º de janeiro de 1880, 4 mil pessoas reuniram-se no centro da cidade, onde foram incitadas por oradores a não pagar o imposto.

Fugindo ao controle dos líderes, os manifestantes começaram a quebrar bondes, destruir trilhos e agredir motoristas. Um comandante militar, ao ser atingido por uma pedra, deu ordem de fogo contra a multidão, causando alguns mortos e cerca de 15 feridos. Os distúrbios continuaram por três dias e a lei foi revogada com grande desgaste para o ministério.

D. Pedro ficou profundamente abalado pelos acontecimentos, sobretudo pelo uso da violência contra os manifestantes. Sempre tivera boas relações com o povo. Fora levado ao poder sob o aplauso das ruas. Sentiu o mesmo aplauso durante a crise com o ministro inglês Christie e ao final da guerra contra o Paraguai. Era sempre bem recebido em suas viagens pelo país. A revolta do Vintém fora contra o ministério, mas a presença de agitadores republicanos conferira ao movimento tons antimonárquicos. O imperador não deixou de notar essa nuança. Em carta à condessa de Barral, mencionou a dificuldade de um monarca em época de transição para novo sistema de governo. E acrescentou que se sentiria mais feliz como presidente da República do que como imperador constitucional. Mas, é ainda ele que fala, cumpriria até o fim o dever de monarca.

ABOLIÇÃO

A questão servil, como se dizia, voltou a ocupar a agenda política no início da década de 1880. A pressão dessa vez não foi dos ingleses, nem do imperador. Ela veio dos clubes, da imprensa, das ruas, das senzalas. Em 1880, o deputado Joaquim Nabuco apresentou um anteprojeto que previa o fim da escravidão em 1890. A Câmara rejeitou o pedido de urgência para discutir a proposta. A recusa levou o deputado e vários outros abolicionistas a fundarem a Sociedade Brasileira Contra a Escravidão. Logo a seguir surgiu a Associação Central Emancipadora. A luta saía do Congresso para as ruas. Aos poucos, multiplicaram-se as sociedades e os clubes na capital do Império e em outras cidades do país. Na capital, seu número aumentou a ponto de se tornar necessário criar em 1883 uma Confederação Abolicionista que as coordenasse. O próprio Nabuco, um dos principais campeões da causa, ampliou o campo de batalha viajando ao final de 1880 à Europa em busca do apoio da British and Foreign Society for the Abolition of Slavery. Até o final da luta, ele manteve estreito contato com essa sociedade que tinha acesso às páginas do *Times* para divulgar a atuação dos abolicionistas brasileiros.

Em algumas províncias, o pequeno número de escravos facilitou a luta. No Ceará, os jangadeiros decidiram em 1883 não transportar para os navios os muitos escravos que eram exportados para as províncias cafeicultoras do

Sul. No ano seguinte, a província foi declarada livre da escravidão. Nesse mesmo ano, a província do Amazonas também se declarou livre. A luta era mais difícil nas províncias de agricultura de exportação com maior presença escrava. Entre elas estavam, no Norte, Pernambuco e Bahia, antigos centros de produção açucareira, e Maranhão. As três concentravam 21% da população escrava do país em 1887, calculada em 723 mil. No Sul, destacavam-se as províncias cafeicultoras, que detinham nesse mesmo ano 67% da população escrava. Foi nelas que o movimento abolicionista atingiu maiores proporções e mesmo, nos últimos anos, maior violência.

Na cidade de Campos, centro de produção açucareira da província do Rio de Janeiro, os abolicionistas recorreram a táticas de ação direta como o incêndio de canaviais e a retirada pela força de escravos das fazendas. Houve mortos e feridos nesses conflitos. Em São Paulo, a luta foi iniciada no campo jurídico por Luís Gama, um baiano que fora vendido como escravo pelo pai. Daí evoluiu, a partir de 1886, para a ação direta comandada por Antônio Bento, antigo juiz municipal. Bento organizou um grupo de militantes chamados de caifazes, que retiravam escravos das fazendas e protegiam os que fugiam levando-os para a cidade portuária de Santos, onde conseguiam emprego. O movimento adquiriu tal força que os próprios escravos começaram a abandonar as fazendas e se empregarem por salário e como livres em estabelecimentos vizinhos. Os proprietários eram forçados a aceitar esses escravos fugidos para não ficarem sem mão de obra.

A mudança foi rápida e impressionante se se levar em conta que até o início da década de 1880 não existia uma opinião pública claramente favorável à abolição, muito menos um movimento abolicionista. Um incentivo político foi dado em 1884, quando o imperador chamou o liberal Souza Dantas para passar nova lei de emancipação que libertava os escravos de 60 anos ou mais. A reação da Câmara, dominada por liberais, foi contrária. O presidente do Conselho a dissolveu, mas a que a substituiu manteve a mesma posição. A lei só foi aprovada no ano seguinte por novo ministério liberal, mas com cláusula de indenização. Embora frustrados, os abolicionistas retomaram a luta e a transformaram em poderoso movimento popular. Foi de grande ajuda a decisão da regente Isabel (o imperador achava-se na Europa em tratamento de saúde) de apoiar abertamente a causa, nomeando um gabinete conservador, mas abolicionista, em 1888. Abertas as Câmaras em março, o presidente do Conselho, João Alfredo, apresentou um projeto de abolição imediata e sem indenização, constituído de apenas dois artigos. Em cinco dias, ele foi discutido e aprovado na Câmara e no Senado. Era convicção de todos que a abolição já estava feita na prática. No dia 13 de maio, a princesa assinou a lei, que ficou conhecida como Lei Áurea, em meio a enormes celebrações populares, que o romancista Machado de Assis caracterizou três anos depois como delírio público.

O abolicionismo constituiu o primeiro movimento de opinião pública no Brasil. Reuniu a regente Isabel, alguns políticos dos três partidos, o Liberal, o Conservador e o Republicano, intelectuais, profissionais liberais, principalmente jornalistas, estudantes, militares, operários, libertos e escravos. O Exército recusou-se a caçar escravos fugidos, e até mesmo a Igreja, que sempre fora conivente com a escravidão, deu seu apoio nos momentos finais. Os proprietários de escravos mantiveram até o fim a oposição à abolição sem indenização, mas foram vencidos pela força do movimento. Mesmo assim, muitos passaram a libertar seus escravos para tentar conservá-los nas fazendas.

As consequências da abolição foram profundas. Para só falar do impacto político, ela consumou o divórcio entre a Coroa e os proprietários rurais. Irritados desde 1871, eles retiraram de vez sua lealdade ao regime monárquico após a abolição, inconformados com o apoio da princesa Isabel à abolição sem indenização. Tornaram-se os neorrepublicanos de 14 de maio, o dia seguinte da Lei Áurea. Entre a abolição e a proclamação da República decorreram apenas 18 meses, durante os quais os ex-proprietários lutaram pela indenização. Muitos colocaram suas esperanças de compensação num eventual regime republicano, embora tal promessa não tivesse sido feita pelos chefes republicanos. Uma figura paradigmática dessa situação foi o jornalista e abolicionista negro José do Patrocínio. Apesar de ser republicano, apoiou Isabel quando percebeu a determinação da princesa de extinguir a escravidão. Até novembro de 1889, ele manteve, assim como o monarquista Joaquim Nabuco, uma dura luta contra esses novos republicanos da indenização, a quem acusava de escravocratas e dizia usarem um coador de café como barrete frígio.

A abolição certamente trouxe popularidade para a princesa Isabel, que entrou para a história como a Redentora, título que lhe foi dado por José do Patrocínio. Ela adotara a causa da abolição em parte devido a suas convicções religiosas, mas o cálculo político, isto é, a busca de apoio a sua subida ao trono, não deve ter estado ausente. O apoio popular, no entanto, de pouco lhe servia, pois não era organizado. José do Patrocínio criou uma Guarda Negra composta de libertos para a defender, mas o uso de métodos violentos revelou-se contraproducente. Contra a princesa militavam também sua excessiva religiosidade e seu marido francês, o conde d'Eu. Além de estrangeiro, o conde era surdo, falava mal o português e era acusado de explorar um negócio de aluguel de habitações populares. Os republicanos espalhavam o boato de que a princesa seria dominada pelo marido.

Outra consequência negativa da abolição foi agravar a desmoralização dos partidos políticos, todos eles, inclusive o republicano, divididos em torno da questão. O dano maior, no entanto, foi para os dois partidos monárquicos, já enfraquecidos pela redução da franquia eleitoral. Aos fatores já mencionados de enfraquecimento da monarquia acrescentava-se mais esse. O regime estava indefeso e o imperador não parecia disposto a tomar providências.

O PARTIDO MILITAR

A autoestima militar gerada durante a guerra foi aos poucos se traduzindo em reivindicações e protestos contra o governo. Alijados como corporação dos altos escalões decisórios, os chefes militares só tinham peso político como membros dos partidos e quando ocupavam os cargos de ministros da Guerra ou da Marinha. Agiam nesses casos mais como políticos do que como militares, mais como representantes dos partidos do que de sua corporação. O maior chefe militar do Império, o duque de Caxias, era um fiel membro do Partido Conservador. Foi por causa de sua filiação partidária que o imperador chamou os conservadores ao poder em 1868, mais predispostos a lhe dar apoio como comandante das forças brasileiras no Prata. Na década de 1880, porém, os velhos chefes militares tinham morrido. A nova geração dedicava maior lealdade à corporação do que aos partidos, ou mesmo ao regime. Ela estava pronta para enfrentar a elite civil de bacharéis.

Um das causas da mobilização dos militares foi a questão abolicionista. No Brasil, diferentemente de outros países da América Latina, e do todos os países europeus, poucos oficiais do Exército provinham da nobreza de sangue ou das camadas altas da sociedade. A maioria deles era filha de militares, outros provinham de famílias que, por falta de recursos para custear uma educação superior, mandavam os filhos para as escolas militares. Pelo lado da origem social, portanto, não tinham interesse na manutenção da propriedade escrava. Além disso, o estreito convívio com soldados libertos ou descendentes de escravos mostrava-lhes que a escravidão era um grande obstáculo ao recrutamento de bons soldados. O general Deodoro da Fonseca, ex-combatente no rio da Prata e futuro proclamador da República, era um desses abolicionistas. Em 1887, como presidente do Clube Militar, solicitou à regente Isabel que seus colegas não fossem empregados na tarefa de capturar escravos fugidos.

Anônimo
Benjamin Constant
FOTOGRAFIA, S.D.
ARQUIVO G. ERMAKOFF, RIO DE JANEIRO

A abolição no Ceará já contara com a simpatia dos militares que tinham organizado lá um clube abolicionista. O primeiro conflito entre o governo e oficiais do Exército teve também a abolição como estopim. Outro ex-combatente, o tenente-coronel Sena Madureira, oficial respeitado por seus conhecimentos, foi punido em 1884 por ter recebido em seu quartel o líder abolicionista dos jangadeiros do Ceará. Em 1886, novo conflito foi gerado pela ação de um major que criticara um ministro. Ele foi defendido no Senado pelo último general remanescente da guerra, o senador visconde de Pelotas. O senador-general colocou a questão em termos de honra militar e afirmou que as classes armadas não tinham confiança no governo.

O ministério foi forçado a recuar. Era uma situação inédita na Monarquia brasileira: um governo forçado a recuar por pressão militar.

Ao mesmo tempo, na Academia Militar formava-se uma geração de oficiais mais voltada para matemática, filosofia e letras do que para assuntos bélicos. No dizer de um historiador militar, a Escola produzia bacharéis fardados, não soldados. A corrente filosófica predominante na Escola era o positivismo de Augusto Comte, pregado por um major, Benjamin Constant, que se tornara ídolo dos cadetes. Dois pontos da doutrina positivista eram particularmente relevantes naquele momento: a rejeição da escravidão e o apoio à República. Essa juventude militar uniu-se à geração saída da guerra, trazendo como contribuição o republicanismo. As duas se uniam na aversão aos bacharéis que compunham a elite política monárquica, acusados de descaso pela carreira militar, de falta de patriotismo e de politicagem. Uniam-se, ainda, na consciência do poder e da importância da corporação adquiridos na guerra.

A conspiração que levou ao golpe militar que proclamou a República em 15 de novembro de 1889 ficou a cargo do major Benjamin Constant e da jovem oficialidade republicana. Eles conseguiram atrair para o golpe o general Deodoro, que sempre fora leal ao imperador. O contato dos conspiradores com os republicanos civis só foi feito quatro dias antes da data marcada para o movimento, embora jornais republicanos, sobretudo *O Paiz*, no Rio de Janeiro, e *A Federação*, no Rio Grande do Sul, já se tivessem aproveitado dos conflitos entre militares e governo para minar as bases do regime.

D. PEDRO II E O FIM DA MONARQUIA

Nesse ambiente tenso dos últimos anos, o imperador pouco fizera para defender a monarquia. Governava o país há 49 anos, sem que tivesse havido uma única tentativa de derrubá-lo. O prestígio da monarquia, por ele representado, ajudara a manter a unidade do país. Sua obsessão pelo cumprimento das obrigações constitucionais e seu senso de justiça e equilíbrio permitira que o Brasil se transformasse em exemplo de estabilidade institucional, de regularidade de eleições, de liberdade de imprensa e de tranquilidade política, em vivo contraste com o que se passava nos países de origem hispânica. Fazendo uso das prerrogativas constitucionais, ele reinava, governava e administrava. Sua autoridade era tão grande que os políticos, com poucas exceções, não ousavam contrariá-lo, pois não tinham por trás de si a força da delegação de poderes de um eleitorado independente.

Obedeciam ao imperador e o respeitavam, mas não o amavam e, em sua maioria, não estavam dispostos a lutar por ele.

D. Pedro era um cumpridor exato dos deveres, quase uma máquina de governar. Informava-se de tudo lendo os jornais da capital e das províncias, visitava as repartições públicas, acompanhava de perto as atividades dos ministros, cobrava deles as medidas que julgava necessárias e velava pela moralidade dos funcionários públicos. Tinha particular interesse pelas escolas que visitava com frequência, assistindo aos concursos e examinando os alunos. Nas viagens que fazia pelo país, mantinha a mesma atividade febril, visitando tudo e escrevendo comentários em seu *Diário*. Mas não tinha gosto pela política entendida como jogo de poder e entediava-se nos atos públicos. Mais de uma vez manifestou o desgosto pelas pompas do poder e a preferência pelo cultivo das letras e das artes que ele sistematicamente apoiava com recursos de sua dotação, fazendo doações e concedendo bolsas de estudo.

Seus momentos mais felizes, como se deduz de seu *Diário*, ele os vivera quando viajava ao exterior visitando museus, assistindo a espetáculos teatrais e musicais, conversando com artistas, intelectuais e cientistas. Na França, entrevistou-se com Victor Hugo e foi eleito membro do Institut de France. Sua satisfação era total quando era acompanhado nessas viagens pela condessa de Barral, sua paixão oculta.

Nessas ocasiões sempre se comportava como um cidadão comum. Apresentava-se como Pedro d'Alcântara. Essa característica tipicamente republicana lhe granjeou grande popularidade nos Estados Unidos quando lá esteve. Foi o único chefe de Estado convidado para assistir às celebrações do centenário da Independência em 1876 e o primeiro monarca a pisar terras norte-americanas. Percorreu o país de leste a oeste, de norte a sul, visitando escolas, fábricas e museus. Deram-lhe o apelido de Imperador Ianque, e um jornalista do *New York Herald* prestou-lhe uma homenagem bem-humorada lançando seu nome como candidato à presidência da República, tendo como companheiro de chapa um descendente de John Adams.

D. Pedro II nada fez para criar bases de sustentação para seu governo ou para a monarquia. Não formou ao seu redor uma corte, mesmo com uma nobreza só de títulos, como a brasileira. Não cultivou o apoio dos militares, como fizera seu pai. Também não buscou o apoio do clero, cioso que era das prerrogativas do poder do Estado. Não cortejou o povo, embora valorizasse o aplauso popular. O apoio às artes e ciências, sobretudo ao Instituto Histórico e Geográfico Brasileiro, a principal instituição cultural do país, criada em 1838 sob sua proteção, granjeava-lhe respeito e gratidão, mas não sensibilizava as novas gerações positivistas e republicanas. Nem mesmo se preocupou em preservar a monarquia para sua filha. Parecia convicto de que a chegada da república era inevitável, duvidando apenas da oportunidade de sua proclamação.

Para agravar as coisas, desde 1887 sua saúde se deteriorara, forçando-o a ir tratar-se na Europa, onde esteve à beira da morte em maio de 1888 em um hospital de Milão, quando era atendido por médicos italianos e pelo francês Charcot. Ao voltar ao Brasil em agosto desse ano, não tinha mais condições de governar, mas não aceitou sugestões de renúncia. Enfrentou no ano seguinte os momentos finais de seu governo quase com fatalismo. Opôs-se a qualquer tentativa de resistência. Quando, afinal, no dia 15 de novembro lhe comunicaram que a República fora proclamada, não acreditou nas notícias julgando que todos estavam loucos. Mas, confirmados os fatos, sua reação foi dizer que seria sua aposentadoria, já trabalhara muito e estava cansado.

A DEPOSIÇÃO

A conspiração militar caminhou rapidamente. Jovens militares, comandados por Benjamim Constant, conseguiram convencer o marechal Deodoro a liderar o movimento com os argumentos de que o governo queria retirar as tropas do Exército da capital e fortalecer a Guarda Nacional e a polícia. Os conspiradores entraram em contato com os republicanos civis. O Partido Republicano, que só poucos meses antes elegera seu primeiro chefe nacional na pessoa de Quintino Bocaiúva, admitia desde 1887 o recurso aos militares para derrubar a Monarquia. Essa era a posição do novo presidente. Houvera antes algumas negociações entre as duas partes, mas sem resultado. A única reunião entre os conspiradores e representantes dos republicanos do Rio de Janeiro e São Paulo verificou-se no dia 11 de novembro em casa de Deodoro.

O golpe estava marcado para o dia 17, mas alguns oficiais o precipitaram espalhando nas guarnições boatos de que o governo mandara prender Deodoro e Benjamin e que tropas da Guarda Nacional, da polícia de da Guarda Negra atacariam os quartéis. Na madrugada do dia 15, cerca de seiscentos militares congregaram-se no Campo de Santana, em frente ao quartel-general do Exército. Deodoro, recuperado de um ataque de asma, assumiu o comando. O comandante das tropas reunidas no quartel-general, general Floriano Peixoto, recusou-se a mandar atacar os revoltosos. Aproximadamente às 9 horas, Deodoro foi admitido ao quartel onde se achava o presidente do Conselho de Ministros, visconde de Ouro Preto. Falou-lhe dos sofrimentos por que passara no Paraguai e das perseguições do governo ao Exército. Por fim declarou o ministério deposto, sem tocar na questão do regime. As tropas desfilaram pela cidade.

O imperador, avisado, desceu de Petrópolis sem dar muito crédito às notícias. Houve grande incerteza durante todo o dia 15. À tarde, Benjamin alertou os republicanos civis de que a República não estava proclamada e pediu que agitassem o povo. Umas cem pessoas se reuniram na Câmara Municipal, onde fizeram a proclamação. Mas ao se dirigirem à casa de Deodoro não foram recebidas. Somente à noite, quando o general soube da indicação de um inimigo pessoal para substituir Ouro Preto, decidiu-se pela proclamação. Recusou-se a ter um encontro com o imperador, alegando que eram amigos de longa data e ambos se poriam a chorar. Decidida a proclamação, formou-se o primeiro ministério, com Deodoro na presidência, Floriano Peixoto como vice e Benjamin no Ministério da Guerra. Civis republicanos preencheram os outros postos.

A família imperial foi intimada a deixar o país na madrugada do dia 17. Acompanharam-na alguns poucos amigos, entre os quais o abolicionista André Rebouças. O navio a levou a Lisboa, onde o imperador foi recebido com honras por seu sobrinho, o rei d. Carlos I. No dia 28 de dezembro, morreu a imperatriz Teresa Cristina. D. Pedro passou os dois anos seguintes movendo-se por vários endereços na França. No dia 5 de dezembro de 1891 morreu em Paris, no hotel Bedford, e foi levado a Portugal para sepultamento no jazigo dos Bragança.

No Brasil, a República consolidava-se aos poucos, enfrentando as dificuldades decorrentes da maneira por que fora proclamada e da heterogênea composição de seus aderentes. Depois de quase dez anos de conflitos e guerras civis, encontrou sua estabilidade na presidência de Campos Salles, um dos fundadores do Partido Republicano paulista.

BIBLIOGRAFIA

BETHELL, Leslie (Org.). *Brazil*: Empire and Republic, 1822–1930. Cambridge: Cambridge University Press, 1989.

CARVALHO, José Murilo de. *A construção da ordem*: a elite política imperial e *Teatro de sombras*: a política imperial. Rio de Janeiro: Civilização Brasileira, 2003.

FREYRE, Gilberto. *Sobrados e mocambos*. 2. ed. Rio de Janeiro: José Olympio, 1951.

GRAHAM, Richard. *Clientelismo e política no Brasil do século XIX*. Rio de Janeiro: Editora da UFRJ, 1997.
HOLANDA, Sérgio Buarque de (Org.). *O Brasil monárquico*. São Paulo: Difel, 1965–1976. 5 v.
MATTOS, Ilmar R. *Tempo saquarema*. São Paulo: Hucitec; Brasília: INL, 1987.
MELLO, Evaldo Cabral de. *O norte agrário e o Império*: 1971–1889. Rio de Janeiro: Topbooks, 1999.
NABUCO, Joaquim. *Um estadista do Império*. Rio de Janeiro: Topbooks, 1997.
NEVES, Lucia Maria Bastos Pereira das; MACHADO, Humberto Fernandes. *O Império do Brasil*. Rio de Janeiro: Nova Fronteira, 1999.
PRIORE, Mary del (Org.). *História das mulheres no Brasil*. São Paulo: Contexto, 1997.
SALLES, Ricardo. *Guerra do Paraguai*: memórias e imagens. Rio de Janeiro: Biblioteca Nacional, 2003.
SCHWARCZ, Lilia Moritz. *As barbas do imperador*. D. Pedro II, um monarca nos trópicos. São Paulo: Companhia das Letras, 1998.
SCHULZ, John. *O Exército na política*: origens da intervenção militar, 1850–1894. São Paulo: Edusp, 1994.

DETALHE DA IMAGEM DA PÁGINA 132

PARTE **3**

LESLIE BETHELL
O BRASIL NO MUNDO

TRADUÇÃO DE DENISE BOTTMANN

I. O BRASIL E A EUROPA

RECONHECIMENTO INTERNACIONAL

Após a proclamação da independência do Brasil de Portugal em setembro de 1822 e o coroamento de d. Pedro, o príncipe regente português de 24 anos, filho de d. João VI, como imperador em outubro do mesmo ano, o governo do Império brasileiro procurou reconhecimento internacional. Este é o objetivo imediato de qualquer Estado recém-instituído, quando menos para garantir acesso aos mercados financeiros internacionais para empréstimos ao governo. No caso do Brasil a partir de 1822, o pronto reconhecimento internacional também era importante, em primeiro lugar, para prevenir qualquer tentativa, possivelmente incentivada pelos países europeus da reacionária Santa Aliança (Áustria, Prússia e Rússia), junto com a França, de restaurar o domínio português no país; em segundo lugar — e no fundo mais importante, visto que Portugal não tinha vontade política nem recursos financeiros e militares para resistir à independência brasileira —, para fortalecer a autoridade do novo imperador diante dos elementos leais à Coroa portuguesa, dos regionalistas/separatistas e dos republicanos dentro do Brasil.

O movimento de independência na América portuguesa tinha extraído forças das províncias do Centro-Sul — Rio de Janeiro, São Paulo e Minas Gerais —, principalmente da capital, o Rio de Janeiro. As províncias do Nordeste e do Norte, que geograficamente ficavam mais perto de Portugal, de início decidiram manter lealdade a Portugal, pois não tinham integração econômica com o Centro-Sul e, em muitos aspectos,

A CONSTRUÇÃO NACIONAL

Constantino Fontes
*Desembarque d'el rei d. João VI acompanhado por
uma deputação das cortes, na magnífica praça do Terreiro do Paço
em 4 de julho de 1821, regressando do Brasil*
GRAVURA, 15 × 20,5 CM
SEÇÃO DE ICONOGRAFIA DA BIBLIOTECA NACIONAL, RIO DE JANEIRO

tinham vínculos históricos mais próximos com Lisboa do que com o Rio de Janeiro e, além do mais, ainda contavam com uma significativa presença militar portuguesa, comunidades comerciais lusas de dimensões consideráveis e uma boa dose de sentimento pró-lusitano. Mas, em julho de 1823, as forças do Exército leais a d. Pedro e a Marinha organizada pelo mercenário inglês lorde Cochrane, que acabava de voltar de suas vitórias no Chile e no Peru, esmagaram a oposição na Bahia, no Maranhão e no Pará. As elites das províncias finalmente deram apoio ao novo Estado, reconhecendo d. Pedro como símbolo de autoridade legítima e, portanto, um instrumento poderoso para manter a estabilidade política e social.

No entanto, entre os favoráveis à separação de Portugal, sobretudo no Nordeste, continuou a existir uma oposição considerável à criação de um Estado unitário abrangendo toda a América portuguesa, à centralização do poder no Rio de Janeiro e, não menos importante, à continuação da monarquia nas mãos da dinastia de Bragança. Em março de 1824, uma revolta armada em Pernambuco levou à criação de uma república independente, a Confederação do Equador, apoiada pelo Rio Grande do Norte, Paraíba e Ceará, a qual atraiu simpatias por todo o Nordeste. Mas, tal como uma tentativa anterior de criar uma república em Pernambuco em 1817, ela teve vida efêmera: depois de seis meses, foi derrubada por tropas imperiais.

Tirando os dois reinos africanos do Benim e de Lagos, os Estados Unidos foram o primeiro país a reconhecer, em junho de 1824, o Império brasileiro. Mas evidentemente era muito mais importante obter o reconhecimento da Inglaterra, que tinha saído das Guerras Napoleônicas com superioridade política e econômica na Europa, ainda mais em Portugal, e na verdade no mundo em geral. Como escreveu Felisberto Caldeira Brant Pontes, futuro marquês de Barbacena, embaixador de d. Pedro em Londres, em julho de 1823: "Com a amizade da Inglaterra basta estalar os dedos para o resto do mundo... Não será preciso sair suplicando reconhecimento de nenhuma outra potência, pois todas vão querer nossa amizade" (Manchester, 1933:193). Assim, para o Brasil foi muito favorável encontrar a Inglaterra disposta, por várias razões, a reconhecer o Império desde cedo.

A Inglaterra tinha desempenhado um papel decisivo na transferência de d. João, com toda a máquina do Estado português e grande parcela da classe governante portuguesa, vindo de Lisboa para o Rio de Janeiro em novembro de 1807, quando Napoleão invadiu Portugal. Como naquele momento a Coroa dependia da Inglaterra para defender o Brasil e o restante de seu Império ultramarino, e também para a libertação de Portugal,

S.A. Sisson
Felisberto Caldeira Brant Pontes Oliveira e Horta,
o marquês de Barbacena
IN: GALERIA DOS BRASILEIROS ILUSTRES: OS CONTEMPORÂNEOS.
RIO DE JANEIRO: S.A. SISSON, 1861. V. 2
GRAVURA
BIBLIOTECA BRASILIANA GUITA E JOSÉ MINDLIN

a figura política mais importante na corte portuguesa no Rio de Janeiro era o embaixador britânico Percy Clinton Sydney Smythe, sexto visconde de Strangford. Como ele afirmou numa declaração famosa: "Possibilitei à Inglaterra estabelecer com o Brasil a relação de soberano e súdito, e exigir obediência como o preço a ser pago pela proteção" (Manchester, 1933:67).

Em janeiro de 1808, um decreto real determinou a abertura dos portos brasileiros para o comércio direto com todas as nações amigas, pondo termo assim a trezentos anos de monopólio português sobre o comércio colonial (e, ao mesmo tempo, ao isolamento político, cultural e intelectual do Brasil). A Inglaterra tinha sido a principal beneficiária imediata do livre-comércio. Mas não estava satisfeita com esse tratamento preferencial. Em fevereiro de 1810, foi imposto um Tratado de Navegação e Comércio a Portugal, determinando que os artigos manufaturados britânicos importados pelo Brasil seriam tributados com um imposto aduaneiro máximo de 15%. Além disso, os comerciantes britânicos teriam o direito de residir e possuir imóveis no Brasil, de manter suas próprias igrejas, cemitérios e hospitais, bem como de nomear magistrados especiais (os "juízes conservadores") incumbidos de todos os processos envolvendo súditos britânicos.

Depois de vinte anos de luta, a Inglaterra tinha abolido o tráfico escravo atlântico em 1807 e adotou imediatamente uma política de promover a abolição internacional. A transferência da corte portuguesa para o Rio de Janeiro, sob proteção britânica, também permitiu à Inglaterra arrancar do relutante governo português algumas concessões sobre o tráfico escravo. Pelo artigo X do Tratado de Aliança e Amizade, assinado em 1810, o governo português se comprometia a limitar o tráfico a seus territórios e a proceder a novas medidas para sua abolição completa. Em 1815, num tratado assinado durante o Congresso de Viena, Portugal declarou ilegal o tráfico escravo acima do Equador. E em 1817, numa convenção adicional ao tratado de 1815, Portugal concedeu à Marinha britânica o direito de combater o tráfico ilegal em alto-mar — principalmente o "direito de busca", o direito de deter navios suspeitos de transportar escravos ilegalmente e enviá-los a julgamento em "tribunais de comissão mista" anglo-portugueses, constituídos especialmente para este fim, em Freetown, Serra Leoa e Rio de Janeiro.

A influência política da Inglaterra no Brasil diminuiu um pouco a partir de 1815. Mas a Revolução Liberal em Portugal em 1820, a volta de d. João a Lisboa em 1821 (deixando d. Pedro no Brasil como príncipe regente), a tentativa da corte portuguesa em 1821/1822 de recuar no tempo e voltar a 1808, e a subsequente proclamação da independência do Brasil deram à Inglaterra a oportunidade de consolidar sua influência política no Brasil por meio do rápido reconhecimento do novo Império. Ao mesmo tempo, George Canning, o ministro britânico das Relações Exteriores, queria preservar a monarquia no Brasil como antídoto ao republicanismo e ao que considerava serem os "males da democracia universal" no continente americano, e como um elo vital entre o Velho

Mundo e o Novo Mundo. Qualquer demora indevida em reconhecer a independência do Brasil poderia pôr em risco suas frágeis instituições políticas, bem como sua precária unidade territorial. Além disso, o tratado comercial de 1810 expiraria em 1825. Seria imperativo renová-lo para proteger o predomínio econômico da Inglaterra no Brasil. E a assinatura de um tratado comercial com o Brasil recém-independente significaria, na prática, um reconhecimento britânico *de facto*.

Por fim, a necessidade de o Brasil ser reconhecido também oferecia à Inglaterra uma oportunidade única para conseguir avanços significativos na questão do tráfico escravo. Em circunstâncias normais, em vista da importância da escravidão para a economia brasileira e a dependência do sistema escravista de um fluxo constante de importação de escravos da África, talvez se considerasse impossível persuadir o Brasil, com sua independência recente, a abolir o tráfico escravo no Atlântico. Mas Canning logo percebeu que a ansiedade do Brasil em obter o reconhecimento britânico "[o] colocava à nossa mercê quanto à continuidade do tráfico". Como disse ele ao líder abolicionista britânico, William Wilberforce, o Brasil teria de ser "expurgado de sua impureza antes de podermos abraçá--lo" (Bethell, 1970:31).

Mas a Inglaterra também tinha interesses econômicos e estratégicos em Portugal e estava obrigada pelas cláusulas do tratado a manter a integridade do Império português. Assim, Canning julgava preferível, embora não indispensável, que fosse Portugal o primeiro a reconhecer a independência do Brasil. O governo português foi persuadido a permitir que o mais alto diplomata britânico, *sir* Charles Stuart, embaixador em Paris desde o final da guerra com a França, negociasse o tratado assinado no Rio de Janeiro em agosto de 1825 e ratificado em Lisboa em novembro, pelo qual d. João reconhecia d. Pedro imperador do Brasil independente. Seguiu-se o reconhecimento da Inglaterra, quando Manuel Rodrigues Gameiro Pessoa foi recebido como embaixador brasileiro em Londres em janeiro de 1826. A essa altura, a França já tinha reconhecido o Império brasileiro independente. Logo se seguiram as outras principais potências europeias, Áustria, Prússia e Rússia.

Em troca do reconhecimento, o Brasil concordou em pagar uma indenização a Portugal no montante de 2 milhões de libras esterlinas, sendo 1,4 milhão em empréstimos tomados a bancos ingleses. E o Brasil concordou em respeitar a integridade territorial do Império português restante, em especial nunca permitir que Luanda e Benguela (Angola), que mantinham historicamente ligações próximas com o Brasil devido ao tráfico escravo, se unissem ao Império brasileiro. Mas já em fevereiro de 1823, José Bonifácio de Andrada e Silva, ministro brasileiro do Interior e Relações Exteriores, havia dito ao *chargé d'affaires* britânico no Rio: "Não queremos nenhuma colônia da costa africana, nem de qualquer outro lugar; o Brasil já é bem grande e produtivo para nós, e estamos contentes com o que a Providência nos concedeu" (Bethell, 1970:49-50).

O Brasil também teve de pagar um preço à Inglaterra por seus préstimos em garantir o reconhecimento internacional de sua independência — e pela futura amizade e apoio britânico. Primeiramente, foi assinado um tratado em novembro de 1826, determinando que a importação de escravos no Brasil seria totalmente proibida três anos após sua ratificação (em março de 1827). O "direito de busca" da Marinha Real foi estendido a todos os navios brasileiros suspeitos de transportar escravos, ao norte ou ao sul do Equador. Qualquer navio detido seria enviado a julgamento nos tribunais de comissão mista existentes em Freetown, Serra Leoa e Rio de Janeiro, que se tornaram tribunais anglo-brasileiros. Em segundo lugar, foi assinado em agosto de 1827, e ratificado três meses depois em Londres, um tratado comercial que estabelecia o teto de 15% nas tarifas de importação de produtos britânicos para o Brasil, bem como os direitos extraterritoriais da Inglaterra (a nomeação de juízes especiais para lidar com casos que envolvessem súditos britânicos domiciliados no Brasil). "O Brasil, depois de Portugal", escreveu em novembro de 1825 Condy Raguet, o embaixador americano no Rio de Janeiro, "se atirou inteiramente nos braços da Inglaterra e, em certa medida, transferiu sua lealdade colonial de um país para outro" (Smith, 2010:198).

Robert Gordon, o embaixador britânico que negociou os tratados anglo-brasileiros em sua forma final (depois que Canning havia rejeitado os tratados assinados por *sir* Charles Stuart), reconheceu, porém, que eles tinham sido "concedidos a nosso pedido contrariamente às opiniões e desejos de todo o Império" (Bethell, 1970:62). Os tratados foram vistos, de modo geral, como um grande sacrifício (possivelmente desnecessário) dos interesses nacionais (ou, pelo menos, dos interesses da classe dominante latifundiária e escravista) e da soberania nacional por insistência de uma grande potência imperial, a Inglaterra, defendendo seus próprios interesses econômicos, políticos e ideológicos, no momento em que o Império brasileiro, recém-independente, estava mais vulnerável. A hostilidade aos tratados foi um elemento significativo a contribuir para a abdicação de d. Pedro I em abril de 1831, em favor de seu filho de 5 anos, futuro d. Pedro II.

COMÉRCIO INTERNACIONAL

Pelo tratado comercial anglo-brasileiro de 1827, a tarifa máxima sobre a importação de produtos britânicos — estendida em acordos preferenciais a outros países europeus e aos Estados Unidos — restringiu gravemente as entradas do governo brasileiro, 80% das quais provinham dos impostos aduaneiros. E a Inglaterra não ofereceu nenhuma reciprocidade: os principais produtos agrícolas de exportação do Brasil enfrentavam concorrência acirrada no mercado britânico, diante das importações coloniais britânicas que se beneficiavam de tarifas preferenciais. A balança comercial, portanto, pendia maciçamente em favor da Inglaterra. Em 1842/1843, por exemplo, as exportações brasileiras para a Inglaterra foram apenas metade do valor das exportações britânicas para o Brasil. O tratado de 1827, porém, deveria expirar em 15 anos. Em novembro de 1842, quando o diplomata inglês Henry Ellis chegou ao Rio de Janeiro para negociar a renovação, ele encontrou uma imprensa e uma opinião pública "absurdamente violentas e impertinentes", contrárias a "escravizar o Brasil com tratados" (Bethell, 1970:232). O jornalista Justiniano José da Rocha — tendo em mente, tal como Ellis, os dois tratados, o comercial e o de proibição do tráfico escravo — escreveu em *O Brasil*: "Se há hoje no país ideia vulgarizada e eminentemente popular é a de que a Inglaterra é o nosso mais caviloso e mais pertinaz inimigo." A Inglaterra invocou a prorrogação de dois anos autorizada no tratado para ganhar mais tempo para a negociação. Mas, em 1844, o Brasil revogou o tratado comercial com a Inglaterra, recuperando sua autonomia fiscal (os impostos aduaneiros sobre as importações subiram imediatamente para a faixa de 20% a 60%) e sua soberania nacional (foram abolidos os tribunais especiais ingleses, símbolo dos direitos extraterritoriais da Inglaterra no Brasil).

O governo britânico acabou aceitando a decisão do Brasil de extinguir o tratado de 1827 com certa serenidade, pois ele não era mais necessário (se é que algum dia tinha sido) para que a Inglaterra mantivesse o predomínio no comércio internacional brasileiro. Em meados do século XIX, cerca de metade das importações do Brasil vinha da Inglaterra. Do total de exportações britânicas em todo o mundo, a proporção absorvida pelo Brasil tinha diminuído de 15% nos anos 1820 para menos de 10% no começo dos anos 1840, mas o Brasil ainda era o terceiro maior mercado da Inglaterra, depois dos Estados Unidos e da Alemanha. As "casas comerciais" britânicas no Brasil importavam e distribuíam os artigos britânicos, sendo 75% deles têxteis (algodão, lã, linho etc.), mas também incluíam uma grande variedade de outros produtos manufaturados, desde ferro, cutelaria, porcelana e vidro a móveis, pianos, roupas, e alguns bens de capital e matérias-primas, em especial o carvão. Ao mesmo tempo, as casas britânicas investiam modestamente em terras, mineração e processamento de alimentos. E, até a chegada dos bancos comerciais britânicos nos anos 1860, visto que a mobilidade do capital interno ainda não era muito institucionalizada, essas casas prestavam serviços financeiros importantes, não só às comunidades britânicas residentes no Brasil, mas também a clientes brasileiros no comércio e na agricultura. Nos vinte anos a contar de 1870, a Grã-Bretanha continuou a fornecer mais de 40% das importações brasileiras: têxteis e bens de consumo manufaturados como antes, mas agora também bens de capital, inclusive maquinários industriais e agrícolas e equipamentos para as estradas de ferro.

Depois da Inglaterra, era a França que detinha a segunda maior fatia do mercado brasileiro. E passou de 12% nos meados do século para quase 15% nos anos 1880. Tecidos de algodão, linho, lã e seda respondiam por 35% das importações francesas, e o vinho, 10%. Mas a França também exportava uma variedade de artigos de luxo, incluindo sapatos, chapéus e perfumes, além de alguns produtos químicos e farmacêuticos. Os produtos portugueses (sobretudo azeite e vinho) mantinham uma parcela constante entre 7% e 8% das importações brasileiras, enquanto as importações da Alemanha passaram de 5% para 7% (Abreu e Lago, 2010:24).

Na maior parte do Império, três produtos agrícolas, todos baseados em mão de obra escrava, respondiam por 70% a 80% das exportações brasileiras. Os três tiveram um crescimento considerável em decorrência da maior demanda mundial, mas a importância relativa deles no comércio internacional do Brasil variou ao longo do tempo. Em meados do século, o açúcar respondia por 20% a 30% das exportações, mas nos anos 1880, enfrentando a forte concorrência do Caribe, em especial de Cuba, nos mercados mundiais, bem como o aumento da produção do açúcar de beterraba, essa proporção tinha diminuído para menos de 10%. O algodão respondia por 5% a 10% das exportações brasileiras em meados do século, mas chegou a 20% durante a Guerra Civil americana, quando a produção dos Estados Unidos despencou bruscamente, porém caindo para menos de 5% nos últimos anos do Império, devido à retomada da produção nos Estados Unidos e o aparecimento de um novo concorrente, o Egito. O café seguiu uma linha ascendente de 20% a 30% das exportações brasileiras nos anos 1820 e 1830 para 50% nos anos 1850, chegando a 60% a 70% nos vinte anos finais do Império, tornando-se disparado o fator mais importante para a integração crescente do Brasil na economia internacional. Nessas alturas, o Brasil estava fornecendo de 60% a 70% do café de todo o mundo.

O Brasil também exportava tabaco, cacau, couro e madeiras variadas. E no final do Império o látex extraído pelos seringueiros na floresta amazônica também começava a ser um item importante nas exportações brasileiras. Atendendo à demanda internacional crescente, as exportações de borracha passaram de menos de 1,5 mil toneladas em 1850 para 7 mil toneladas em 1880 e 17 mil toneladas em 1887, quando respondeu por quase 15% das exportações brasileiras. Mas a explosão do ciclo da borracha se deu após a queda do Império em 1889, estendendo-se até a Primeira Guerra Mundial.

As casas comerciais britânicas lidavam não só com as importações, mas também com o grosso das exportações brasileiras. Por exemplo, Edward Johnston & Co e Phipp Brothers & Co eram as principais exportadoras de café, o grande item de exportação do Império. Três das cinco casas responsáveis por 80% das exportações de borracha brasileira no final do Império também eram britânicas. A Inglaterra possuía mais da metade da frota mercante do mundo no século XIX, e as companhias de navegação britânicas eram as principais responsáveis pelo transporte das exportações brasileiras para os mercados de todo o mundo. A própria Inglaterra, porém, nunca importou mais do que 35% das exportações brasileiras, em parte por causa da preferência pelos produtos de suas colônias, mas também pelo simples fato de que os ingleses não tomavam muito café. O café brasileiro era exportado principalmente para os mercados dos Estados Unidos, mas também para a Europa, em particular a França, a Alemanha, a Holanda e a Escandinávia. Entre os anos 1840 e os anos 1870, as exportações para a França passaram de 6% para 9% do total das exportações brasileiras. Não dispomos de números para os últimos anos do Império, mas em 1901, por exemplo, a participação da Inglaterra nas exportações brasileiras tinha diminuído para apenas 13%, ao passo que a França aumentara sua proporção para 12% e a Alemanha para 15% (Abreu e Lago, 2010:24). Os Estados Unidos, como veremos, tinham se tornado o principal mercado de exportação do Brasil.

FINANÇAS INTERNACIONAIS

A Inglaterra, além de principal parceira comercial do Brasil durante todo o Império, era também sua principal fonte de capital. A *City* de Londres forneceu todos os empréstimos ao governo brasileiro e a maioria do capital estrangeiro investido no Brasil. O N.M. Rothschild & Sons intermediou os primeiros empréstimos estrangeiros ao Brasil, um milhão de libras em agosto de 1824 e 2 milhões de libras em janeiro de 1825, e vários outros empréstimos entre meio e um milhão de libras nos vinte anos seguintes. Como todos os Estados latino-americanos, exceto o Brasil, tinham deixado de pagar pelo menos os juros de suas dívidas externas em 1826–1829, por várias décadas apenas o Brasil continuou a receber empréstimos, e mesmo assim sua dívida externa se manteve relativamente pequena: 5,6 milhões de libras em 1840, 7,7 milhões de libras em 1860. Em 1855, N.M. Rothschild & Sons tinha se tornado o agente exclusivo do governo brasileiro, responsável por todos os empréstimos feitos em Londres. Foram efetuados dois empréstimos num total de 3,8 milhões de libras em 1863 e um de 7 milhões de libras em 1865, às vésperas da Guerra do Paraguai. No final do Império, 98% da dívida externa brasileira de 33,6 milhões de libras tinha se originado de empréstimos feitos em Londres (Abreu e Lago, 2010:35).

Os investimentos britânicos diretos no Brasil foram modestos até 1860, quando os primeiros bancos comerciais britânicos se estabeleceram no Rio de Janeiro, e as primeiras sociedades anônimas começaram a investir no desenvolvimento de ferrovias e serviços de utilidade pública. Mas, entre 1865 e 1885, o investimento estrangeiro direto no Brasil, praticamente todo ele britânico, mais do que triplicou, passando de 7,3 milhões de libras para 24,4 milhões de libras (Abreu e Lago, 2010:19). Quase 80% desse capital foram aplicados no desenvolvimento da rede ferroviária brasileira: por exemplo, a Estrada de Ferro Recife ao São Francisco, a Estrada de Ferro Bahia-São Francisco, a Estrada de Ferro Minas-Rio e, principalmente, a São Paulo Railway Company (a Estrada de Ferro Santos-Jundiaí), conhecida como A Inglesa, que foi fundamental para a expansão da fronteira do café em São Paulo. Ao mesmo tempo, houve investimento de capitais britânicos nos portos e em serviços urbanos — por exemplo, linhas de transporte, água e esgoto no Rio de Janeiro, Salvador e São Paulo; gás no Rio, Salvador, São Paulo, Santos, Fortaleza, Belém e Porto Alegre —, em fábricas de tecidos, assoalhos e cervejas, em bancos e empresas de seguros. No final do Império, o London & Brazilian Bank (fundado em 1862), por exemplo, tinha filiais por todo o Brasil, de Manaus e Belém a Curitiba e Porto Alegre.

Os britânicos também investiram em linhas telegráficas. O telégrafo tinha sido introduzido no Rio de Janeiro em 1852. Até 1870, tinham sido

Augusto Stahl
*Locomotiva a vapor — construção da Estrada de Ferro
Recife ao São Francisco, c. 1858*

ALBÚMEN, 20 × 26 CM

INSTITUTO HISTÓRICO E GEOGRÁFICO BRASILEIRO, RIO DE JANEIRO

liberadas as concessões para estender os cabos até um terminal no Norte, no Pará, e um terminal no Sul, no Rio Grande do Sul, com autorização para ligar o terminal no Norte a linhas transatlânticas até a Europa e os Estados Unidos. Em 1872, o governo brasileiro deu ao barão de Mauá a concessão de estender um cabo submarino do Rio Grande do Sul até Portugal, passando pelas ilhas de Cabo Verde e Madeira. Essa primeira ligação por telégrafo entre o Brasil e a Europa foi construída pela Submarine Telegraph Co e inaugurada em julho de 1874. A linha de Belém aos Estados Unidos ficou pronta em 1886.

RELAÇÕES COM A GRÃ-BRETANHA QUANTO AO TRÁFICO ESCRAVO
E À ESCRAVIDÃO

Pelo tratado anglo-brasileiro de 1826, todo o tráfico escravo brasileiro se tornou ilegal em março de 1830. O governo brasileiro se viu imediatamente sob intensa pressão britânica para cumprir sua obrigação de criar e colocar em vigor leis proibindo a importação de escravos no Brasil. Finalmente, foi aprovada uma lei em 7 de novembro de 1831. Mas, pelo visto, era apenas "para inglês ver". Nos vinte anos seguintes, a demanda brasileira de escravos continuou a aumentar devido ao crescimento do setor cafeeiro, e os sucessivos governos brasileiros não mostraram disposição nem capacidade de fazer vigorar a lei de 1831. Apesar do empenho da Marinha britânica em combater o tráfico escravo em alto-mar — e ademais tolhida pelos recursos e poderes limitados — e de uma campanha para sensibilizar a opinião pública no Brasil, que incluía uma pequena publicação abolicionista financiada pela embaixada britânica no Rio de Janeiro, entre 1831 e 1850 entraram mais de 500 mil escravos no Brasil — todos eles ilegalmente.

Quando o governo brasileiro, em 1844, decidiu não só revogar o tratado comercial com a Inglaterra, mas também o tratado abolindo o tráfico escravo, ou melhor, a parte do tratado que conferia aos navios de guerra britânicos o direito de capturar navios negreiros ilegais no oceano, a reação do governo britânico foi decisiva e provavelmente ilegal. Ele criou a polêmica Lei do Tráfico Escravo no Brasil de 1845, a famosa Lei Aberdeen (devido a lorde Aberdeen, o ministro das Relações Exteriores da Inglaterra). A partir daí, na controversa interpretação britânica do tratado de 1826, ferozmente contestada pelo Brasil, a Marinha britânica poderia tratar o tráfico escravo brasileiro como pirataria, os navios capturados seriam condenados e seus escravos seriam libertados não por tribunais de comissão mista, mas por tribunais britânicos do Ministério da Marinha, estabelecidos em Santa Helena, Serra Leoa e Cabo da Boa Esperança.

Mesmo assim, apesar da Lei Aberdeen, o tráfico escravo clandestino continuou a prosperar. Na verdade, atingiu seu ponto mais alto em 1848: 60 mil escravos foram importados para o Brasil. Pela primeira vez havia sinais de que a pressão britânica logo poderia diminuir ou mesmo cessar. O embaixador britânico no Rio, lorde Howden, não via grandes possibilidades de qualquer avanço na questão do tráfico escravo com qualquer governo brasileiro, conservador ou liberal, e o tema estava prejudicando as relações anglo-brasileiras em geral. "Todas as partes nos odeiam igualmente", disse ele a lorde Palmerston, o ministro das Relações Exteriores britânicas (McLean, 1995:178). Ao mesmo tempo, aumentavam as dúvidas na própria Inglaterra quanto à eficácia das medidas adotadas no combate ao tráfico escravo. E a oposição interna ao papel da Inglaterra, comportando-se voluntariamente como polícia no combate ao tráfico escravo, vinha ganhando mais espaço no Parlamento e na imprensa.

Lorde Palmerston, que muitas vezes manifestou sua opinião de que os "governos semicivilizados" pelo mundo afora pouco se importavam com palavras e "devem não só ver o bastão, mas senti-lo nas costas", precisava desesperadamente levar a guerra ao tráfico escravo brasileiro a bom termo, se necessário usando mais força. Em 1850, ele reforçou a esquadra naval no Atlântico Sul e, pela Lei Aberdeen e em flagrante violação da soberania brasileira, mandou capturar navios negreiros suspeitos em águas territoriais e portos brasileiros. Não demorou para se iniciar a troca de tiros entre os navios de guerra britânicos e as fortalezas das costas brasileiras, notadamente em Paranaguá, no mês de julho.

O ministro das Relações Exteriores brasileiras, Paulino José Soares de Sousa, futuro visconde do Uruguai, declarou que o Brasil não podia mais resistir "às ideias da época em que vivemos". Em termos mais diretos, o Brasil não poderia resistir à Marinha britânica. Se não concordasse com a exigência britânica de dar finalmente os passos necessários para acabar com o tráfico escravo ilegal, a alternativa era, na melhor das hipóteses, uma sucessão infindável de conflitos violentos com a Marinha britânica que afetaria gravemente o comércio litorâneo brasileiro, ou, pior, um embargo econômico total e mesmo a guerra com a Inglaterra (numa época em que o Brasil se preparava para entrar em guerra com Rosas pelo Uruguai). Tudo indicava que o Império brasileiro estava diante de uma grande ameaça à sua soberania, à sua unidade e estabilidade duramente conquistadas e à sua prosperidade econômica.

Naquelas circunstâncias, e provavelmente pela primeira vez desde a independência, a pressão britânica se deu sobre um governo que, em virtude da mudança política, da centralização administrativa e do crescimento econômico nos anos 1840, tinha a legitimidade e os recursos para ignorar os interesses a longo prazo dos senhores de escravos e para tomar providências contra o tráfico negreiro. E isso se tornou um pouco mais fácil devido a uma temporária saturação do mercado escravo. Em 4 de setembro de 1850, foi decretada uma nova lei contra o tráfico escravo, efetivamente aplicada pelos presidentes de província, chefes de polícia e juízes locais. Assim, o tráfico de escravos da África para o Brasil, que tinha operado em plena legalidade durante trezentos anos e na ilegalidade, apesar de todos os esforços britânicos, durante vinte anos, chegou a um fim súbito, dramático e definitivo. Em 1851, foram importados para o Brasil apenas 3.278 escravos, e em 1852 menos de mil. A última tentativa conhecida de desembarcar escravos no Brasil ocorreu em 1855.

Depois de 1850/1851, a Lei Aberdeen continuou em vigor como uma garantia contra a retomada do tráfico escravo. (Foi revogada apenas em

S.A. Sisson
Paulino José Soares de Sousa, o visconde do Uruguai
IN: *GALERIA DOS BRASILEIROS ILUSTRES: OS CONTEMPORÂNEOS.*
RIO DE JANEIRO: S.A. SISSON, 1861. V. 1
GRAVURA
BIBLIOTECA BRASILIANA GUITA E JOSÉ MINDLIN

1869.) E os diplomatas britânicos nunca deixavam de lembrar aos sucessivos governos brasileiros que todos os escravos — e seus descendentes — importados para o Brasil após 1830 eram livres por lei. Também protestavam constantemente contra a condição dos chamados "emancipados", escravos libertos pelos tribunais anglo-portugueses e anglo-brasileiros de comissão mista no Rio de Janeiro entre 1819 e 1845, que recaíam sob a tutela do governo brasileiro. O embaixador brasileiro em Londres, Sérgio de Macedo, escreveu em 1854, numa carta a lorde Clarendon, o ministro das Relações Exteriores britânicas: "Foi sempre proferindo ameaças que o governo inglês conversou com o Brasil" (Manchester, 1933:288).

Em dezembro de 1862, William D. Christie, um embaixador britânico especialmente arrogante e prepotente, que fora incansável em defender a causa dos emancipados, autorizou um bloqueio naval do Rio de Janeiro, devido a alguns pequenos episódios de supostos maus-tratos a navios e tripulantes britânicos em águas territoriais e portos brasileiros. O bloqueio durou apenas seis dias, e somente cinco navios mercantes brasileiros foram capturados. Mas o governo brasileiro entendeu a questão como uma "agressão" inaceitável e em janeiro de 1863 rompeu relações diplomáticas com a Inglaterra. As relações foram retomadas apenas em setembro de 1865, quando Edward Thornton, o embaixador britânico em Buenos Aires, transmitiu o pedido de desculpas da rainha Vitória a d. Pedro II em Uruguaiana, onde o imperador estava visitando as tropas brasileiras no início da Guerra do Paraguai.

Existe um mito — um sólido mito, nascido nos anos 1970 e 1980, nos textos de historiadores latino-americanos tanto da esquerda marxista quando da direita nacionalista — de que o Brasil e a Argentina, na Guerra do Paraguai ou Guerra da Tríplice Aliança, foram instrumentos do capitalismo britânico, "Estados satélites", "neocolônias", instigados e manipulados por uma Grã-Bretanha "imperialista", o "indispensável quarto Aliado", para entrarem em guerra contra o Paraguai. O alegado objetivo da Inglaterra era minar e destruir o "modelo" de desenvolvimento econômico conduzido pelo Estado, que colocava uma ameaça ao avanço de seu "modelo" capitalista liberal na região. Mais especificamente, seu objetivo era abrir a única economia da América Latina que continuava fechada aos produtos manufaturados e aos capitais ingleses, e assegurar à Inglaterra novas fontes de matérias-primas, em especial o algodão, visto que o fornecimento dos Estados Unidos tinha sido afetado pela guerra civil.

Há pouca ou nenhuma prova empírica consistente que possa sustentar essa tese. O governo britânico não tinha praticamente nenhum interesse no Paraguai e nenhuma vontade de piorar as disputas existentes no rio da Prata, e muito menos de promover a guerra, que iria apenas ameaçar vidas e propriedades inglesas e o comércio britânico. E, mesmo que quisesse, a Inglaterra não exercia o grau de controle sobre o Brasil ou a Argentina que seria necessário para manobrá-los e levá-los à guerra contra o Paraguai. As autoridades britânicas, em sua maioria, estavam a favor dos Aliados, mas a Inglaterra se manteve oficialmente neutra durante a guerra e utilizou sistematicamente sua influência a favor da paz. É verdade que fabricantes britânicos vendiam armas e munições aos beligerantes — isto é, na prática, ao Brasil e à Argentina, visto que o Paraguai logo caiu sob bloqueio brasileiro. Mas eram negócios, oportunidades dos empresários na Inglaterra, e aliás na França e na Bélgica, de lucrar com uma guerra. Também é verdade que o empréstimo de 7 milhões de libras dos Rothschilds ao governo brasileiro em setembro de 1865 foi utilizado para comprar navios de guerra, e neste sentido a Inglaterra deu uma contribuição importante para a vitória dos Aliados sobre o Paraguai. Mas não houve nenhum outro empréstimo ao Brasil durante toda a guerra, e os empréstimos ingleses representaram apenas 15% do total de despesas do Brasil com a Guerra do Paraguai. A principal responsabilidade pela guerra coube ao Brasil, à Argentina, em menor grau ao Uruguai e, sobretudo, infelizmente, ao próprio Paraguai (ver adiante).

O governo britânico não esteve diretamente envolvido na abolição definitiva da escravatura no Brasil, em 1888, mas a opinião pública inglesa, se não foi decisiva, certamente teve algum peso. Joaquim Nabuco, que havia defendido a abolição no Parlamento em 1879 e fundara com outros abolicionistas brasileiros a Sociedade Brasileira contra a Escravidão em setembro de 1880, acreditava desde o começo que a luta pela abolição no Brasil, para ter êxito, precisaria de apoio mundial. Em dezembro de 1880, aproveitando o recesso parlamentar, Nabuco foi para a Europa a fim de divulgar pessoalmente no estrangeiro a existência da escravidão no Brasil e de mobilizar a opinião pública internacional em favor da abolição. Ele se reuniu com os líderes abolicionistas portugueses em Lisboa, com os abolicionistas espanhóis, cubanos, porto-riquenhos e filipinos em Madri, e com os abolicionistas franceses em Paris. Mas sua meta principal era Londres. Chegando em fevereiro de 1881, ele contatou imediatamente a Sociedade Contra a Escravidão Britânica e Estrangeira [British and Foreign Anti-Slavery Society], que fora fundada em 1839, depois da libertação dos escravos no Império britânico, justamente para promover a abolição da escravatura em todo o mundo, e que Nabuco considerava de longe a mais importante de todas as associações abolicionistas mundiais.

Depois de perder seu assento no Parlamento, Nabuco passou quase dois anos e meio (dezembro de 1881 a abril de 1884) em Londres, trabalhando como jornalista e advogado de empresas britânicas com negócios no Brasil, e dedicando grande parte de seu tempo a divulgar a causa da abolição. Participou de inúmeras reuniões abolicionistas; assinou petições e compareceu a vários encontros internacionais; no

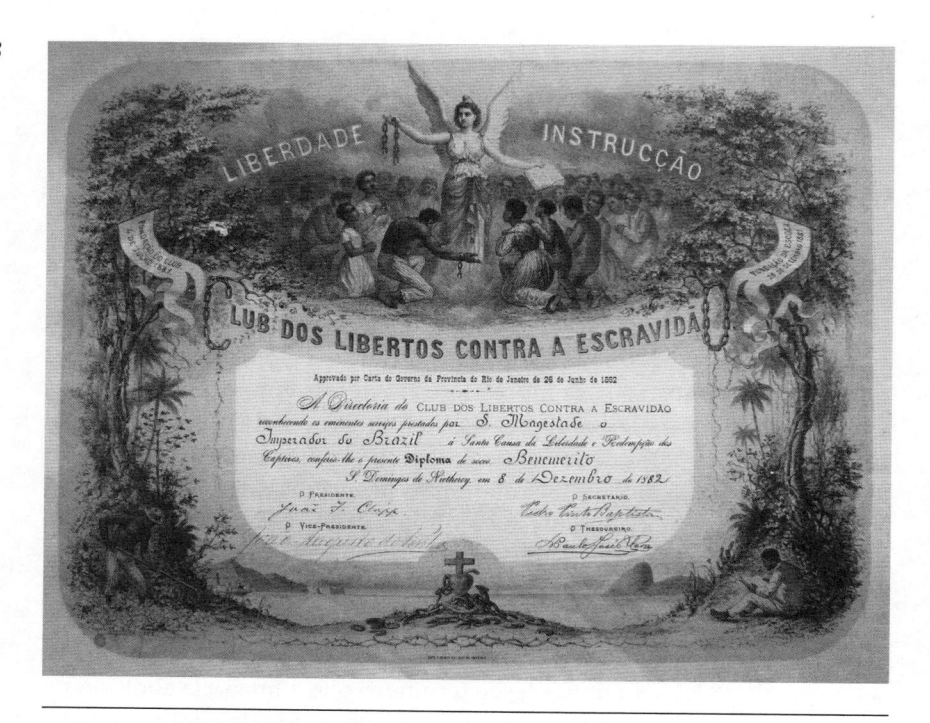

*Diploma de sócio benemérito do Club dos Libertos
contra a Escravidão em benefício do imperador d. Pedro II
— S. Domingos de Niterói, 2 dez. 1882*

DIPLOMA, 42 × 56 CM
INSTITUTO HISTÓRICO E GEOGRÁFICO BRASILEIRO, RIO DE JANEIRO

Museu Britânico e na Biblioteca Richard Cobden em Brighton pesquisou e redigiu *O abolicionismo*, que foi publicado em Londres, em agosto de 1883. E montou uma máquina de propaganda contra a escravidão extremamente eficiente, fornecendo informações a seu amigo Charles Allen, secretário da Sociedade Contra a Escravidão Britânica e Estrangeira, que por sua vez garantia o máximo de cobertura pela imprensa britânica, especialmente no *Times* de Londres, que tinha uma influência considerável sobre o imperador, o governo brasileiro e a elite brasileira de modo geral, embora provavelmente não sobre os senhores escravistas brasileiros e seus representantes no Parlamento.

Mais tarde, Nabuco passou mais quatro meses em Londres, entre abril e agosto de 1887, retomando incansavelmente seus trabalhos em prol da abolição. E voltou à Europa em novembro de 1887, desta vez com o propósito de persuadir o papa a emitir uma bula condenando a escravidão.

RELAÇÕES COM ROMA

Pela Constituição de 1824, na tradição monárquica portuguesa, o catolicismo era a religião oficial do Brasil e a Igreja estava sob o controle do Estado. No Brasil, à diferença da maioria das repúblicas hispano-americanas, a Igreja e o Estado conviveram em relativa harmonia após a independência. Mas, quando o papa Pio IX (1846-1878) resolveu reformar a Igreja e estabelecer a autoridade suprema do papado, os bispos e padres ultramontanos no Brasil, com o espírito da reforma, começaram a se indignar e a resistir contra a subordinação ao Estado. Com isso, chegou-se à crise de 1872-1875 entre o Estado e a Igreja, quando os bispos de Olinda e do Pará foram detidos, julgados e condenados à prisão e a trabalhos forçados, sobretudo por não admitirem maçons nas irmandades. A hostilidade intensa e acirrada de políticos e intelectuais brasileiros contra o papa e a "romanização" da Igreja no Brasil foi retratada em charges de publicações satíricas como *O Mosquito*, *Semana Ilustrada*, *Vida Fluminense* e *Revista Ilustrada*. Mas o governo acabou recuando e anistiou os bispos. Embora algumas tensões persistissem, o relacionamento entre o Estado e a Igreja melhorou nos anos finais do Império. E a Constituição republicana de 1891 finalmente estabeleceu a separação entre a Igreja e o Estado.

Em junho de 1887, o imperador foi à Europa para tratamento médico, deixando como regente do trono a filha, princesa Isabel, sabidamente simpática à causa da abolição. Nabuco ponderou que, se o papa Leão XIII se pronunciasse, Isabel, também sabidamente uma católica fervorosa, tomaria as providências necessárias para terminar com o que restava do sistema escravista no Brasil. Em Londres, em dezembro, os amigos de Nabuco na Sociedade Contra a Escravidão, muitos deles *quakers*, conseguiram uma carta de apresentação ao papa, escrita pelo cardeal Manning, arcebispo de Westminster e chefe da Igreja católica na Grã-Bretanha. Depois de aguardar cerca de um mês em Roma, finalmente Nabuco foi recebido pelo papa, que se demonstrou favorável. O governo brasileiro protelou a publicação de sua encíclica condenando a escravidão, mas o conteúdo se tornou de conhecimento geral e contribuiu para a abolição definitiva da escravatura no Brasil, em maio de 1888.

Anônimo
D. frei Vital Maria Gonçalves de Oliveira, bispo de Olinda
LITOGRAFIA, S.D.
ARQUIVO G. ERMAKOFF, RIO DE JANEIRO

IMIGRAÇÃO

O declínio da população escrava após o fim da migração forçada dos africanos para o Brasil em 1850/1851 e, sobretudo, após a Lei do Ventre Livre em 1871; a percepção cada vez mais clara de que agora era inevitável a abolição definitiva da escravatura; o aumento dos preços dos escravos e a "falta de braços" que se sentia nas áreas de cafeicultura de São Paulo (apesar da abundância de mão de obra livre brasileira) levaram os fazendeiros de café e seus representantes no governo e no Parlamento a pensar seriamente pela primeira vez, nos anos 1870 e 1880, numa alternativa à mão de obra escrava na agricultura brasileira.

Na primeira metade do século XIX, houve vários projetos de colonização no Brasil — desde Nova Friburgo, no Rio de Janeiro, em 1819, e São Leopoldo, no Rio Grande do Sul, em 1824, até Blumenau, em Santa Catarina, em 1850. Esses projetos estavam basicamente restritos ao Sul e ao Sudeste, os colonos eram na maioria suíços e alemães, e os números, extremamente reduzidos. Entre 1822 e 1850, apenas 15 mil europeus emigraram para o Brasil. E foram raras as iniciativas de utilizar mão de obra livre europeia na cafeicultura, como o sistema de parceria do senador Nicolau Vergueiro em Limeira, em 1847. Em sua maioria, os potenciais emigrantes se sentiam desencorajados com a distância, o clima e pelas doenças tropicais, a língua e a cultura, a inexistência de terras gratuitas ou pelo menos baratas, e, sobretudo, o sistema de trabalho basicamente fundado na mão de obra de escravos africanos.

Depois de 1850, várias outras colônias foram criadas pelo governo imperial, pelos governos provinciais, por empresas particulares e indivíduos. Aqui também os números eram reduzidos. Uma tentativa de assentar várias centenas de ex-confederados do sul dos Estados Unidos, após a derrota na Guerra Civil, redundou em fracasso. Mas, na segunda metade do século XIX, houve um fluxo constante de emigrantes vindos do centro e norte de Portugal, da Madeira e dos Açores. Por mais de trinta anos, entre 1855 e 1887, entraram no Brasil não menos de 4 mil, mas nunca mais de 10 mil emigrantes ao ano. Em 1888/1889, chegaram 18 mil imigrantes de Portugal. Mas os portugueses se estabeleceram principalmente no Rio de Janeiro, onde formaram "o outro Portugal", e em outras cidades como Salvador, Recife e Belém.

O censo brasileiro de 1872 mostrou apenas 3,8% de estrangeiros (na maioria, portugueses e alemães) numa população de 10 milhões de habitantes. Mas na província do Rio de Janeiro o percentual era de 17%, e na "Corte", de 31% (84 mil numa população de 275 mil). A imigração da Europa, porém, aumentou nos anos 1870 para 15 a 20 mil por ano — 30% portugueses, 25% italianos (os primeiros italianos chegaram em 1874) e 8% alemães. Ainda se concentravam basicamente no Rio de Janeiro e no Sul/Sudeste — mas ainda não em São Paulo, que até os anos 1880 recebia apenas algumas centenas de imigrantes ao ano.

Uma solução possível para o problema de fornecimento de mão de obra para a agricultura, especialmente para o café, quando a escravidão iniciou seu longo processo de declínio em 1871, era o uso de mão de obra chinesa, os *cules*, em sistema de engajamento (*indenture*). Mas a iniciativa não deu certo. Havia apenas 436 trabalhadores chineses registrados no Censo de 1872. Em 1874, foram importados cerca de mil chineses, mas em toda a década de 1870 o número não passou de 3 mil. O governo chinês sempre relutava em aprovar a emigração para o Brasil, entre outras coisas pela notória dureza com que eram tratados os chineses em Cuba, no Peru e nas colônias tropicais britânicas. O governo britânico também era contrário: em 1873, foi proibida a emigração chinesa de Hong Kong, exceto para as colônias da própria Inglaterra. E em 1874 as autoridades portuguesas de Macau foram persuadidas a seguir o mesmo exemplo. Em 1878, o governo brasileiro se declarou favorável à imigração chinesa, e no ano seguinte enviou uma missão à China. Mas agora a opinião dos fazendeiros, como se vê, por exemplo, nos dois Congressos Agrários nacionais de 1878, estava dividida. A imprensa e o público no Brasil eram contrários, sobretudo por razões étnicas ou racistas (o medo de "degeneração" da população brasileira). Os abolicionistas eram contrários porque o engajamento de *cules* poderia se tornar, nas palavras de Joaquim Nabuco, "um novo tráfico escravo", prolongando a existência da escravidão no Brasil.

Em 1878, Antonio de Queirós Teles, futuro visconde de Parnaíba, visitou oito países da Europa Ocidental em nome da Associação Auxiliadora de Colonização e Imigração de São Paulo, fundada em 1871. Ele considerou a Itália — que passava por um acelerado crescimento demográfico, com falta de terras e desemprego — como a fonte mais promissora de mão de obra para a cafeicultura em São Paulo, para substituir os escravos. Os italianos começaram a chegar em grandes contingentes desde meados dos anos 1880. Em 1885 e 1886, o Brasil recebeu cerca de 35 mil imigrantes, sendo 20 mil italianos; em 1887, 55 mil imigrantes, sendo 40 mil italianos; em 1888, 135 mil imigrantes, sendo 105 mil italianos. Nos anos 1880, o Brasil recebeu um total de 450 mil imigrantes, dois terços concentrados apenas em dois anos, 1888 e 1889: 62% eram italianos, 23% portugueses, 7% espanhóis, 4% alemães e 2% franceses. A grande maioria dos imigrantes, 60% em 1888/1889, e quase todos os italianos foram para São Paulo, que desde 1884 estava subsidiando as passagens dos imigrantes. O censo de 1890 mostrou 22% de estrangeiros na população de São Paulo, a maior parte, italianos.

Assim, os anos finais do Império presenciaram o início da imigração italiana em massa, somando uma nova dimensão aos vínculos do Brasil com a Europa.

INFLUÊNCIAS CULTURAIS

Portugal perdeu seu domínio econômico no Brasil em 1808 e seu domínio político em 1822, mas não só a língua portuguesa sobreviveu, como a presença dos portugueses na vida social e cultural do Império brasileiro independente continuou a persistir e, pelo menos no Rio de Janeiro, foi muito fortalecida pela imigração portuguesa a partir de 1850. Em seu livro *Ingleses no Brasil: aspectos da influência britânica sobre a vida, a paisagem e a cultura do Brasil* (1948), Gilberto Freyre chamou nossa atenção para a influência social e cultural das comunidades britânicas no Rio de Janeiro, Salvador e Recife sobre as classes médias urbanas nascentes na primeira metade do século XIX, quando menos pelo uso generalizado de bens de consumo importados da Inglaterra. Essas comunidades britânicas continuaram a crescer, e na segunda metade do século também se encontravam em Santos, São Paulo, São Luís do Maranhão, Belém e Manaus, fazendo sentir sua influência.

Sobre a elite do Império, porém, a influência externa dominante, em termos sociais, culturais e intelectuais, era francesa. Desde a chegada da Missão Artística Francesa em 1816, a arte e a arquitetura no Brasil passaram a receber uma maciça influência francesa. A literatura francesa era a mais lida. (Os romances ingleses eram lidos principalmente em traduções francesas.) Tirando Darwin e Herbert Spencer, os pensadores franceses — por exemplo, Auguste Comte, Ernest Renan e Arthur, conde de Gobineau — predominavam na vida intelectual brasileira da segunda fase do Império. Apenas a ópera italiana (Rossini, Donizetti, Bellini, Verdi) era mais apreciada do que a ópera francesa (Mayerbeer, Ambroise Thomas, Offenbach, Gounod) nos teatros cariocas e de outras cidades brasileiras. (O maior compositor de óperas do Brasil, Antônio Carlos Gomes, teve grande influência de Verdi.) A moda francesa era a mais procurada na rua do Ouvidor, no centro do Rio, onde se costumava dizer que as pessoas se vestiam, comiam, liam e pensavam como os franceses. Para os brasileiros de posses, inclusive o imperador, Paris "foi e é a paixão cosmopolita dominante em redor de nós", disse Joaquim Nabuco em *Minha formação* (1900) — embora Nabuco, pessoalmente, preferisse Londres.

Estampa que antecede a p. 1 do Marmota Fluminense:
jornal de modas e variedades

RIO DE JANEIRO: TYP. DOUS DE DEZEMBRO, N. 337, 4 FEV. 1853
SEÇÃO DE OBRAS RARAS DA FUNDAÇÃO BIBLIOTECA NACIONAL, RIO DE JANEIRO

Anúncio da loja de roupas À La Ville de Paris
RUA DO OUVIDOR, RIO DE JANEIRO, [1876]
ARQUIVO NACIONAL, RIO DE JANEIRO

LIVROS

O Império do Brasil era muito conhecido no exterior pelas exposições internacionais de que participava (ver adiante) e pelos livros escritos por europeus (e alguns americanos) — diplomatas, oficiais da Marinha, naturalistas, exploradores, missionários, engenheiros civis, jornalistas e viajantes variados — que visitavam ou moravam no país. Entre os naturalistas, a maior contribuição para o conhecimento do Amazonas brasileiro foi feita por três ingleses — Alfred Russel Wallace (*A Narrative of Travels on the Amazon and Rio Negro*, 1853 [*Uma narrativa de viagens ao Amazonas e ao Rio Negro*]), Henry Walter Bates (*A Naturalist on the River Amazon*, 2 v., 1863 [*Um naturalista no Rio Amazonas*]) e Richard Spruce — e pelo suíço-americano Louis Agassiz e sua esposa Elizabeth (*Journey in Brazil*, 1868 [*Viagem pelo Brasil*]) e o canadense-americano Charles Frederick Hartt, antigo assistente de Agassiz. O grande "orientalista" *sir* Richard Burton, que foi cônsul britânico em Santos nos anos 1860, foi o explorador mais famoso a escrever sobre suas viagens pelo Brasil (*Explorations in the Highlands of Brazil*, 2 v., 1869 [*Explorações nos planaltos do Brasil*]). Nem todos os vários artistas e fotógrafos europeus que estiveram no Brasil durante o Império tiveram sua obra publicada em álbuns. Entre os artistas de trabalhos mais importantes estava Jean-Baptiste Debret (*Voyage Pitoresque et Historique au Brésil*, 3 v., 1834–1839 [*Viagem pitoresca e histórica ao Brasil*]); entre os fotógrafos, Victor Frond, cujo *Brasil pitoresco* (1861), com texto de Charles Ribeyrolles, é especialmente bonito. Entre os diversos relatos gerais de europeus com informações úteis sobre o Brasil há *Brazil, its Provinces and Chief Cities* [O Brasil, suas províncias e cidades principais] (1866) de William Scully, irlandês proprietário do *Anglo-Brazilian Times* publicado no Rio de Janeiro, e *Ebauches Sociologiques: Le Brésil en 1884* [Esboços sociológicos: o Brasil em 1884] (1884) do fisiologista francês Louis Couty.

A EXPOSIÇÃO UNIVERSAL DE PARIS DE 1889

O Brasil tinha enviado apenas observadores a Londres em 1851 e a Paris em 1855 para as primeiras das grandes exposições internacionais do século XIX que vieram a simbolizar a modernidade e a civilização, nas quais os países se apresentavam com seus avanços técnicos ao resto do mundo. Mas o Império brasileiro esteve bem representado em todas as exposições seguintes, destacadamente em Londres em 1862, Paris em 1867, Viena em 1873, Filadélfia em 1876 e finalmente Paris em 1889, poucos meses antes da queda do Império.

Tanto em Paris em 1867, onde, embora a exposição se realizasse durante a Guerra do Paraguai, o Brasil teve um impacto significativo, ocupando um espaço maior do que todas as repúblicas hispano-americanas, quanto na Filadélfia em 1876, onde o país participou das quatro categorias da exposição (não só nas matérias-primas e belas-artes, como também nas manufaturas e maquinarias), o Brasil, mesmo assim, era visto e tratado, de modo geral, como um país *colonial* exótico, economicamente atrasado, quando menos por causa da escravidão africana. *L'Exposition Universelle* realizada em Paris em 1889, no centenário da Revolução Francesa, muitas vezes citada como a "apoteose da modernidade", ofereceu ao governo brasileiro e à Sociedade Auxiliadora da Indústria Nacional, que patrocinou a participação brasileira, uma oportunidade de mostrar à França — o país que a elite política, intelectual e cultural brasileira mais admirava — e ao resto do mundo o quanto o Brasil progredira desde a última exposição parisiense. Os últimos resquícios do sistema escravista tinham sido abolidos no ano anterior. E agora o Brasil, além de suas dinâmicas atividades agrícolas e extrativistas e de imensos recursos naturais prontos para ser explorados, também contava com uma indústria manufatureira em avanço constante no Rio de Janeiro e em São Paulo.

O Pavilhão do Brasil, em três andares de ferro e vidro, inaugurado em 14 de junho de 1889, foi projetado pelo arquiteto francês Louis Dauvergue. Ocupava 1,2 mil metros quadrados numa excelente localização no Campo de Marte, perto da Torre Eiffel. Contava com uma "lagoa tropical" com plantas, animais e pássaros raros, e no corpo principal do edifício, com 400 metros quadrados, cerca de 1,6 mil expositores mostrando o indefectível café, minérios, madeiras e frutas, mas também produtos manufaturados, desde tecidos, chapéus, sapatos, louças, cerâmicas e móveis a produtos químicos e farmacêuticos. "Le grand empire de l'Amérique du Sud" se apresentou e foi tratado como uma grande nação "civilizada" e "progressista", comparável aos Estados Unidos na América do Norte. Em seus seis meses de duração, a exposição de Paris atraiu mais de 32 milhões de visitantes.

Além do catálogo oficial da participação brasileira na exposição parisiense, *L'Empire du Brésil* [*O Império do Brasil*], e um artigo de Emile Levasseur para a 12ª edição de *La Grande Encyclopédie* [*A grande enciclopédia*] (mais tarde publicado em livro, com um apêndice, *Vues du Brésil* [*Visões do Brasil*], organizado por José Maria da Silva Paranhos Jr., futuro barão do Rio Branco), o Comité Franco-Brésilien encomendou e publicou um volume de setecentas páginas, *Le Brésil en 1889* [*O Brasil em 1889*]. Organizado por M. F.-J. de Santa-Anna Nery, o livro consistia em 25 capítulos de autores franceses e brasileiros, tratando de temas desde a geografia, o clima, a mineralogia, a agricultura, a indústria, as finanças, as ferrovias e a navegação fluvial até a história, a sociedade, a imigração, a Igreja, a imprensa, as artes, a literatura, o ensino e as ciências. Um dos objetivos principais desse amplo estudo do Império brasileiro em 1889 era mostrar ao mundo, e em especial à França e à Europa, que, "pour être Américains du Sud, nous n'en sommes pas moins Américains" ("nem por sermos sul-americanos, somos menos americanos").

II. O BRASIL E A AMÉRICA ESPANHOLA

O RIO DA PRATA

As relações do Império brasileiro com as repúblicas hispano-americanas independentes na América do Sul eram extremamente reduzidas, exceto no rio da Prata, onde o Brasil travou três guerras no meio século desde a independência — a primeira em 1825–1828 contra as Províncias Unidas do Rio da Prata, recém-independentes; a segunda em 1851/1852, em aliança com o Uruguai e as províncias argentinas de Entre Ríos e Corrientes contra a província de Buenos Aires; a terceira e de longe a mais importante, de fato a guerra mais cara e longa da história brasileira, em 1864–1870, em aliança com a Argentina e o Uruguai contra o Paraguai.

Em certo sentido, as três guerras derivavam da rivalidade entre Portugal e Espanha durante o período colonial. O envolvimento de Portugal na região platina se iniciou com a fundação da Colônia do Sacramento, em 1680. Mais tarde, porém, os espanhóis se estabeleceram em Montevidéu e, pelo Tratado de Santo Ildefonso (1777), Portugal cedeu à Espanha toda a margem oriental do rio Uruguai. Em 1811, num período de revolução e guerra no rio da Prata, sentindo uma oportunidade de recapturar o território perdido e temendo a difusão de ideias liberais, inclusive o abolicionismo, para a província sulina do Rio Grande do Sul, d. João enviou tropas portuguesas para a Banda Oriental. Mas foram prontamente repelidas. Em 1816, tropas portuguesas invadiram pela segunda vez a Banda Oriental e desta vez ocuparam Montevidéu. Em 1821, a Banda Oriental foi incorporada ao Reino Unido de Portugal, Brasil e Algarves como Província Cisplatina. Assim, ela fazia parte do Brasil quando foi proclamada a Independência em 1822.

Os governos das Províncias Unidas do Rio da Prata, porém, nunca abandonaram a ideia de incorporar a Banda Oriental ao novo Estado, bem como o Paraguai e o Alto Peru (Bolívia), que antes faziam parte do Vice-Reino do Rio da Prata. Assim, em abril de 1825, uma revolta contra o domínio brasileiro, à qual se seguiu uma invasão de exilados em Buenos Aires, levou à anexação da Banda Oriental. Preocupado não só com a perda do território, mas também com as consequências para o equilíbrio de poder na região e a ameaça à livre navegação no rio da Prata, imediatamente o Brasil declarou guerra.

A guerra durou quase três anos. Finalmente terminou após a mediação da Inglaterra, que, como o Brasil, tinha interesse na estabilidade política e no livre-comércio no rio da Prata. Em agosto de 1828, foi assinado um tratado no Rio de Janeiro, criando a república independente do Uruguai como Estado-tampão entre a Argentina e o Brasil. Para o Brasil, uma guerra impopular e custosa tinha terminado em derrota, com a perda de um território que era considerado parte integrante do Império. Como escreveu o reverendo Robert Walsh em *Notices of Brazil in 1828 and 1829* [*Notícias do Brasil em 1828 e 1829*] (1830), o tratado foi recebido no Brasil "com decepção e descontentamento geral". A guerra de 1825-1828 foi um dos fatores que contribuíram para a abdicação de d. Pedro em abril de 1831, somado à insatisfação com os tratados de comércio e contra o tráfico escravo recém-assinados com a Inglaterra, como vimos, e com sua maneira autoritária de governar e a recusa em se separar inteiramente da facção "portuguesa" no Brasil.

No Uruguai independente, o conflito entre *blancos* (conservadores) e *colorados* (liberais) acabou levando à guerra civil, a Guerra Grande

(1838-1851). Juan Manuel de Rosas, governador de Buenos Aires entre 1829 e 1832, que voltara ao poder em 1835, interveio em favor do presidente *blanco* deposto, Manuel Oribe, e iniciou um cerco a Montevidéu que se estendeu por 13 anos. Em decorrência disso, primeiro a França (1838-1840) e depois a França aliada à Inglaterra (1843-1850) criaram o bloqueio naval do rio da Prata para proteger suas atividades comerciais e as vidas e propriedades de seus cidadãos. O Brasil se manteve neutro, mas cada vez mais preocupado em não deixar o Uruguai cair nas mãos de Rosas, em defender o interesse dos estancieiros do Rio Grande do Sul — e a quantidade crescente de estancieiros brasileiros no Uruguai — num comércio livre entre as fronteiras (num momento em que o governo no Rio de Janeiro já lutava para derrotar o movimento farroupilha, que pretendia separar a província do Rio Grande do Sul do Império) e em manter o livre acesso aos rios Paraná e Paraguai para a província do Mato Grosso. Uma missão diplomática a Paris e Londres, chefiada pelo visconde de Abrantes (1844-1846), propôs a intervenção das "três potências" no Uruguai, mas malogrou porque nem a França, nem a Inglaterra pretendiam uma invasão por terra, e ademais, no caso desta última, pesou também o fato de que o Brasil, naquele momento, estava se recusando a renovar os tratados anglo-brasileiros de comércio e contra o tráfico escravo.

Por fim, em maio de 1851, em aliança com o general José Justo de Urquiza, governador de Entre Ríos, o Brasil entrou em guerra contra Buenos Aires. O cerco de Montevidéu foi levantado e em fevereiro de 1852, na batalha de Monte Caseros, Rosas sofreu derrota total. Henry Southern, o embaixador britânico em Buenos Aires, ficou impressionado. "A posição daquele país [Brasil] na América do Sul", escreveu ele a lorde Palmerston, em novembro de 1851, "indubitavelmente se elevou com isso e sua importância aumentou" (Manchester, 1933:184). O Brasil tinha se tornado a potência regional dominante, pelo menos temporariamente. Ficou assegurada a independência do Uruguai em relação a Buenos Aires e, com 5 mil soldados brasileiros em seu solo até 1855, o país se manteve politicamente subordinado ao Brasil. E a penetração econômica brasileira no Uruguai prosseguiu rapidamente após a guerra. No final da década, tinham se estabelecido no país mais de 20 mil brasileiros, na maioria gaúchos do Rio Grande do Sul, junto com seus escravos. Os brasileiros correspondiam a 10% a 15% da população do Uruguai. Possuíam talvez cerca de 30% das terras, inclusive algumas das melhores *estancias*, e atravessavam livremente a fronteira para levar o gado aos *saladeros* (charqueadores) no Rio Grande do Sul.

160   A GUERRA DO PARAGUAI

A guerra de 1851/1852 não pôs fim ao violento conflito na política uruguaia. E foi uma rebelião em abril de 1863, encabeçada pelo caudilho colorado general Venâncio Flores, pela derrubada do governo *blanco* do presidente Bernardo Berro, eleito em 1860, que desencadeou a sequência dos acontecimentos que levaram à Guerra do Paraguai.

A Argentina e o Brasil apoiaram a rebelião *colorada* — era a primeira vez que os dois países estavam do mesmo lado num conflito uruguaio. O presidente Bartolomé Mitre da Argentina, um liberal eleito em outubro de 1862, tomou essa posição porque os *colorados* uruguaios tinham lhe dado apoio na guerra civil argentina de 1861, e também porque ele acreditava que os *blancos* no poder em Montevidéu constituíam um foco possível de oposição federalista residual nas províncias litorâneas à república argentina, recém-unificada. Para o Brasil, a questão principal era a rigidez que o governo Berro começara a adotar em relação aos brasileiros no Uruguai, tentando restringir os assentamentos (e a propriedade de escravos), controlar o comércio da fronteira e impor taxas aduaneiras. O Rio Grande do Sul, que abandonara sua luta separatista apenas 15 anos antes, esperava que o governo imperial no Rio de Janeiro protegesse os interesses brasileiros no Uruguai. O Partido Liberal já dominava no Rio Grande do Sul e, quando a maré política começou a virar nacionalmente em favor dos liberais (culminando em janeiro de 1864 na nomeação de um governo liberal-progressista sob Zacarias Góis e Vasconcelos), o governo brasileiro passou a se mostrar cada vez mais receptivo às pressões do Rio Grande do Sul em se aliar à Argentina, para apoiar a rebelião *colorada* no Uruguai. Foi nesse contexto que o governo *blanco* se voltou ao Paraguai como único aliado possível.

Sob a ditadura do dr. José Gaspar Rodríguez de Francia (1813–1840) e no início da ditadura de seu sucessor Carlos Antonio López (1844–1862), o Paraguai tinha se isolado política e economicamente de seus vizinhos, e desempenhou apenas um papel secundário nas guerras civis e internacionais da região platina, na primeira metade do século xix. Mas o Paraguai temia e desconfiava de seus vizinhos muito maiores, muito mais povoados e potencialmente predatórios: as Províncias Unidas do Rio da Prata e o Brasil. Ambos tinham relutado em aceitar a independência paraguaia e demoraram a reconhecê-la: o Brasil em 1844, as Províncias Unidas em 1852. Ambos tinham reivindicações territoriais contra o Paraguai: o Brasil no extremo nordeste do país, na divisa com o Mato Grosso, região valiosa pela erva-mate nativa; a Argentina no leste do rio Paraná (Misiones), mas também a oeste do rio Paraguai (o Chaco). E havia ainda atritos com ambos quanto à livre navegação no sistema fluvial Paraguai-Paraná. Nos anos 1850, quando o Brasil adotou uma política em relação ao Uruguai que o Paraguai considerou imperialista, o governo López se lançou com grande urgência à modernização econômica e militar do país.

Francisco Solano López, a quem o governo uruguaio procurara para obter apoio em julho de 1863, tinha chegado ao poder no Paraguai em outubro de 1862, após a morte de seu pai. De início ele hesitou em fazer uma aliança formal com os *blancos*, seus aliados naturais, contra os *colorados* no Uruguai, agora que estes tinham o apoio do Brasil e da Argentina. Mas, no segundo semestre do mesmo ano, Solano López lançou alertas contra o que lhe parecia ser uma ameaça crescente ao equilíbrio de poder existente na região platina, e que garantia a segurança, a integridade territorial e a independência do Paraguai. Viu aí também uma oportunidade de mostrar sua presença na região e de desempenhar um papel compatível com o novo poder econômico e militar do Paraguai. No começo de 1864, ele começou a mobilização para uma possível guerra.

Depois que a diplomacia brasileira, na missão Saraiva em maio de 1864, não conseguiu acertar suas diferenças com o Uruguai, o Brasil lançou um ultimato ao governo uruguaio em agosto do mesmo ano, ameaçando retaliar os supostos abusos sofridos por súditos brasileiros, ao que Solano López reagiu com um ultimato alertando o Brasil contra a intervenção militar. Ignorando o alerta, soldados brasileiros invadiram o Uruguai em 16 de outubro. Em 12 de novembro, após a captura de um vapor mercante brasileiro que saía de Asunción para Corumbá, levando o presidente do Mato Grosso a bordo, o Brasil rompeu relações diplomáticas com o Paraguai. Em 13 de dezembro, Solano López tomou a grave decisão de declarar guerra ao Brasil e invadiu o Mato Grosso. Quando a Argentina negou autorização ao Exército paraguaio para atravessar Misiones, território disputado e quase despovoado, para invadir o Rio Grande do Sul, Solano López também declarou guerra a ela, em 18 de março de 1865, e no mês seguinte invadiu a província argentina de Corrientes.

Até hoje se discute a que ponto as ações de Solano López foram racionais, provocadas pelo Brasil, essencialmente em defesa dos interesses nacionais ameaçados (e talvez até da própria sobrevivência do país), ou irracionais, agressivas e expansionistas. Mas, fossem quais fossem as ponderações que nortearam suas ações, a decisão de Solano López em declarar guerra primeiro ao Brasil e depois à Argentina, e em invadir os dois territórios, se demonstrou um grave erro de cálculo, que traria consequências trágicas para o povo do Paraguai. O mínimo que se pode dizer é que Solano López fez uma tremenda aposta — e perdeu. Ele superestimou o poderio econômico e militar do Paraguai. Subestimou o poderio militar em potencial, se não efetivo, do Brasil — e sua disposição de lutar. E errou em pensar que a Argentina seria neutra numa guerra entre o Paraguai e o Brasil em disputa pelo Uruguai. Mitre não acreditava que os interesses argentinos seriam afetados pelo que esperava ser uma breve intervenção cirúrgica do Brasil no Uruguai. Solano López também avaliou mal e exagerou as contradições internas da Argentina e a possibilidade de que Entre Ríos (ainda sob o comando de Urquiza) e Corrientes, por exemplo, impediriam a Argentina de combater o Paraguai ou, em hipótese de guerra, tomariam o lado do Paraguai contra Buenos Aires.

A imprudência de Solano López resultou exatamente naquilo que mais ameaçava a segurança e até a existência do Paraguai: a união de seus dois vizinhos poderosos — na verdade, como Flores finalmente conseguira tomar o poder em Montevidéu em fevereiro de 1865, a união de seus três vizinhos — numa aliança em guerra contra ele. O Brasil e a Argentina não tinham nenhum atrito com o Paraguai que pudesse justificar uma guerra. Nenhum dos dois queria nem planejava uma guerra contra o Paraguai. Não havia pressão nem apoio público à guerra; de fato, a guerra geralmente era impopular nos dois países. Ao mesmo tempo, porém, não fizeram nenhum grande esforço em evitá-la. A necessidade de se defenderem contra a agressão paraguaia (por mais justificada ou provocada que fosse) oferecia ao Brasil e à Argentina a oportunidade não só de acertarem suas diferenças com o Paraguai no concernente ao território e à navegação fluvial, como também de punirem e enfraquecerem, talvez destruírem, uma incipiente potência possivelmente expansionista e problemática na região.

Os objetivos originais da guerra, tal como foram expostos no Tratado da Tríplice Aliança assinado pelo Brasil, Argentina e Uruguai em 1º de maio de 1865, eram os seguintes: (1) derrubada da ditadura de Solano López; (2) livre navegação dos rios Paraguai e Paraná; (3) anexação do território reivindicado pelo Brasil no nordeste do Paraguai e pela Argentina no leste e oeste do Paraguai — esta última cláusula se manteve secreta até ser revelada pela Inglaterra em 1866. Com o desenrolar do conflito, tornou-se, em particular para o Brasil, uma guerra pela civilização e democracia contra a barbárie e a tirania: isso apesar do estranho fato de que o Brasil, após a libertação dos escravos nos Estados Unidos durante a Guerra Civil, agora era o único Estado independente de todas as Américas com a economia e a sociedade em bases escravistas, além de ser a única monarquia remanescente.

A Guerra do Paraguai não era inevitável. E nem era necessária. Mas só poderia ter sido evitada se: (1) o Brasil tivesse sido menos categórico na defesa dos interesses de seus súditos no Uruguai, e em particular se não tivesse intervindo militarmente em favor deles; (2) a Argentina tivesse se mantido neutra no conflito subsequente entre o Paraguai e o Brasil; e sobretudo (3) o Paraguai tivesse se conduzido com maior prudência, reconhecendo as realidades políticas da região e tentando defender seus interesses pela diplomacia e não pelas armas. A guerra, que se estendeu por mais de cinco anos, foi a mais sangrenta da história da América Latina, e na verdade, afora a Guerra da Crimeia (1854–1856), foi a mais sangrenta de todo o mundo entre o fim das Guerras Napoleônicas em 1815 e a eclosão da Primeira Guerra Mundial em 1914. Custou de 150 a 200 mil vidas (na maioria, paraguaios e brasileiros), no campo de batalha e por privações e doenças decorrentes da guerra.

Em vista da enorme disparidade entre os dois lados, em termos de tamanho, riqueza e população (e, portanto, de recursos materiais e humanos, reais e potenciais), a Guerra do Paraguai deveria se afigurar desde o início uma luta desigual. Mas, militarmente, havia maior equilíbrio. De fato, no início da guerra e pelo menos durante o primeiro ano, o Paraguai provavelmente teve superioridade militar em termos numéricos. E possivelmente seu exército era mais equipado e treinado do que os exércitos vizinhos. Além disso, como as forças paraguaias tinham sido expulsas do território argentino, a Argentina reduziu tanto sua contribuição para o esforço de guerra dos aliados que, no final da guerra, havia apenas cerca de 4 mil soldados argentinos em solo paraguaio. O Uruguai, por sua vez, teve presença apenas simbólica no teatro de operações durante todo o conflito. O Brasil, por outro lado, aumentou seu exército regular de 17–20 mil para 60–70 mil homens no primeiro ano das hostilidades, com recrutamento obrigatório, transferências da Guarda Nacional, alistamento de escravos de propriedade do Estado e alguns de propriedade particular (libertados em troca dos serviços na guerra) e a formação dos corpos de Voluntários da Pátria. Calcula-se que o Brasil mobilizou durante a guerra cerca de 140 mil homens. E, ao contrário do Paraguai, que dispunha apenas de seus próprios estaleiros e arsenais, o Brasil tinha acesso a armas, munições e navios de guerra, tanto fabricados e montados no país quanto comprados no exterior, principalmente na Europa, além de empréstimos obtidos na *City* de Londres para ajudar nesses pagamentos. Por fim, o Brasil tinha a Marinha mais forte e poderosa da região.

A Guerra do Paraguai em si pode ser dividida em três fases. A primeira começou com as limitadas ofensivas paraguaias ao Mato Grosso em dezembro de 1864 e a Corrientes em abril de 1865. Em maio de 1865, o Exército paraguaio finalmente atravessou Misiones e invadiu o Rio Grande do Sul. De início a invasão teve sucesso, mas depois foi contida pelas forças

Victor Meirelles
Combate naval do Riachuelo
ÓLEO SOBRE TELA, 8,2 × 4,2 CM, 1872
MUSEU HISTÓRICO NACIONAL, IBRAM, MINISTÉRIO DA CULTURA, RIO DE JANEIRO

aliadas. Os paraguaios nunca chegaram ao Uruguai. No dia 14 de setembro, o comandante paraguaio coronel Estigarribia se rendeu ao presidente Mitre (comandante das forças aliadas nos primeiros dois anos e meio da guerra), ao imperador d. Pedro II — em sua única visita na zona de guerra — e ao presidente Flores em Uruguaiana. O Exército paraguaio então se retirou atravessando o rio Paraná e se preparou para defender a fronteira sul do país. No final do primeiro ano de guerra, as únicas tropas paraguaias que restavam em solo aliado eram aquelas (poucas) no Mato Grosso, que continuou como frente secundária. Enquanto isso, em 11 de junho, na Batalha do Riachuelo no rio Paraná, a única grande batalha naval da guerra, a Marinha brasileira tinha destruído a Marinha paraguaia e criado um bloqueio cerrado do Paraguai, que se manteve até o fim da guerra.

A segunda e principal fase do conflito (vários períodos com poucos combates efetivos) começou quando os aliados finalmente invadiram o Paraguai em abril de 1866 e instalaram seu quartel general no Tuiuti, na confluência entre os rios Paraná e Paraguai. Em 24 de maio, repeliram uma encarniçada investida paraguaia e venceram a primeira grande batalha em terra. Mas os exércitos aliados demoraram mais de três meses até começar a subir o rio Paraguai. Em 12 de setembro, numa reunião secreta com Mitra em Yatayti-Cora, Solano López propôs concessões, inclusive territoriais, para terminar a guerra, desde que lhe fosse poupada a vida e o Paraguai não fosse totalmente desmembrado ou ocupado em caráter permanente, mas sua proposta foi rejeitada. Dez dias depois, em Curupaiti, ao sul de Humaitá no rio Paraguai, os aliados sofreram sua pior derrota. Não retomaram o avanço até julho de 1867, quando se iniciou uma movimentação para cercar a grande fortaleza fluvial de Humaitá (a Sebastopol paraguaia), que bloqueou o acesso ao rio Paraguai e à capital Asunción. Mesmo assim, passou-se mais de um ano antes que os aliados ocupassem Humaitá (5 de agosto de 1868) e mais cinco meses, após a derrota decisiva e praticamente a destruição do Exército paraguaio na Batalha de Lomas Valentinas em 27 de dezembro, antes que as tropas aliadas (na maioria brasileiras), sob o comando do marechal Luís Alves de Lima e Silva, o marquês de Caxias, comandante-chefe brasileiro desde outubro de 1866 e comandante-chefe das forças aliadas desde janeiro de 1868, finalmente entrassem em Asunción em 1º de janeiro de 1869 e terminassem a guerra. Ou assim pensaram eles.

Mas houve uma terceira fase. Solano López formou um novo exército na Cordilheira a leste de Asunción e começou uma campanha de guerrilha. Foi derrotado e seus soldados foram massacrados na última grande batalha em Campo Grande ou Acosta Nu, no nordeste de Asunción, em 16 de agosto de 1869. Mesmo então Solano López conseguiu escapar com vida. Com sua companheira irlandesa Eliza Alicia Lynch, ele foi perseguido ao norte por tropas brasileiras por mais seis meses, até finalmente ser acuado e morto em Cerro Corá, no extremo nordeste do Paraguai, em 1º de março. Em 27 de julho de 1870, foi assinado um tratado de paz preliminar.

Por que demorou tanto até os Aliados chegarem à vitória na guerra, apesar de sua superioridade naval e, pelo menos depois de Tuiuti, terrestre esmagadora? No começo da guerra, Mitre tinha anunciado, numa bravata que ficou famosa, que os aliados estariam ocupando Assunção em três meses. Na realidade, passaram-se quase quatro anos antes que os aliados chegassem à capital paraguaia. E mesmo assim a guerra se arrastou por mais de um ano. De um lado, a explicação se encontra no lado dos aliados, ou melhor, no lado brasileiro, visto que, após o primeiro ano, mais ou menos, o Brasil ficou praticamente sozinho na guerra. Os governos brasileiros enfrentavam enormes problemas logísticos, primeiro para organizar, depois para transportar as tropas por milhares de quilômetros por via terrestre, marítima e fluvial, e finalmente para abastecê-las. E vencer as excelentes defesas terrestres e fluviais do Paraguai não foi tarefa fácil. Mas também é verdade que os comandantes brasileiros demonstraram alto grau de incompetência estratégica e tática. Por outro lado, as tropas paraguaias, na verdade, o próprio povo paraguaio, se mantiveram leais a Solano Lopez, combatendo com tenacidade extraordinária e, no final, quando estava em jogo a sobrevivência nacional, com grande heroísmo.

Para o Paraguai, a guerra foi quase uma calamidade total. O país sobreviveu como Estado independente, mas sob a ocupação e tutela brasileira no período posterior ao fim da guerra. (Somente em julho de 1876 finalmente se retiraram 2 mil soldados e seis navios de guerra brasileiros.) A consequência extrema da completa derrota, que seria o desmembramento integral do país, foi evitada, mas o território paraguaio foi reduzido em 40%. O que restou do Exército foi desarmado, as famosas e sólidas fortificações fluviais foram desmanteladas para sempre. Embora tenha se exagerado muito o número das baixas, são percentuais enormes pelos critérios de qualquer guerra moderna — chega a se falar em 50% da população (geralmente inflacionada) do Paraguai antes do conflito e as estimativas recentes e mais modestas, na faixa de 15% a 20% de uma população bem menor antes da guerra, isto é, cerca de 50 a 80 mil mortes, no campo de batalha e por doenças (sarampo, varíola, febre amarela e cólera). A economia do Paraguai ficou arruinada, a infraestrutura e a base manufatureira foram destruídas, o início de um desenvolvimento externo através de um maior comércio internacional e maior integração na economia mundial sofreu o retrocesso de uma geração. Por fim, os vencedores impuseram ao país uma indenização enorme, embora nunca tenham cobrado e depois a tenham cancelado (no caso do Brasil, porém, apenas na Segunda Guerra Mundial).

A Argentina sofreu baixas estimadas (possivelmente com exagero) em 18 mil mortes em campo de batalha, mais 5 mil em distúrbios internos desencadeados pela guerra e 12 mil em epidemias de cólera. O território anexado ficou aquém de suas pretensões. No tratado finalmente assinado com o Paraguai em fevereiro de 1876, a Argentina ficou com Misiones e o Chaco Central entre os rios Bermejo e Pilcomayo. Mas a astuta diplomacia brasileira impediu a atribuição do Chaco do Norte entre os rios Pilcomayo e Verde à Argentina. (Ela foi persuadida a submeter essa área à arbitragem,

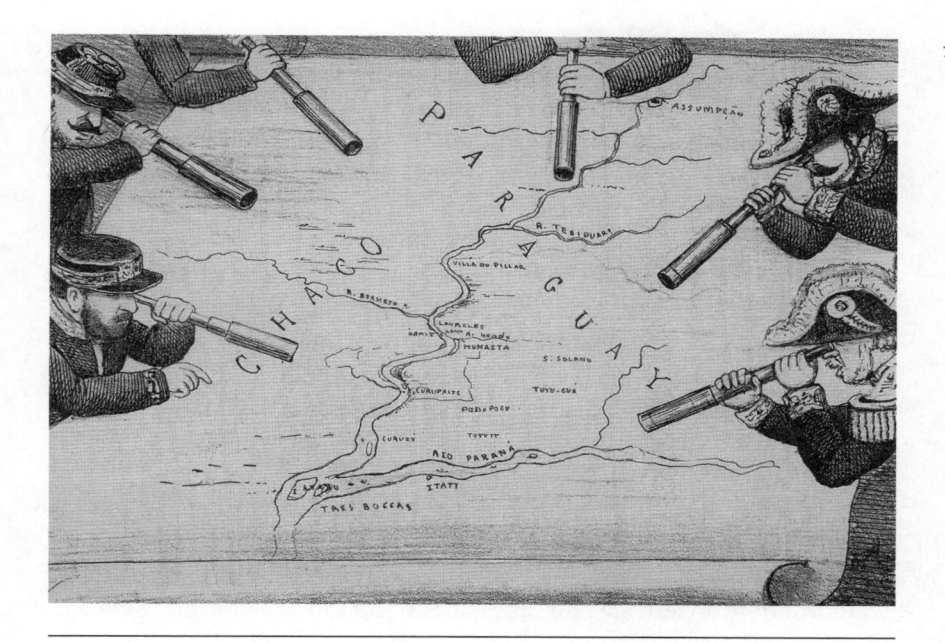

Ângelo Agostini
Charge satirizando as intensas buscas a Solano López que, depois do aniquilamento de seu exército, em Peribebuí e Campo Grande, refugiou-se em uma região desabitada, de acesso perigoso, em que seria difícil a sua captura

IN: VIDA FLUMINENSE, RIO DE JANEIRO, ANO 1, N. 15, P. 174, 11 ABR. 1868
CARICATURA, 24 × 19 CM
SEÇÃO DE OBRAS RARAS DA FUNDAÇÃO BIBLIOTECA NACIONAL, RIO DE JANEIRO

e em novembro de 1878 o presidente Rutherford Hayes dos Estados Unidos entregou-a ao Paraguai.) De qualquer forma, eliminou-se da política da região platina a perspectiva de um Paraguai cada vez mais forte e potencialmente expansionista. E, num balanço geral, a guerra contribuiu positivamente para a consolidação nacional da Argentina: não houve a defecção de Entre Ríos e Corrientes; as rebeliões dos *montoneros* em várias províncias foram sufocadas; Buenos Aires foi aceita como capital inconteste de uma república argentina unida; a identidade nacional argentina se fortaleceu consideravelmente.

O Brasil, que depois do primeiro ano da guerra combateu praticamente sozinho, sofreu baixas de pelo menos 50 mil mortos em combate, e muitos outros por doenças, embora num total inferior aos 100 mil às vezes citados.

168   O custo financeiro da guerra sacrificou tremendamente as finanças públicas do país. E a guerra teve profundo impacto na sociedade e na política brasileira. Para Joaquim Nabuco e muitos outros, a Guerra do Paraguai foi um divisor de águas na história do Império, ao mesmo tempo seu apogeu e o início de sua decadência. Mas o Brasil tinha alcançado todos os seus objetivos. Pelo tratado assinado com o Paraguai em janeiro de 1872, o Brasil obteve todo o território reivindicado entre o rio Apa e o rio Branco. A Argentina também recebeu territórios, mas ficou fora do Chaco do Norte. Assegurou-se a livre navegação dos rios Paraguai e Paraná, importante para o Mato Grosso e o oeste paulista. E o próprio Paraguai, ainda mais que o Uruguai, agora estava sob o firme controle e a influência do Brasil. Assim se consolidava, por ora, sua indiscutível hegemonia regional, embora a rivalidade com a Argentina tenha se prolongado por muito tempo depois da queda do Império em 1889.

A grande questão que azedava as relações entre o Brasil e a Argentina nas décadas finais do Império era a disputa de fronteiras em Misiones. Desde o período da independência a Argentina reivindicava o território no Rio Grande do Sul. Ela não ratificou um tratado assinado em 1857. Em 1881, retomou sua reivindicação e no ano seguinte dividiu o território entre os rios Uruguai e Paraguai em cinco departamentos, dois deles ocupando áreas dentro do Império. Na crise decorrente, em que os brasileiros, inclusive o imperador, eram sistematicamente tratados como *macacos* na imprensa argentina, os dois países quase chegaram à guerra. Mas por fim, em setembro de 1889, dois meses antes da queda do Império, concordaram em submeter suas reivindicações a uma arbitragem americana. Em fevereiro de 1895, o presidente Grover Cleveland atribuiu praticamente todo o território em disputa ao Brasil.

O BRASIL E AS REPÚBLICAS DO PACÍFICO

À exceção das repúblicas platinas, as relações do Brasil com seus vizinhos na América do Sul durante o Império foram praticamente nulas. Houve um breve período, logo após a abdicação de d. Pedro em 1831, em que os governos da Regência tentaram timidamente, e com muita hesitação, seguir uma "política americanista" — para equilibrar as estreitas relações do Brasil com a Europa, principalmente com a Grã-Bretanha. Mas a iniciativa não foi muito além de acrescentar à representação diplomática em Lima e Bogotá, criada no Primeiro Reinado (1822–1831), embaixadas em Santiago e La Paz. As relações comerciais entre o Brasil e as repúblicas do Pacífico eram mínimas. E esses países nos anos 1830 e 1840, tal como o próprio Brasil, eram instáveis e estavam preocupados com seus próprios problemas internos.

Paulino José Soares de Sousa, ministro das Relações Exteriores entre 1849 e 1853, o primeiro ministro desde 1831 a ocupar o cargo por mais do que alguns meses, iniciou negociações bilaterais com várias repúblicas do Pacífico, tendo como meta principal confirmar as fronteiras que existiam com base no princípio do *uti possidetis*, isto é, as fronteiras sul-americanas geralmente reconhecidas pela Espanha e Portugal sob o Tratado de Madri (1750). A posição do Brasil era que o país já era tão grande que não tinha nenhuma intenção de se expandir em detrimento dos vizinhos; queria apenas que eles aceitassem o *status quo*. Duarte da Ponte Ribeiro foi em missão ao Chile, Peru e Bolívia, e Miguel Maria Lisboa à Colômbia, Equador e Venezuela. Em 1851 assinou-se um tratado com o Peru, em 1853 com a Colômbia, em 1859 com a Venezuela e em 1867 com a Bolívia.

O outro interesse do Brasil na América do Sul era garantir que não se formasse nenhuma aliança das repúblicas hispano-americanas contra o país. Essa hipótese foi um pouco preocupante na guerra contra Rosas, em 1851/1852. Foi ainda mais preocupante na Guerra do Paraguai, quando o Chile, a Bolívia, o Equador e o Peru, na defesa da soberania e independência de cada república hispano-americana, protestaram unanimemente contra o Tratado da Tríplice Aliança, em especial contra sua cláusula secreta de desmembramento do Paraguai. O Peru chegou a ponto de cortar as relações diplomáticas com o Brasil.

No segundo grande conflito armado entre países sul-americanos no século XIX, a Guerra do Pacífico (1879–1883), em que o Chile combateu e derrotou a Bolívia e o Peru, o Brasil se manteve neutro. Depois da guerra, houve um entendimento informal (e não uma aliança informal, como às vezes se sugere) entre o Chile e o Brasil, quando menos porque os dois viam a Argentina como a principal rival: o Brasil dominaria a costa atlântica da América do Sul, inclusive o rio da Prata, e o Chile dominaria a costa pacífica.

CONFERÊNCIAS AMERICANAS

Os líderes hispano-americanos na época da independência, e sobretudo Simón Bolívar (especialmente na famosa Carta da Jamaica de 1815), alimentavam a ideia de uma confederação de repúblicas americanas, formando uma "só nação", com a mesma política em relação ao inimigo europeu e mantendo os Estados Unidos à distância. Em dezembro de 1824, Bolívar convidou representantes de todos os povos e governos da América para um Congresso no Panamá, "para pôr em ordem nossos assuntos americanos". De início, não só os Estados Unidos, mas tampouco o Brasil e o Haiti foram convidados. (Mais tarde, o Brasil recebeu um convite do vice-presidente Santander da Colômbia, e foram nomeados dois representantes. O primeiro nunca chegou lá, e o segundo nem chegou a ir.)

Segundo Bolívar, a língua, a história e a cultura do Brasil eram totalmente estrangeiras. A economia e a sociedade brasileiras se baseavam no tráfico escravo e na escravidão que tinham sido repudiados, mesmo que não totalmente abolidos, na maioria das repúblicas hispano-americanas. Além disso, o Brasil continuava a fazer parte de uma Europa que ele temia e desprezava, entre outras coisas por manter um sistema de governo monárquico. Pior ainda, o Brasil se nomeava um Império e tinha ambições imperialistas. Ocupava a Banda Oriental do rio Uruguai, embora em abril de 1825, como vimos, uma revolta contra o domínio brasileiro tenha desencadeado a guerra de 1825–1828 que levou à independência do Uruguai. No mesmo mês, a província de Chiquitos no Alto Peru pediu para ser colocada sob a proteção do Império brasileiro. O governador do Mato Grosso respondeu enviando tropas, mas logo foram retiradas e o governo imperial desautorizou a ação do governador. Mas o episódio de Chiquitos levou Bolívar a declarar que o Brasil era uma ameaça à independência e à liberdade da América, e Santander definiu o Brasil como perigoso inimigo dos estados americanos.

Os políticos brasileiros, por seu lado, embora conscientes de que o Brasil compartilhava com a América hispânica as mesmas origens ibéricas e católicas, também tinham consciência de tudo o que separava o Brasil da América hispânica: a geografia, a história (a longa luta de Portugal para se manter independente da Espanha e as diferentes experiências coloniais da América portuguesa e da América hispânica), uma economia e uma sociedade fundadas na monocultura de exportação e na escravidão africana. À diferença da América espanhola, a América portuguesa tinha alcançado a independência de maneira relativamente pacífica e, aqui também à diferença da América espanhola, havia se mantido unida sob a monarquia. O Brasil tinha estabilidade política (embora tenha passado por um severo teste nos anos 1830) e era "civilizado" (apesar da escravidão), em contraste com as repúblicas hispano-americanas que os brasileiros consideravam violentas, extremamente instáveis e "bárbaras".

O Congresso realizado no Panamá em junho-julho de 1826 — e transferido para o México no ano seguinte — foi um fracasso. Nem todos os estados hispano-americanos enviaram representantes, e apenas a Grande Colômbia ratificou o tratado de aliança perpétua. Mais tarde, houve várias tentativas de criar uma confederação americana — com conferências em Lima (1847/1848), Santiago do Chile (1856), Washington (1856), novamente Lima (1864/1865) e Caracas (1883, centenário do nascimento de Bolívar) —, principalmente para resistir melhor à expansão territorial dos Estados Unidos, mas também, nos anos 1860, à intervenção francesa no México e à intervenção espanhola no Chile e no Peru. Essas conferências também malograram.

As repúblicas hispano-americanas continuaram a suspeitar do Brasil imperial, o imenso vizinho lusófono que ocupava metade da América do Sul. "O Brasil e os Estados Unidos do Norte são tacitamente considerados não pertencentes à comunhão americana", escreveu o *chargé d'affaires* brasileiro em Santiago em maio de 1862, "e excluídos consequentemente dela ou, quando muito, apenas tolerados" (Santos, 2003:97). Ao mesmo tempo, os governos do Segundo Reinado (1840–1889) não se identificavam com nenhum dos vários projetos dos vizinhos para uma unidade americana. Nas raras ocasiões em que um ou outro deles pensou em convidar o Brasil para participar de suas conferências americanas, os convites feitos eram oficiosos, frios e ambíguos. E nenhum foi aceito. Mas o governo do Império, como veremos, aceitou os convites para enviar uma delegação a uma conferência internacional de estados americanos, organizada pelo governo dos Estados Unidos, que se realizou em Washington em 1889.

III. O BRASIL E OS ESTADOS UNIDOS

Nas primeiras décadas do século XIX, políticos americanos, e especialmente o presidente Thomas Jefferson e o senador Henry Clay, tinham elaborado o conceito de um "Hemisfério Ocidental", a América ou as Américas, independente da Europa — e, acima de tudo, republicano, embora Jefferson tenha incluído o Brasil, que ainda não era independente e só viria a se tornar uma república em 1889, como elemento-chave em seu "sistema americano". Apesar de suas simpatias pela tentativa de instaurar uma república em Pernambuco em 1817 e de novo em 1824, os Estados Unidos foram, como vimos, a primeira república americana a reconhecer o Império brasileiro como Estado independente, em junho de 1824. Silvestre Rebelo, o embaixador brasileiro em Washington, propôs uma aliança entre os Estados Unidos e o Brasil, mas a proposta foi ignorada. John Quincy

Adams, secretário de Estado durante a presidência de James Monroe e seu sucessor no cargo, embora fosse contrário à influência europeia nas Américas e apoiasse totalmente a Doutrina Monroe (dezembro de 1823), não tinha nenhum interesse em qualquer "sistema americano" que incluísse ex-colônias espanholas e portuguesas. "Quanto a um sistema americano", escreveu Adams, "nós o temos; nós constituímos a totalidade dele". Ele tinha "poucas expectativas de qualquer resultado benéfico para este país [os Estados Unidos] advindo de qualquer futura ligação com eles [os países recém-independentes de língua espanhola e portuguesa], política ou comercial" (Schoultz, 1998:10–11). E pelos sessenta anos seguintes nenhum presidente americano mostrou grande interesse pelo conceito de Hemisfério Ocidental, nem, na verdade, por qualquer parte do hemisfério ao sul do Panamá, exceto o rio Amazonas.

O AMAZONAS

No começo dos anos 1850, os Estados Unidos, junto com a Grã-Bretanha e a França, tentaram convencer o Brasil a abrir o rio Amazonas para livre navegação. Fazia parte da estratégia da chamada "escola aquática", com vistas a desenvolver a economia do sul dos Estados Unidos expandindo o comércio dos portos do Mississipi, em especial Nova Orleans, para além do Golfo do México, do Caribe e do Istmo do Panamá. Seu principal defensor, por meio de textos, palestras e pressão parlamentar constante, era o tenente Matthew Fontaine Maury, superintendente do Observatório Nacional em Washington. A bacia amazônica, que Maury via como "mera continuação do vale do Mississipi", era tão fértil, segundo afirmou em *The Amazon and the Atlantic Slopes of South America* [*O Amazonas e os declives atlânticos da América do Sul*] (1853), que poderia "sustentar com sua produção a população de todo o mundo". Portanto, ela deveria ser aberta à navegação estrangeira, "pacificamente se pudermos, à força se precisarmos". A livre navegação do Amazonas era "a questão da época". Maury esteve por trás da expedição "científica" oficial liderada pelo tenente William Lewis Herndon, seu cunhado, e pelo tenente Lardner Gibbon, que em 1851/1852 exploraram o Amazonas em toda a sua extensão e vários de seus principais afluentes. O relatório em dois volumes, *Exploration of the Valley of the Amazon* [*Exploração do vale do Amazonas*] (1853/1854), também destacava as possibilidades comerciais do Amazonas. Em *Brazil and the Brazilians* [*O Brasil e os brasileiros*] (1857), os missionários protestantes americanos James C. Fletcher e Daniel P. Kidder descreveram o Amazonas como "o novo Texas".

Perante o expansionismo americano no México, na América Central e no Caribe naquela época, sob a égide do Destino Manifesto, não admira que o governo brasileiro tivesse dificuldade em aceitar a alegação de Maury de que os Estados Unidos eram favoráveis a uma "política de comércio", e não a uma "política de conquista". Por mais de uma década, o Brasil resistiu firmemente à pressão internacional para abrir o Amazonas ao comércio estrangeiro. (E não era uma posição fácil de defender, em vista da insistência simultânea do Brasil em ter a livre navegação no rio da Prata.) O Amazonas e seus tributários finalmente foram abertos à navegação mercantil internacional em 1867, "em nome da ciência, do progresso e da civilização". Depois da Guerra Civil, o sul dos Estados Unidos deixou de representar uma ameaça ao Brasil; além disso, era importante para o Brasil, durante a Guerra do Paraguai, manter boas relações com os outros estados da América do Sul que tinham interesse no Amazonas; e um novo produto, a borracha, exigia o transporte desde o Alto Amazonas, passando por Manaus, para chegar a Belém e de lá ser despachado para os mercados de todo o mundo.

O COMÉRCIO

O Império do Brasil mantinha relações diplomáticas em geral amistosas, mas distantes, com os Estados Unidos. Economicamente, os Estados Unidos responderam por 12% das importações brasileiras nos anos 1840 (principalmente farinha e laticínios), mas nos anos 1870 tinham diminuído para apenas 6%. E não havia nenhum investimento direto significativo dos Estados Unidos no Brasil. Por outro lado, como prenúncio do que viria, nos anos 1880 a Singer Manufacturing Co. e uma subsidiária de vaselina da Standard Oil abriram escritórios no Rio de Janeiro. Já a proporção de exportações brasileiras com destino aos Estados Unidos passou de 15% nos anos 1840 para 30% a 40% nos anos 1870 e 1880, quando os estadunidenses, depois que o Congresso americano eliminou as tarifas sobre o café em 1872, estavam consumindo quase dois terços do café exportado pelo Brasil.

D. PEDRO II

Poucos cidadãos americanos visitaram o Brasil durante o Império, e mais raros ainda foram os brasileiros que visitaram os Estados Unidos. Um deles foi o imperador d. Pedro II, que foi à Filadélfia em abril de 1876, para visitar a Exposição Internacional que comemorava o centenário da independência americana. Foi a primeira vez que um monarca pisou nos Estados Unidos.

Como único chefe de Estado presente, ele inaugurou a exposição junto com o presidente Ulysses S. Grant. A seguir, d. Pedro passou quatro meses percorrendo o país de norte a sul e leste a oeste, com uma breve passagem pelo Canadá, mostrando grande interesse em vários aspectos, por exemplo, a indústria, a agricultura, os transportes, a ciência e a tecnologia, as prisões e, acima de tudo, o sistema de ensino. De lá foi para a Europa, visitando nada menos de 12 países, entre eles França, Portugal, Itália, Inglaterra e Rússia, e depois seguiu para a Turquia, a Terra Santa e o Egito, voltando ao Brasil em setembro de 1877.

Esta foi a segunda longa viagem ao estrangeiro que d. Pedro fez. A primeira tinha sido entre maio de 1871 e março de 1872. Graças a suas viagens pela Europa, Oriente Médio e Estados Unidos, a suas relações com casas reais derivadas do casamento (em 1843) com a princesa Teresa Cristina de Bourbon, do Reino das Duas Sicílias, à sua participação em muitas sociedades científicas, inclusive a Sociedade Real em Londres, as Academias de Ciências da Rússia e da França e a Sociedade Geográfica Americana, e à amizade e correspondência com os principais cientistas, filósofos, escritores e compositores de muitas nações, d. Pedro foi provavelmente o maior responsável em tornar o Brasil mais conhecido — e mais respeitado — no exterior.

A CONFERÊNCIA PAN-AMERICANA, WASHINGTON, 1889

Nos anos 1880, vários políticos nos Estados Unidos retomaram o conceito de Hemisfério Ocidental, o conceito de que as Américas e a Europa, o Novo Mundo e o Velho Mundo, eram diferentes e que havia um relacionamento especial entre os povos e governos das Américas, uma mesma história e geografia americana e o compartilhamento das ideias americanas de republicanismo, liberdade e democracia. Em 1881, houve uma tentativa inicial de institucionalizar o que mais tarde veio a ser conhecido como o pan-americanismo. Em março, o presidente James A. Garfield nomeou como secretário de Estado o ex-congressista e senador James G. Blaine, conhecido por sua anglofobia e defensor ardoroso de uma maior aproximação nas relações interamericanas. Blaine propôs que as 17 repúblicas hispano-americanas e o Império brasileiro fossem convidados para uma conferência em Washington, no ano seguinte, com a finalidade de criar com os Estados Unidos uma aliança informal das "nações da América". O objetivo era promover o comércio e os investimentos americanos em toda a região, incentivar a solução pacífica dos conflitos, criar estruturas políticas mais ordenadas e estáveis nos países meridionais e afirmar — pacificamente — a liderança dos Estados Unidos no Hemisfério Ocidental, ao mesmo tempo refreando qualquer ambição imperialista europeia que houvesse por ali. Garfield deu seu apoio, mas em 2 de julho, depois de apenas quatro meses na presidência, ele foi ferido num atentado à sua vida e morreu dois meses e meio mais tarde. Blaine perdeu seu cargo e, em agosto de 1882, a conferência de Washington foi cancelada, embora vários Estados, inclusive o Brasil, já tivessem aceitado o convite para participar.

Seis anos depois, em maio de 1888, depois de pressões incansáveis de Blaine, o Congresso dos Estados Unidos aprovou uma resolução autorizando o presidente Grover Cleveland a realizar uma conferência dos países americanos em Washington. Agora o foco se concentrava mais claramente no interesse americano em garantir mercado para seus produtos industriais e agrícolas abaixo do rio Grande. Os convites foram enviados em julho e, apesar da desconfiança e das apreensões generalizadas entre toda a América espanhola (mas, significativamente, não no Brasil) quanto às intenções e ambições dos Estados Unidos, todos os países americanos aceitaram, à exceção da República Dominicana. A responsabilidade pelos preparativos finais da conferência coube ao próprio Blaine, que em março de 1889 retornou ao Departamento de Estado durante o governo do presidente Benjamin Harrison. A cerimônia de abertura da Primeira Conferência Internacional dos Estados Americanos (geralmente conhecida como Conferência Pan-Americana) se deu em 2 de outubro de 1889. Mas, no dia seguinte, os delegados (exceto os argentinos) saíram numa "excursão" de seis semanas, percorrendo quase 10 mil quilômetros de ferrovias no Nordeste e no Centro-Oeste dos Estados Unidos, visitando cada um dos centros industriais e comerciais a leste do Mississipi.

A Conferência Internacional se reuniu de novo em 18 de novembro, presidida pelo secretário de Estado Blaine. Três dias antes, porém, fora proclamada a República no Brasil. O marechal Deodoro da Fonseca, chefe do Governo Provisório, nomeou o destacado republicano Quintino Bocaiúva como ministro das Relações Exteriores. Bocaiúva substituiu imediatamente o chefe da delegação brasileira, o senador Lafaiete Rodrigues Pereira, ex-presidente do Conselho Imperial de Ministros, por Salvador de Mendonça, outro importante republicano que desde maio de 1876 era cônsul-geral em Nova York.

O Manifesto do Partido Republicano brasileiro, fundado em 1870, havia se iniciado com a famosa declaração: "Somos da América e queremos ser americanos". Para os republicanos, o Brasil era "um país isolado", infelizmente separado das repúblicas hispano-americanas não só pela geografia, a história, a língua e a cultura, mas principalmente, do ponto de vista deles, pela forma monárquica de governo. Mais importante, o regime monarquista também separava o Brasil dos Estados Unidos. Os republicanos julgavam que o Brasil devia diminuir seu isolamento político e cultural diante da América espanhola e, sobretudo, dos Estados Unidos. Salvador de Mendonça recebeu instruções de seguir o "espírito americano" na conferência em Washington. Assim teve início a "americanização" da política externa brasileira durante a Primeira República (1889-1930).

BIBLIOGRAFIA

Geral
ABREU, Marcelo de Paiva; LAGO, Luiz Aranha Correa do. A economia brasileira no Império, 1822-1889. *Texto para discussão n. 584*, Rio de Janeiro, PUC-Rio, Departamento de Economia, novembro de 2010.
BETHELL, Leslie (Ed.). *Cambridge History of Latin America*. Cambridge: Cambridge University Press, 1984. v. III: From Independence to c.1870. (Tradução brasileira: *História da América Latina*. São Paulo: Edusp, 2001. v. III.)
_____. *Cambridge History of Latin America*. Cambridge: Cambridge University Press, 1986. v. V: c.1870-1930. (Tradução brasileira: *História da América Latina*. São Paulo: Edusp, 2002. v. V.)
CERVO, Amado Luiz. A conquista e o exercício da soberania (1822-1889). In: _____; BUENO, Clodoaldo. *História da política exterior do Brasil*. 3. ed. Brasília: Editora da UnB, 2008.

I. O Brasil e a Europa
BETHELL, Leslie. *The Abolition of the Brazilian Slave Trade*. Cambridge: Cambridge University Press, 1970. (Tradução brasileira: *A abolição do comércio brasileiro de escravos*. Brasília: Editora do Senado Federal, 2002.)
_____. O Brasil no século XIX: parte do "império informal" britânico? In: CARVALHO, José Murilo de; CAMPOS, Adriana Pereira (Org.). *Perspectivas da cidadania no Brasil Império*. Rio de Janeiro: Civilização Brasileira, 2011.
_____; CARVALHO, José Murilo de (Org.). *Joaquim Nabuco e os abolicionistas britânicos*: correspondência, 1880-1905. Rio de Janeiro: Topbooks/Academia Brasileira de Letras, 2008.
GRAHAM, Richard. *Britain and the Onset of Modernization in Brazil, 1850-1914*. Cambridge: Cambridge University Press, 1968. (Tradução brasileira: *Grã-Bretanha e o início da modernização do Brasil*. São Paulo: Brasiliense, 1973.)

MANCHESTER, Alan K. *British Pre-Eminence in Brazil*: Its Rise and Decline. Chapel Hill, NC: University of North Carolina Press, 1933. (Tradução brasileira: *Preeminência inglesa no Brasil*. São Paulo: Brasiliense, 1973.)

MERRICK, T.W.; GRAHAM, D. *Population and Economic Development in Brazil, 1808 to the Present*. Baltimore: Johns Hopkins University Press, 1979.

PESAVENTO, Sandra Jatahy. *Exposições universais*: espetáculos da modernidade do século XIX. São Paulo: Hucitec, 1997.

II. *O Brasil e a América espanhola*

BETHELL, Leslie. *The Paraguayan War (1864-1870)*. London: Institute of Latin American Studies, 1996.

DORATIOTO, Francisco. *Maldita guerra*: nova história da Guerra do Paraguai. São Paulo: Companhia das Letras, 2002.

FERREIRA, Gabriela Nunes. *O rio da Prata e a consolidação do Estado imperial*. São Paulo: Hucitec, 2006.

MCLEAN, David. *War, Diplomacy and Informal Empire*: Britain and the Republics of La Plata 1836-1852. London: British Academic Press, 1995.

SANTOS, Luís Cláudio Villafane G. *O império e as repúblicas do Pacífico*: as relações do Brasil com Chile, Bolívia, Peru, Equador e Colômbia, 1822-1889. Curitiba: Editora da Universidade Federal do Paraná, 2002.

SECKINGER, Ron. *The Brazilian Monarchy and the South American Republics, 1822-1831*: Diplomacy and State Building. Baton Rouge, LA: University of Louisiana Press, 1984.

III. *O Brasil e os Estados Unidos*

HILL, Lawrence F. *Diplomatic Relations between the United States and Brazil*. Durham, NC: Duke University Press, 1932.

SANTOS, Luís Cláudio Villafane G. *O Brasil entre a América e a Europa*: o Império e o interamericanismo (do Congresso do Panamá à Conferência de Washington). São Paulo: Unesp, 2004.

SCHOULTZ, Lars. *Beneath the United States*. A History of US Policy toward Latin America. Cambridge, MA: Harvard University Press, 1998.

SMITH, Joseph. *Brazil and the United States*: Convergence and Divergence. London: University of Georgia Press, 2010.

DETALHE DA IMAGEM DA PÁGINA 211

PARTE **4**

JOÃO ANTÔNIO DE PAULA
O PROCESSO ECONÔMICO

A ECONOMIA BRASILEIRA ENTRE 1830 E 1889 — VISÃO GERAL

O período considerado nesse capítulo, do ponto de vista econômico, político, social e cultural, representa o momento consolidador de vários e decisivos aspectos da nacionalidade, seja na afirmação de algumas de suas características fundamentais, seja na abertura de possibilidades, ou mesmo pelos impasses que explicitou e que têm marcado o país até os dias atuais.

Entre o 7 de abril de 1831 e o 15 de novembro de 1889, da abdicação de d. Pedro I à República, o Brasil experimentou transformações, modernizou suas instituições políticas, sua estrutura econômica, suas relações sociais, sem que tenham sido superadas certas mazelas e contradições que, permanentemente atualizadas, têm confirmado o apego à desigualdade, à exclusão e à marginalização sociais, que estão na base de impasses históricos que o Brasil tem reiterado.

A escravidão foi abolida depois de longuíssima vigência; esboçou-se a formação e a articulação do mercado interno a partir de um mosaico de economias regionais; consolidou-se, com o Código Comercial, de 1850, a moldura institucional para o desenvolvimento das relações mercantis capitalistas; consolidaram-se, enfim, as condições de vigência do trabalho livre, das relações de trabalho especificamente capitalistas.

O período em tela foi momento de emergência e expansão da modernização da infraestrutura urbana, de nossa vida cultural, ainda que constrangida pela presença de altos níveis de analfabetismo. Houve crescimento das instituições de ensino e de pesquisa, consolidou-se um efetivo sistema cultural composto de produtores, veículos e consumidores de bens simbólicos, que por ser, de fato, um *sistema*, não ficou restrito aos grandes nomes, aos grandes autores.

A CIÊNCIA E A TECNOLOGIA NO BRASIL DO SÉCULO XIX

O Brasil no século XIX, depois do considerável florescimento cultural do período joanino, assistiu a dois grandes movimentos de enriquecimento de sua vida cultural: o primeiro representado pela implantação e expansão do ensino superior, e o segundo pela instalação de uma série de instituições de pesquisa científica.

No campo do ensino superior, quatro áreas tiveram considerável crescimento: o direito, a engenharia, as ciências agrárias e, com maior destaque, o ensino jurídico. Por motivos decorrentes tanto das exigências do momento (a organização do Estado depois da independência), quanto da tradição bacharelesca herdada de Portugal, foi no campo do direito, na busca da normatização da vida político-institucional do país, que se deram as maiores iniciativas intelectuais. A elaboração da Constituição, em 1824, do Código Criminal, em 1831, do Código de Processo Criminal, em 1832, do Ato Adicional à Constituição, em 1834, da Lei de Interpretação do Ato Adicional, em 1840, do Código Comercial, em 1850, dão conta de um importante esforço legislador. Esse aparato legal fez parte do mesmo movimento que levou à institucionalização do ensino jurídico no Brasil, que teve início em 1827 com a criação das faculdades de Olinda e São Paulo. Mais do que isso, é possível afirmar que toda a vida político-cultural brasileira é filtrada pela cultura jurídica. Foram os juristas que deram o tom em nossas letras, em nossa filosofia e em nossas instituições políticas e sociais. O ensino da engenharia começou no Brasil, excetuando-se o que era ministrado nas Academias Militares, em 1874, com a transformação da Escola Central em Escola Politécnica do Rio de Janeiro. Depois, em 1876, foi instalada a Escola de Minas de Ouro Preto e, em 1894, a Escola Politécnica de São Paulo.

No que tange às escolas de ciências agrárias, depois dos cursos de agricultura criados na Bahia, em 1808, e no Rio de Janeiro, em 1814, houve a criação de instituições de ciências agrárias em Lençóis, na Bahia, em 1877; em Pelotas, Rio Grande do Sul, em 1883; a partir de 1889, em Piracicaba, São Paulo; em 1908, em Lavras, em Minas Gerais; e, em 1920, em Viçosa, Minas Gerais.

No referente às instituições de pesquisa, veja-se a cronologia: 1838, criação do Instituto Histórico e Geográfico Brasileiro, que foi, até a fundação da Faculdade de Filosofia da Universidade de São Paulo (USP), em 1934, a única instituição de pesquisa histórica do Brasil. Em 1887, foi criado o Instituto Agronômico de Campinas, principal centro de pesquisas sobre a lavoura cafeeira, durante décadas. De 1892 é a criação do Instituto Biológico de São Paulo, em suas quatro divisões — Laboratório Bacteriológico, Laboratório

O PROCESSO ECONÔMICO

Marc Ferrez
Largo de São Francisco de Paula, no Rio de Janeiro, com destaque para a então Escola Politécnica, ao fundo, ca. 1895

Criada em 1810 a partir da obra inacabada da Sé da cidade, este prédio só ficou pronto entre 1820 e 1830. Primeiro foi Escola Militar (1842), depois Escola Politécnica (1874) e durante todo o século XX até os dias de hoje sedia o Instituto de Filosofia e Ciências Sociais da Universidade Federal do Rio de Janeiro (IFCS-UFRJ).

FOTOGRAFIA
COLEÇÃO GILBERTO FERREZ, INSTITUTO MOREIRA SALLES, RIO DE JANEIRO

Vacinogênico, Laboratório de Análises Clínicas e Laboratório Farmacêutico. Em 1893 foi fundado o Museu Paulista, centro de pesquisa em história natural, arqueologia e etnologia. Em 1894 criou-se o Museu Paraense, hoje chamado de Emílio Goeldi, com as mesmas características do Museu Paulista.

Se examinarmos as áreas privilegiadas e a qualidade do que foi feito, é possível dizer que as instituições de ensino e pesquisa nasceram com considerável grau de consistência e aderência às grandes questões de então.

No campo da engenharia é clara e coerente a opção pelo desenvolvimento das engenharias ferroviária, de construção de portos, de minas e metalurgia, de prospecção e exploração dos recursos minerais. Do mesmo modo, foram pertinentes e oportunos os investimentos para o desenvolvimento das ciências agrárias e pedológicas, que incidiam sobre as maiores fontes de riqueza então, a produção agropecuária.

Também ajustadas às exigências do momento foram as várias iniciativas, bem-sucedidas, no campo das campanhas sanitárias e da pesquisa biológica, no enfrentamento de doenças endêmicas e epidêmicas debilitadoras da população.

Finalmente, os esforços no campo da instalação de museus têm um quê de imitação da velha tradição dos "gabinetes de curiosidades" e refletem o esforço genuíno de nossos cientistas para entender a terra e a gente brasileiras.

Contudo, todos esses empreendimentos, que não podem ser subestimados e revelam tirocínio e atualização de nossa inteligência, não significaram efetiva mudança de qualidade em nossa vida cultural, isto é, não expressaram a constituição de um *sistema nacional de inovação*, na medida mesmo em que estas instituições e iniciativas não foram capazes de ampliar a qualidade e a quantidade de nossa produção científica e tecnológica, e, muito menos, de articulá-las ao setor produtivo.

CONFIGURAÇÃO REGIONAL DA ECONOMIA BRASILEIRA NO SÉCULO XIX

A economia brasileira entre 1830 e 1889, apesar da efetiva centralidade da produção cafeeira, foi relativamente diversificada e dinâmica. Ao longo do século XIX certas características estruturais e vocações regionais criaram um mosaico de relações de trabalho, de tecnologias, de produtos, de mercados, de formas de propriedade, o que contraria a imagem, que ainda tem ampla difusão, de uma economia exclusivamente escravista, de monocultura e voltada para a exportação. De fato, a economia brasileira esteve longe de ser homogênea em qualquer de suas características básicas, antes se desenvolveu a partir de peculiaridades regionais.

É uma importante conquista da historiografia brasileira a superação da perspectiva em que a história econômica do Brasil era tomada como um somatório de ciclos de produtos (açúcar, ouro, café), os quais teriam trajetórias similares (nascimento, auge, declínio). Tal maneira de ver as coisas resultou num reducionismo problemático, ao ignorar a existência de "complexos econômicos", para além da exportação de alguns produtos. A economia nordestina, mesmo no auge da exportação de açúcar, nunca foi apenas açucareira, como também não foi só mineratória (ouro e diamantes) a economia de Minas Gerais no século XVIII e assim por diante. Trata-se, então, de entender a economia brasileira no século XIX como regionalmente diversificada do ponto de vista da produção, dos mercados, das relações de trabalho, das estruturas fundiárias.

Os dados apresentados a seguir, que registram as exportações no período, não pretendem totalizar o conjunto da economia brasileira, pois lhe escapam importantes atividades, quantitativa e qualitativamente, voltadas para o mercado interno. De todo modo, vale o registro de algumas de suas evidências, tais como o crescimento da participação do café na pauta de exportações, *vis-à-vis* ao decréscimo das exportações de açúcar e de algodão. Ainda mais expressivo, relativamente, foi o aumento das exportações de borracha, que passaram de 0,1% no decênio 1821–1830 para 15% no decênio 1891–1900. Destaque-se ainda o crescimento da exportação de algodão entre 1861 e 1870, invertendo queda que se manifestou em todo o período considerado e que reproduz situação já vivenciada no passado, quando a exportação brasileira de algodão cresceu como resposta à crise das exportações norte-americanas, num primeiro momento reflexo das guerras de independência ocorridas entre 1776 e 1812, e num segundo momento como consequência da guerra civil, na década de 1861–1870.

TABELA 1 EXPORTAÇÕES DE MERCADORIAS (% DO VALOR DOS OITO PRODUTOS PRINCIPAIS SOBRE O VALOR TOTAL DA EXPORTAÇÃO)

DECÊNIO	TOTAL	CAFÉ	AÇÚCAR	CACAU	ERVA--MATE	FUMO	ALGODÃO	BORRACHA	COUROS E PELES
1821–1830	85,8	18,4	30,1	0,5	—	2,5	20,6	0,1	13,6
1831–1840	89,8	43,8	24,0	0,6	0,5	1,9	10,8	0,3	7,9
1841–1850	88,2	41,4	26,7	1,0	0,9	1,8	7,5	0,4	8,5
1851–1860	90,9	48,8	21,2	1,0	1,6	2,6	6,2	2,3	7,2
1861–1870	90,3	45,5	12,3	0,9	1,2	3,0	18,3	3,1	6,0
1871–1880	95,1	56,6	11,8	1,2	1,5	3,4	9,5	5,5	5,6

| 1881–1890 | 92,3 | 61,5 | 9,9 | 1,6 | 1,2 | 2,7 | 4,2 | 8,0 | 3,2 |
| 1891–1900 | 95,6 | 64,5 | 6,0 | 1,5 | 1,3 | 2,2 | 2,7 | 15,0 | 2,1 |

Fonte: Comércio Exterior do Brasil – n. 1 – C.E. e N. 12-A, do Serviço de Estatística Econômica e Financeira do Ministério da Fazenda (apud Silva, 1976:8).

Podemos iniciar a análise com a economia da Amazônia, cuja característica mais marcante naquele momento, e que em parte se mantém, era a exploração, mediante o extrativismo, das chamadas "drogas do sertão", as quais, além da caça e da pesca, incluíam madeiras, resinas, óleos, ervas, fibras, produtos da floresta em geral, com destaque para a borracha, os couros e as peles e para a castanha-do-pará. A organização da extração dessas "drogas do sertão", em particular da produção da borracha, baseou-se em relações de trabalho apenas formalmente livres, pois, na prática, significavam trabalho compulsório, pela mobilização do chamado sistema de aviamento, o qual, mediante o monopólio da venda de produtos necessários à subsistência dos produtores de borracha, chamados seringueiros, e do monopsônio, isto é, os seringalistas se colocarem como únicos compradores da borracha produzida pelos seringueiros, resultou, na realidade, numa modalidade de "servidão por dívida", em que o seringueiro, permanentemente endividado pela manipulação dos preços dos produtos que comprava e vendia, ficava compulsoriamente ligado aos seringais.

O sistema de aviamento constituía-se, de fato, num encadeamento de relações mercantis, que, tendo nos seringais espalhados pelo interior da Amazônia um de seus polos, se ligavam às casas comerciais de Belém e Manaus, as quais estavam, por sua vez, articuladas às casas exportadoras e importadoras. Já essas últimas, abastecendo o mercado mundial de borracha vegetal, guarneciam a Amazônia de produtos industriais como tecidos, alimentos industrializados, ferramentas, armas, chumbo, pólvora, medicamentos etc. O sistema de aviamento esteve longe de impedir vazamentos, como os decorrentes dos chamados "regatões", ou "marreteiros", que, se interpondo entre seringueiros e seringalistas, compravam borracha e abasteciam os seringueiros, quebrando a regra do monopólio gerado pelo monopsônio.

Os dados da tabela 1 mostram o expressivo crescimento das exportações brasileiras de borracha, que no final do século XIX representavam o segundo item mais importante da pauta de exportações, com 15% do valor total, atrás apenas do café, que representava 64,5%. A escalada da exportação de borracha está ligada à chamada Segunda Revolução Industrial e a algumas de suas indústrias líderes, como a automobilística. A invenção da vulcanização, em meados do século XIX, permitiu a ampliação dos usos industriais

O PROCESSO ECONÔMICO

Anônimo
Vista de Belém, Pará, ca. 1910

Na Praça da República, antigo largo da Pólvora, vê-se o Teatro da Paz, inaugurado em 1878, quando a cidade vivia um período de enriquecimento ocasionado pelo ciclo da borracha

FOTOGRAFIA
COLEÇÃO GILBERTO FERREZ, INSTITUTO MOREIRA SALLES, RIO DE JANEIRO

da borracha, transformando a Amazônia brasileira no principal produtor de borracha vegetal do mundo, situação que vai perdurar até o início da Primeira Guerra Mundial. A partir da década de 1910, o Brasil perderá a primazia na produção mundial de borracha pela entrada em cena da borracha vegetal asiática, produzida nas colônias britânicas do Sudeste asiático.

A perda da liderança brasileira no mercado mundial de borracha deveu-se à expressiva diferença de produtividade entre a borracha asiática, produzida em seringais plantados de sementes contrabandeadas do Brasil, e a borracha brasileira, extraída de seringais nativos espalhados aleatoriamente pela floresta que acarretavam jornadas extensíssimas de trabalho, com baixíssimos rendimentos quando comparadas com a produção asiática.

De todo modo, no período aqui considerado, a economia da borracha foi das mais dinâmicas, impactando a região amazônica, que experimentou, entre 1880 e 1910, expressivas manifestações de modernização e urbanização, de que as cidades de Belém e Manaus são bons exemplos.

Além do mais, é possível dizer que o crescimento da produção brasileira de borracha deveu-se, do lado da oferta, ao significativo processo da imigração para a Amazônia, sobretudo de nordestinos, em duas grandes ondas. A primeira está relacionada às grandes secas de 1877–1880, que determinaram a transferência da população nordestina, em particular de cearenses, para a Amazônia. Estima-se que cerca de 500 mil pessoas foram obrigadas a abandonar as áreas devastadas pela seca. A segunda onda está ligada ao esforço desenvolvido na Segunda Guerra Mundial no sentido de aumentar a produção de borracha vegetal para suprir o mercado mundial, e em particular os países aliados, depois que os japoneses ocuparam as principais fontes de produção de borracha vegetal no Sudeste asiático.

Também a economia nordestina jamais se resumiu à produção de açúcar, nem mesmo na Zona da Mata, que abrange apenas 5% do território nordestino e, além do açúcar, foi também local de produção de tabaco, de cacau, de alimentos e de atividades pecuaristas. Outra região característica do Nordeste, do ponto de vista agroecológico, é o Agreste. Região de transição entre a mata e o sertão, o Agreste ocupa igualmente 5% do território e tem estrutura produtiva compósita. É possível encontrar no Agreste tanto ramificações da economia açucareira quanto manifestações de atividades típicas do sertão, como a pecuária extensiva, a produção algodoeira e a produção de alimentos. No sertão nordestino, que ocupa 90% do território regional, encontra-se a maior área do semiárido brasileiro.

Durante algum tempo, a economia nordestina foi definida pela tríade latifúndio, trabalho escravo e monocultura. Essa imagem está, porém, longe de representar até mesmo a economia açucareira. Um quadro mais nuançado, e por isso mesmo mais exato dessa realidade, deverá levar em conta tanto a complexidade típica do engenho açucareiro quanto a diversidade de atividades auxiliares, complementares e de apoio, conformadoras de complexa divisão de trabalho.

Gilberto Freyre cunhou a expressão "civilização do açúcar", abrindo uma perspectiva que vale a pena reter. O termo busca abarcar o conjunto dos desdobramentos da atividade açucareira sobre a vida econômica e social, sobre a paisagem e os recursos naturais, sobre a sociabilidade e as formas simbólicas, que Freyre esboçou em seu livro de 1937, *Nordeste*. O historiador Stuart Schwartz, em *Segredos internos*, apreendeu a economia açucareira do seguinte modo:

> Muito embora a mão de obra escrava caracterizasse a economia açucareira no Brasil desde os seus primórdios até o final do século XIX e os cativos sempre fossem preponderantes como força de trabalho, o caráter da produção açucareira e suas exigências específicas criaram a necessidade de um grupo de assalariados no cerne do processo. Os trabalhadores do campo eram quase sempre escravos, em geral negros, e preponderantemente africanos; os senhores de engenho eram invariavelmente livres e brancos. Porém, nas funções intermediárias — administrativas, técnicas e artesanais — havia indivíduos livres, libertos e cativos, brancos, pardos ou negros (Schwartz, 1988:261).

Se a economia açucareira foi a mais importante entre as economias nordestinas, o quadro geral da atividade foi marcado pela crise secular que se instalou a partir de meados do século XVII, como consequência da entrada no mercado da produção antilhana, comandada por capitais holandeses, e, na segunda metade do século XIX, pela concorrência do açúcar de beterraba.

TABELA 2 PREÇOS DO AÇÚCAR EM LIBRAS POR TONELADA

PERÍODO	PREÇO
Início do século XVII	120
Início do século XVIII	72
Início do século XIX	30
Metade do século XIX	16
Início do século XX	9

Fonte: *Anuário Estatístico do Brasil,1939–1940* (apud Rego e Marques, 2003:231).

Como já mencionado, se o açúcar predominou na Zona da Mata nordestina, esta região também abrigou outras atividades voltadas para a exportação, como o tabaco, plantado na região do recôncavo baiano, em pequenas propriedades e com pequena participação de escravos; e o cacau, que, trazido da Amazônia, foi cultivado na Bahia, em torno da cidade de Ilhéus, que utilizou predominantemente mão de obra escrava.

O complexo econômico nordestino, como foi chamado por Celso Furtado, incluiu ainda a economia da pecuária, as lavouras de subsistência e a economia algodoeira. O mesmo Celso Furtado viu a economia da pecuária como uma projeção da economia açucareira que assumiu no espaço um movimento em bifurcação. Para o Sul, subindo o rio São Francisco, que ficou conhecido como rio dos Currais; e em direção ao Piauí, que, concentrando atividades pecuárias, levou Capistrano de Abreu a falar de uma "civilização do couro" nessa província.

Essa projeção da economia açucareira representada pela pecuária diferiu de sua matriz em vários e significativos aspectos, em particular por seu caráter itinerante e extensivo. A dinâmica espacial da pecuária bovina obedeceu, sobretudo, à busca de pastagens naturais, que são escassas nas regiões semiáridas, como é o caso típico do sertão nordestino. Contudo, a diferença mais decisiva entre a economia açucareira e a pecuária nordestina foi a relativa às formas de trabalho, que no caso da pecuária, por sua itinerância e extensividade, excluiu a possibilidade de utilização de mão de obra escrava, confirmando-se aí um regime de parceria em que o vaqueiro, trabalhador livre, recebia por seu trabalho o equivalente a um quarto das crias do rebanho.

Se a pecuária nordestina desempenhou diversos papéis no conjunto da economia regional, sendo fonte de abastecimento de carnes e couros, de animais de tração e transporte, também complementar e essencial para a reprodução do sistema econômico regional foi a agricultura de subsistência, que se espalhou pela Zona da Mata, Agreste e Sertão, garantindo o abastecimento alimentar da região.

Essa agricultura de alimentos esteve presente tanto nos engenhos de açúcar voltados para a exportação quanto nas outras atividades econômicas voltadas para o mercado interno. A agricultura de alimentos utilizou-se tanto de mão de obra livre quanto escrava, configurando, neste caso, o que alguns autores chamaram "renda da escravidão", expressa no fato de que a concessão de um dia livre de trabalho e a permissão do plantio de alimentos constituíam-se em "renda", em sobrelucro dos proprietários, mediante a transferência para os escravos da responsabilidade por sua sobrevivência.

Finalmente, a economia algodoeira ocupou lugar importante na economia regional nordestina, fortemente presente no Sertão e no Agreste e com significativa presença no Maranhão. As oscilações da demanda internacional de algodão determinaram respostas correspondentes da produção brasileira, não só a nordestina, que tendeu a crescer e a ocupar áreas antes voltadas para outras atividades sempre que a procura e os preços internacionais do algodão subiam. Esse movimento em sanfona da dinâmica algodoeira correspondeu, do lado das formas de trabalho, à mobilização tanto de trabalhadores livres, quanto de escravos, como ocorreu no Maranhão.

De todo modo, a produção de algodão no Nordeste, com exceção do Maranhão, não se caracterizou nem pelo uso intensivo da mão de obra escrava nem pela grande propriedade, tendo predominado nessa atividade o trabalho familiar e variadas formas de parceria. Assim, é fundamental reconhecer a existência de um "complexo econômico nordestino", como também é o caso de mobilizar a mesma ideia de "complexo" para designar a realidade da economia mineira no século XIX.

Nascida do impulso minerador, Minas Gerais, mesmo em seus primeiros tempos, jamais foi apenas mineração. As grandes crises de fome que assolaram a região entre 1699 e 1701 determinaram o desenvolvimento de atividades agrícolas. Assim, desde o início do século XVIII, deu-se em Minas Gerais uma economia diversificada em que, ao lado da produção do ouro e dos diamantes, tiveram importância as atividades agropecuárias, manufatureiras e de serviços.

Podemos constatar também, como especificidade do desenvolvimento de Minas Gerais, o fato de que a centralidade da produção aurífera e o lugar do ouro como meio de pagamento e como veículo de trocas definiram uma significativa amplificação das relações econômicas na região. É essa mesma base econômica diversificada, monetizada e mercantilizada que será o suporte material da emergência e do desenvolvimento de uma estrutura urbana, de uma estrutura político-administrativa, de um sistema cultural e de uma estrutura social relativamente densos e complexos.

A crise da mineração do ouro em Minas Gerais na segunda metade do século XVIII não significou, porém, prostração ou regressão econômica, uma vez que a economia da província no século XIX manteve considerável dinamismo e experimentou significativas transformações. Uma evidência a favor da permanência do dinamismo econômico é o fato de a província mineira ter se mantido a mais populosa do Império, abrigando tanto o maior contingente de população livre quanto a maior população escrava do Brasil.

Continuaram importantes em Minas Gerais, no século XIX, as atividades mineratórias, que, no entanto, vão experimentar expressivas modificações. No caso da mineração de ouro, a partir da década de 1820 o setor passou a ser comandado por grandes companhias estrangeiras, que trouxeram significativas inovações tecnológicas na medida em que a exploração passou a se fazer em minas subterrâneas. Sob vários aspectos houve efetiva atualização tecnológica do setor, que, no entanto, continuou a utilizar mão de obra escrava.

Também no referente à produção diamantífera, no período considerado, houve avanços tecnológicos, sobretudo nas técnicas de lapidação, que permitiram que o antigo arraial do Tijuco, elevado à condição de cidade em 1831, mantivesse posição de destaque polarizando grande parte da economia do norte de Minas Gerais, seja como entreposto comercial, seja como polo de concentração de serviços e de atividades manufatureiras.

Apesar de recorrentes constrangimentos legais — como a legislação restritiva sobre engenhos de cana-de-açúcar e o Alvará de 1785, que proibiu teares e atividades de tecelagem —, desenvolveram-se em Minas Gerais amplas atividades agroindustriais e manufatureiras, com destaque para os engenhos de cana, produtores de açúcar, rapaduras e aguardentes; para uma extensa indústria têxtil doméstica; e para uma também ampla presença de forjas, tendas de ferreiro e manufaturas de ferro em geral.

Na economia de Minas Gerais do século XIX, a centralidade da agropecuária não deve subestimar a presença da agroindústria, das manufaturas, da mineração e dos serviços urbanos. O reconhecimento da existência de atividades econômicas consideráveis, não voltadas para a exportação, motivou trabalhos como os de Roberto Borges Martins, que mostraram o quão complexa, diversificada e relativamente dinâmica foi a economia mineira naquele período (Martins, 1982).

Nas províncias de Minas Gerais, Rio de Janeiro e São Paulo, a produção cafeeira foi a matriz decisiva de importantes transformações modernizantes da economia e da sociedade brasileiras, seja pela pressão que sua demanda crescente por mão de obra provocou em nosso sistema escravista, seja pela efetiva introdução do trabalho livre, que ela promoveu por meio de políticas imigrantistas. Mas, se não podemos subestimar o peso e a importância do café, também não devemos superestimá-lo.

Plantado desde o final do século XVIII, no Rio de Janeiro, o café vai se expandir pelas províncias de Minas Gerais e São Paulo, ocupando a Zona da Mata mineira e o Vale do Paraíba do Rio de Janeiro e de São Paulo. Sua marcha para o oeste paulista será marcada por um notável aumento da produtividade física das lavouras em função da ocupação de terras mais e mais férteis. Se o escritor Monteiro Lobato constatou melancólico a existência de "cidades mortas" no Vale do Paraíba fluminense e paulista, o quadro das cidades do "Oeste Novo" de São Paulo, a partir de 1880, é de vivo dinamismo.

Outra importante atividade que contribuiu para a consolidação da fronteira oeste do Brasil foi a mineração, pois, com a crise dessa atividade na segunda metade do século XVIII, a capitania de Goiás buscou diversificar sua produção por meio da expansão da agropecuária e pelo desenvolvimento da manufatura textil de algodão, que abasteceu certo segmento da demanda paulista no fim do período colonial.

Vale lembrar que tanto no caso da capitania de Mato Grosso, quanto em Goiás, é essencial considerar as complexas e conflituosas implicações do processo de expansão da colonização nas diversas comunidades indígenas que ocupavam o território.

A ocupação do "extremo oeste", como o chamou Sérgio Buarque de Holanda, obedeceu a quatro motivações básicas: o apresamento de índios; a exploração mineral; a expansão da grande pecuária; e a proteção da fronteira para garantir a soberania sobre o território. Nesses processos expansivos foram constantes e duríssimos os desafios: as crises de abastecimento, os ataques dos índios paiaguás, as febres e doenças tropicais que explicam muito do caráter intermitente, fragmentado e mesmo certos abandonos temporários que marcaram a colonização da região.

Já o extremo sul do Brasil desenvolveu uma economia regional que não se voltou para o mercado externo. Desde o século XVIII, sua organização produtiva baseou-se no abastecimento da região mineratória, fornecendo carne e animais de carga e tração. Mais tarde, no século XIX, o Rio Grande do Sul vai se especializar, sobretudo, na produção de alimentos para o mercado interno — arroz, trigo, milho, carne. É também digno de registro o fato de que essa economia regional, com exceção da área das grandes estâncias voltadas para a pecuária, foi marcada pela presença do trabalho familiar e, relativamente, de uma estrutura fundiária desconcentrada.

A marcha da ocupação econômica do extremo sul do país não se deu de forma linear no tempo e no espaço, marcada que foi por saltos e descontinuidades. De todo modo, desde o século XVIII, a economia da região já estava em grande medida voltada para o abastecimento do mercado interno, característica que vai ser confirmada no século XIX. Ao lado desse traço básico, a economia sulina também se distinguiu por suas relações de trabalho, pela estrutura de distribuição da propriedade da terra e pelas sucessivas ondas de imigração europeia que recebeu, inicialmente de açorianos, a partir do século XVIII, seguindo-se a chegada de imigrantes alemães, em 1825, e de italianos, a partir de 1875.

A presença da escravidão foi restrita na economia sulina, como também não foi ali dominante a grande propriedade. Também por isso, foram ali historicamente menores as desigualdades de renda e riqueza, o que explica o fato de a região manter nível médio de qualidade de vida superior ao de outras regiões brasileiras, onde ainda prevalece a concentração absoluta da renda e da riqueza.

TERRA, TRABALHO E DINHEIRO: A FORMAÇÃO DO MERCADO INTERNO

A independência, em 1822, fez emergir ideias e propostas sobre o que deveria ser a nação recém-criada. Essas propostas foram hegemoneizadas por arranjo político que, propiciando avanços parciais no sentido da modernização, não foi capaz, efetivamente, de superar as crônicas precariedades de nossa economia, herdadas de seu passado colonial.

No centro da reiteração das precariedades de nossa economia, destaca-se o sistemático bloqueio à constituição de um mercado interno forte e consistente, dinâmico e inclusivo, condição indispensável à construção do que chamamos desenvolvimento econômico.

Importa destacar que, independentemente da forma como concretamente alcançaram este objetivo, todos os países hoje considerados desenvolvidos chegaram a essa condição pela criação de instituições e processos cujo sentido geral foi a "distribuição primária da renda", seja mediante revoluções democráticas, como no caso da França, a partir de 1789; seja mediante reformas democrático-liberais, como no caso dos Estados Unidos e sua Lei de Terras de 1862 e a abolição da escravidão de 1863; seja mediante processos autoritários de modernização, como se vê emblematicamente nos casos da Alemanha e do Japão. Em todos os exemplos exitosos de desenvolvimento econômico capitalista agregaram-se à distribuição da renda e da riqueza outras reformas importantes no campo da educação, da saúde, havendo significativos e continuados investimentos em ciência e tecnologia, sendo esses os efetivos instrumentos promotores do desenvolvimento econômico. Resumindo, a qualidade e consistência do processo de desenvolvimento econômico é função direta da qualidade e universalidade do processo de "distribuição primária da renda".

BRASIL E ESTADOS UNIDOS

Comparemos então o desenvolvimento do capitalismo no Brasil e nos Estados Unidos. Países com territórios continentais equivalentes iniciaram o século XIX com populações de tamanhos assemelhados, ocorrendo, a partir de 1850, considerável alteração nos ritmos de crescimento demográfico, como resultado das enormes ondas de imigrações para os Estados Unidos, motivadas tanto por crises e problemas experimentados então por vários países europeus, quanto pelas oportunidades abertas pela expansão da fronteira oeste norte-americana.

TABELA 3 POPULAÇÃO DO BRASIL E DOS ESTADOS UNIDOS EM MILHÕES DE PESSOAS | 1800-1900

ANOS	BRASIL	ESTADOS UNIDOS
1800	3,33	3,93
1850	7,23	23,19
1870	9,80	39,82
1890	14,20	62,95
1900	17,98	75,99

Fonte: Merrick e Graham, 1980:47.

Tal afluxo populacional para os Estados Unidos nas primeiras décadas do século XIX deve-se ao seu prodigioso crescimento econômico, reflexo das transformações econômicas, políticas, sociais e institucionais que consolidarão as bases para uma vigorosa expansão capitalista.

TABELA 4 IMIGRAÇÃO PARA O BRASIL E PARA OS ESTADOS UNIDOS EM NÚMERO DE PESSOAS | 1860-1899

ANOS	BRASIL	ESTADOS UNIDOS
1860-1869	110.093	2 milhões
1870-1879	193.931	3 milhões
1880-1889	527.869	5 milhões
1890-1899	1.205.803	4 milhões

Fonte: Ianni, 1963:99; Cole, 1966:98.

O formidável contingente populacional que se transferiu para os Estados Unidos foi um dos pilares decisivos de seu vigoroso processo de acumulação de capital. Um indicador importante das diferenças entre os processos de acumulação dos dois países é o que compara as suas malhas ferroviárias.

TABELA 5 MALHA FERROVIÁRIA DO BRASIL E DOS ESTADOS UNIDOS EM QUILÔMETROS | 1860-1900

ANOS	BRASIL	ESTADOS UNIDOS
1860	216	49.008
1870	808	85.440
1880	3.488	135.028,8
1890	16.225,6	258.235,2
1900	—	310.819,2

Fonte: Cole, 1966:anexo.

Sem desdenhar das determinações político-culturais para a compreensão dos processos históricos, vale a pena considerar aqui as injunções materiais, buscando estabelecer, ao menos em parte, as razões do descompasso do desenvolvimento econômico do Brasil em relação ao norte-americano. É no processo radicalmente diverso de distribuição primária de renda — a que se deu no Brasil e a que ocorreu nos Estados Unidos — que se explica a gritante disparidade entre os dois países.

A exata compreensão da centralidade do mercado interno na constituição da economia capitalista deve começar por rejeitar a tese que o vê como simples conjunto de pessoas presentes num certo território. De fato, o mercado é o conjunto de pessoas num certo território, dotadas de poder de compra, o qual pode ser definido pelo acesso de cada um desses indivíduos à renda e à riqueza. Assim, o mercado interno de uma região, de um país, não é dado pelo número de seus habitantes, mas pelo número dos que, entre esses, têm, efetivamente, acesso à renda e à riqueza.

Nesse sentido, o contraste entre os processos de desenvolvimento das economias brasileira e norte-americana pode ser exemplarmente apreendido na comparação entre suas leis de terras.

Enquanto os Estados Unidos, em 1862, baixavam uma lei que ampliava, de algum modo, o acesso à terra — lei esta que teve papel essencial na atração de milhões de imigrantes para o país —, no Brasil, em 1850, a

Lei de Terras bloqueou o acesso dos pobres à terra, ao mesmo tempo que sancionou a estrutura latifundiária, criada pelo sistema sesmarial.

Apesar das diferenças, o Brasil não ficou à margem do processo de expansão capitalista, marcado por uma significativa disseminação de valores, ideias, instituições, mercadorias e pela modernização dos meios de transportes e comunicações, como o telégrafo, o telefone, a ferrovia, as embarcações modernas... O país também experimentou tais mudanças só que de modo fragmentário e seletivo. O que pesou contra o Brasil não foi apenas, e nem decisivamente, a defasagem temporal na absorção dessas inovações. Não é o atraso na recepção das novas realidades do capitalismo que explica a debilidade do desenvolvimento capitalista no Brasil. Na verdade, as classes dominantes brasileiras têm se esmerado na imposição de uma modalidade de capitalismo que, baseada num mercado interno restrito e precário, tem resultado num *capitalismo dependente*, cujas características essenciais são a concentração da renda e da riqueza.

O MERCADO DE TERRAS

Entre as instituições centrais da ordem capitalista estão o mercado de terras e o de trabalho. No caso do Brasil, a constituição desses mercados se prolongou do século XVI ao XX, com importantes diferenças regionais, sobretudo no que diz respeito aos ritmos da proletarização e da mercantilização-monopolização da terra.

A origem do regime de terras brasileiro remonta à tradição feudal. A Lei das Sesmarias, baixada em 26 de junho de 1375, por d. Fernando, rei de Portugal, pautou a forma de distribuição e ocupação das terras no Brasil até, rigorosamente, 1850. Em seus objetivos básicos visava a cultivar terras ociosas com vistas a aumentar a riqueza do reino. A Lei das Sesmarias foi sucessivamente incorporada às Ordenações Afonsinas, Manoelinas e Filipinas, definindo, neste sentido, a política de terras do Reino português, incluindo-se aí o Brasil (Porto, 1965).

Derivada da palavra latina *seximum*, que significa a sexta parte, o termo sesmaria acabou assumindo a característica genérica de terras doadas, com vistas ao cultivo. No Brasil, o regime sesmarial implantou-se ao mesmo tempo que as capitanias hereditárias, definindo um padrão que marcou a estrutura fundiária brasileira sob a forma do latifúndio. Distribuída segundo um módulo mínimo, que era a légua quadrada (6,6 mil metros quadrados), a estrutura sesmarial não foi homogênea, contemplando desde verdadeiros "impérios territoriais" — como a sesmaria da Casa Garcia d'Ávila, que margeava o rio São Francisco — até sesmarias menores de uma légua quadrada.

A motivação básica das Leis das Sesmarias era o cultivo da terra. Uma sesmaria improdutiva deveria ser repartida de tal forma que toda ela produzisse riquezas. Contudo, este princípio, ao que parece, nunca foi exatamente observado, resultando daí a consolidação do latifúndio. É explícito, nesse sentido, o regimento do governador-geral, Tomé de Souza, de 1548, que mandava distribuir as terras em sesmarias, mas condicionava essa distribuição aos que possuíssem cabedal suficiente para construir casas-fortes, o que está na base da constituição da estrutura fundiária concentrada, ponto de partida para a conformação do poder oligárquico, fenômeno fundamental de nossa vida política e cultural, que é o *coronelismo*.

O regime sesmarial, tal como se desenvolveu no Brasil, não foi uniforme em todas as regiões. A posse de grandes áreas teve peso menor quando se considera, por exemplo, a economia mineratória de Minas Gerais, onde o que efetivamente contava era a quantidade de ouro ou diamantes de uma determinada data mineral. Ainda sobre a economia mineratória, o quadro é mais complexo pela forte presença do que foi chamado por Miguel Costa Filho de *fazenda mista*, que reunia, numa mesma propriedade, atividades agropecuárias, manufatureiras e mineratórias.

O que se quer evitar aqui é uma generalização que atribua homogeneidade a um quadro histórico-espacial marcado pela diversidade. Se o latifúndio e a escravidão foram fundamentais na economia pecuária (do couro, do charque e do gado em pé) da região de Pelotas, no período colonial, o mesmo não se pode dizer da agricultura de alimentos em Rio Grande de São Pedro, que terá padrão de distribuição da terra e forma de organização do trabalho marcados pela desconcentração fundiária e pela hegemônica presença do trabalho familiar.

A questão fundiária no Brasil de nenhum modo foi pacífica. Já em 1795 foi feita tentativa de modificar a política de terras abolindo o regime das sesmarias. O alvará de 5 de outubro de 1795 explicitou o quadro de desmandos e distorções que se buscava alterar: "Que sendo-me presentes em consulta do Conselho Ultramarino os abusos e irregularidades, e desordens, que têm grassado, estão e vão grassando em todo o Estado do Brasil, sobre o melindroso objeto de suas sesmarias..." (Smith, 1990:285). Por mais bem-intencionado que tenha sido o alvará, ele não foi aplicado. As dificuldades em se harmonizar interesses em disputa vão marcar a história brasileira no que se refere à distribuição de terras do final do século XVIII até hoje. Tanto o alvará frustrado quanto o decreto que o anulou fazem parte de um contexto caracterizado por embates sobre os rumos da construção do Estado e da sociedade nacionais. Quem talvez tenha sintetizado melhor essas questões foi José Bonifácio, responsável por pioneira proposta de construção de uma nova ordem socioeconômica e que enfatizava a denúncia das sesmarias como incompatíveis com o desenvolvimento da agricultura.

Se houve, então, desde 1822, clara intenção de pôr fim à velha instituição da sesmaria, é só em 1850, com a Lei de Terras, a Lei nº 601 do Império do Brasil, de 18 de setembro, que se estabeleceu o marco legal da política de terras. A Lei de Terras é coetânea de dois outros instrumentos legais, o Código Comercial e a Lei Eusébio de Queirós, que aboliu o tráfico internacional de escravos, e que significaram, em conjunto, o marco inicial do processo de constituição das relações mercantis especificamente capitalistas, isto é, a transformação da terra e da força de trabalho em mercadorias.

O historiador José Murilo de Carvalho, em seu livro *Teatro de sombras*, nos deu informada e lúcida análise sobre a Lei de Terras, apresentando as complexas circunstâncias de sua discussão, aprovação e implementação a partir de 1842. No essencial, ele mostrou que a Lei de Terras foi um emblemático instrumento de modernização conservadora, que se frustrou pela intercorrência de variados obstáculos e contradições, centrados na divergência de interesses entre os proprietários. A grande lavoura cafeeira do Rio de Janeiro era a grande beneficiada com a legislação, que, ao estabelecer um imposto territorial que incidiria sobre todos os proprietários, privilegiava aqueles que demandavam crescentemente mão de obra imigrante no contexto do aumento de pressão inglesa pela supressão do tráfico internacional de escravos.

Aprovado na Câmara, o dispositivo que previa a cobrança do imposto territorial foi derrubado no Senado e jamais foi instituído durante o período imperial, apesar das sistemáticas demandas de funcionários e ministros da Agricultura, que viam o imposto como complemento necessário à lei. Com efeito, a Lei de Terras não atendia ao conjunto dos proprietários brasileiros, sendo esta a razão principal de sua ineficácia.

O fracasso do reformismo conservador na reestruturação fundiária durante o período imperial, de que resultou a permanência do latifúndio, expressou a ausência de efetiva hegemonia dos segmentos modernizantes das elites brasileiras, incapazes de generalizar para o conjunto do país as instituições típicas da economia de mercado sintetizadas na transformação da terra e da força de trabalho em mercadorias. A efetiva imposição dos mercados de terras e de trabalho em moldes especificamente capitalistas não teve dimensão nacional durante o período imperial, estando fundamentalmente ligada à expansão cafeeira em São Paulo, sobretudo a partir da década de 1880.

A historiadora Emília Viotti da Costa resumiu o essencial da Lei de Terras em quatro pontos básicos: (1) o acesso às terras públicas seria dado apenas pela compra; (2) o tamanho das *posses*, terras apropriadas mediante ocupação, foi limitado ao tamanho da maior doação feita no distrito em que se localizavam; (3) o produto da venda das terras seria usado para financiar a vinda de imigrantes para o Brasil; e, (4) foi criada a Repartição Geral das Terras Públicas para administrar o processo e promover a migração (Costa, 1987).

A esses pontos agreguem-se dois outros, enfatizados na análise de José Murilo de Carvalho: a exigência de demarcação das sesmarias caídas em comisso, ou seja, que perderam a validade; e a exigência de demarcação das posses latifundiárias. Essas medidas causaram vivas reações dos proprietários, estando na base do processo que levou ao efetivo bloqueio da aplicação da lei.

A motivação real da Lei de Terras fica evidenciada no dispositivo que proibia que os imigrantes pudessem comprar terras antes de três anos de trabalho no país.

Baixada a Lei de Terras, sua eficácia e consequências devem ser relativizadas sobretudo pelo que o historiador José Murilo de Carvalho chamou de "veto dos barões", e que resultou, na prática, no bloqueio à discriminação das terras públicas e privadas, já que isto pressupunha um cadastro das terras ocupadas, o que a Repartição Geral de Terras Públicas foi impedida de fazer, tanto por pressão dos proprietários quanto por sua precariedade funcional.

Assim, se foram limitadas as consequências práticas da Lei de Terras quanto à discriminação de terras públicas, no referente à delimitação das terras privadas a lei contribuiu para reduzir a superposição de direitos. A consequência maior disso foi a desconstituição de direitos costumeiros de arrendatários, posseiros e agregados, o que se deu em meio a fortes conflitos que, afinal, consagraram os interesses dos grandes proprietários.

Promulgada em 1850, regulamentada em 1851 (em regulamento que só foi publicado em 1854), a Lei de Terras foi boicotada desde o início e, de fato, foi, em seus dispositivos centrais e em várias províncias, "letra morta". Segundo José Murilo de Carvalho:

> Em 1877 reconhecia-se que a lei era "letra morta" em vários pontos. O mesmo seria repetido, em 1886, quase ao final do Império, 36 anos após a aprovação

da lei. Segundo o ministro desse ano, grande número de sesmarias e posses permanecia sem revalidar e sem legitimar, e as terras públicas continuavam a ser invadidas (Carvalho, 1988:95).

Tanto no Brasil quanto nos Estados Unidos a questão da terra foi objeto de tensões e disputas. Lá, os interesses dos grandes proprietários do Sul expressaram-se na defesa de uma política de terras baseada no latifúndio e no trabalho escravo. A Lei de Terras americana, de 1862, e a abolição da escravidão, em 1863, no contexto da Guerra Civil, são sinais inequívocos da vitória de interesses especificamente capitalistas.

O ponto central aqui é que a Lei de Terras e a Lei Eusébio de Queirós, ambas de 1850, foram mecanismos solidários e complementares na constituição dos mercados de trabalho e de terras, que afinal não se confirmaram pela reação do senhoriato, apegado a um projeto de dominação em que a produção de riquezas e as relações econômicas, políticas e sociais estavam sintonizadas às velhas aspirações de *status* e poder de uma elite apegada ao patrimonialismo e ao Antigo Regime.

O MERCADO DE TRABALHO

É também marcada por ambiguidades e tensões que se dá, no Brasil, a constituição do mercado de trabalho — a longa e complexa transição do trabalho escravo ao trabalho livre e deste ao trabalho assalariado —, processo que caracterizou todo século XIX e parte do século XX. A exata compreensão da realidade brasileira pressupõe extrair todas as consequências da longa permanência da escravidão, que marcou decisivamente o conjunto da vida brasileira em variados aspectos.

No Brasil, a escravidão africana não foi dominante em todas as regiões, em todos os momentos e em todas as atividades. Foi pequena a presença de escravos africanos nas capitanias/províncias do Sul. Também foi restrita na economia das "drogas do sertão", na região amazônica. Mesmo em regiões em que predominou, como a nordestina e a mineira, o trabalho escravo africano não foi a única forma de trabalho a ser utilizada.

Sempre houve, entre a elite brasileira, quem se colocasse contra a escravidão, como José Bonifácio nos primeiros anos do Império, ou como Joaquim Nabuco, no final do período imperial. Foram permanentes as revoltas e os movimentos de resistência dos próprios escravos, destacando-se aí a formação de quilombos; as grandes revoltas de escravos, como a dos Malês, em Salvador, em 1835; a intensificação das fugas de escravos e conflitos, que vão marcar a províncias escravistas, sobretudo São Paulo, na década de 1880. A esses processos internos devem ser acrescidas as pressões exercidas pela Inglaterra, a partir do início do século XIX, que vão pautar a legislação e as políticas gerais do Brasil com relação ao tráfico de escravos e à própria manutenção da escravidão.

Grosso modo, a reação do governo brasileiro a esse conjunto de circunstâncias baseou-se em uma estratégia que combinou acomodação, procrastinação, resistência e tergiversação. O resultado final foi o lento e gradual processo de abolição, ao mesmo tempo que se buscavam alternativas à mão de obra escrava africana, seja pela intensificação do tráfico entre as províncias, seja pela transferência de escravos no interior das províncias, seja, finalmente, pela entrada de imigrantes estrangeiros.

Ao longo do século XIX a política imigrantista no Brasil assumiu três modalidades básicas: a política de *núcleos coloniais*, financiada pelo governo imperial e baseada na distribuição de lotes que seriam explorados pelo trabalho familiar; b) a política das *colônias de parceria*, financiada por particulares e com ônus para os imigrantes; c) e a *política de subvenção*, sob a responsabilidade dos governos provinciais e imperial, que subsidiavam parcialmente os custos da vinda dos imigrantes e que acabou sendo a que prevaleceu. Entre 1860 e 1869 o Brasil recebeu 108.187 imigrantes; entre 1870 e 1879, 193.431; e, entre 1881 e 1930, 3.964.300, sendo 36% de imigrantes italianos, 29% de portugueses, 14% de espanhóis e 3% de japoneses.

A legislação sobre o trabalho no Brasil teve seu primeiro instrumento em uma lei de 1830. Em 1837, a Lei nº 108, de 11 de outubro, dispôs sobre o trabalho dos estrangeiros. Foi esse instrumento legal que abriu a possibilidade de entrada de trabalhadores estrangeiros, que vai ter, nos anos 1840, um primeiro e frustrado capítulo como resultado das iniciativas de Senador Vergueiro, pioneiro na importação de mão de obra estrangeira.

Com efeito, o processo de constituição do mercado de trabalho foi tão lento e complexo quanto o processo de abolição da escravidão. Se a abolição foi gradual — 1850, fim do tráfico internacional; 1871, Lei do Ventre Livre; 1885, Lei dos Sexagenários; 1888, Lei Áurea —, a regulamentação das relações de trabalho também o foi, com a promulgação de leis em 1830, 1837 e 1879 que buscaram estabelecer o marco legal das relações de trabalho livre.

A lei de 1879 buscou atingir três objetivos básicos: a locação de serviços propriamente ditos, a parceria agrícola e a parceria pecuária. Essa lei abriu caminho para a consolidação do regime de parceria no Brasil, o que permitiu, a partir da década de 1880, a significativa entrada de imigrantes estrangeiros, sobretudo para atender à demanda de mão de obra da lavoura cafeeira.

Heaton & Rensburg
Projeto da vila agrícola Teresa

Legenda do original: "Projeto de uma vila agrícola — Teresa — para dez famílias, que poderão chegar a cem. O nome foi dado em homenagem à imperatriz d. Teresa Cristina pelo autor do projeto, o médico Jean Maurice Faivre. A planta mostra, ao centro, uma fonte rodeada de árvores, tendo ao lado uma casa comunitária com biblioteca, gabinete de história natural e laboratório de química e física, também cercada de árvores. Ao redor estão dispostas dez casas assobradadas, de tijolos ou alvenaria, com jardins e árvores circundantes, em meio de uma várzea aprazível. Nos arredores situam-se os moinhos; um estabelecimento para tecelagem; serraria, forja e carpintaria; olaria e cemitério. Encorajado pelo imperador, Faivre trouxe da França uma leva de imigrantes. Instalou-se com eles no interior do Paraná, às margens do rio Ivaí, onde fundou uma colônia, Teresina, de efêmera duração, dada a rudeza do ambiente, à qual não resistiu o próprio fundador, que morreu em pouco tempo."

LITOGRAFIA, 32,5 × 18 CM, RIO DE JANEIRO, S.D.
INSTITUTO HISTÓRICO E GEOGRÁFICO BRASILEIRO, RIO DE JANEIRO

A CONSTRUÇÃO NACIONAL

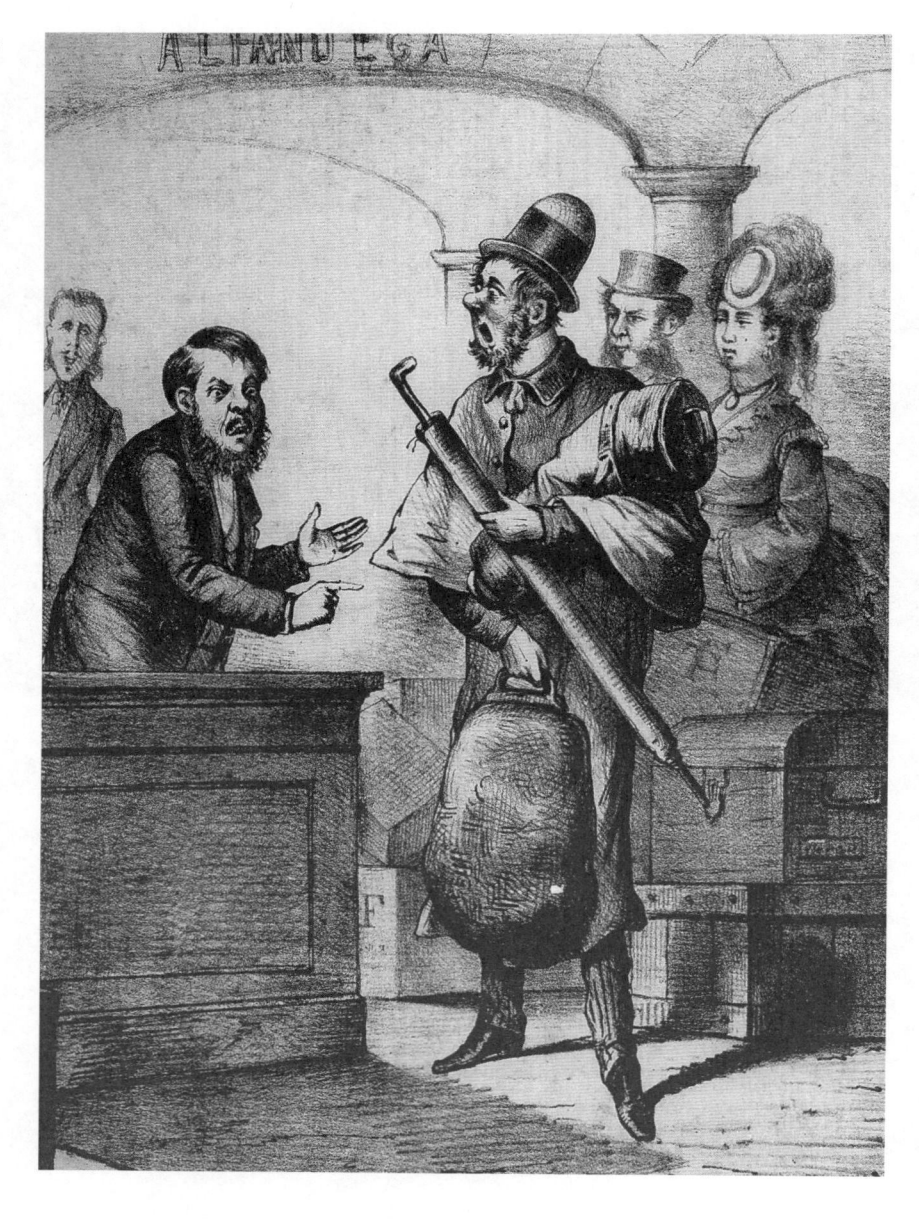

Faria & Valle
*Queixa dirigida ao inspetor da Alfândega,
José Maurício Pereira de Barros*

Legenda do original: "Eu vim for colonisation e você quer
que eu pago todo o meu dinheiro por cause de suas direitos. Eu não pague nada...
ou eu vai fazer...colonisation n'outra parte! Godemm! Godemm!"

IN: *VIDA FLUMINENSE*. RIO DE JANEIRO, ANO V, Nº 215, 10 FEV. 1872, P. 884
LITOGRAFIA
SEÇÃO DE OBRAS RARAS DA FUNDAÇÃO BIBLIOTECA NACIONAL, RIO DE JANEIRO

Com a efetiva participação do governo da província de São Paulo no processo, mediante o financiamento do transporte e a instalação dos imigrantes, é que a imigração alcançou o caráter massivo que teve entre 1885 e 1930.

Todas as mudanças apontadas aqui — a modernização das relações de trabalho, a mercantilização da terra — têm mais de um determinante. Não será reducionismo afirmar que o núcleo principal dessas mudanças foi a economia cafeeira. Essa atividade, em sua expansão, enfrentou certos obstáculos que, removidos, determinaram transformações estruturais na vida econômica e social no Brasil. O primeiro obstáculo enfrentado foi o relativo à mão de obra. Pressionado pela Inglaterra, desafiado pela aceleração da luta e resistência dos escravos, o governo imperial proibiu, finalmente, em 1850, o tráfico internacional, ao mesmo tempo que buscou "fechar a fronteira", isto é, o livre acesso à terra, com a Lei de Terras. Essas duas medidas legais são marcos importantes na constituição dos mercados de trabalho e de terras.

O outro obstáculo que se colocou para a expansão cafeeira foi quanto à disponibilidade e fertilidade da terra. Há aqui duas questões imbricadas. A primeira refere-se ao esgotamento da capacidade produtiva das terras nas áreas do pioneiro plantio de café: da Corte ao Vale do Paraíba fluminense e paulista, e daí à Zona da Mata de Minas Gerais. Esse esgotamento fez com que fossem ocupadas áreas do chamado "Oeste Velho" de São Paulo, em torno do eixo Campinas-Rio Claro, e, mais tarde, as terras do "Oeste Novo", cuja centralidade seria dada por Ribeirão Preto. Nessa caminhada para o oeste, a produtividade física dos cafezais mais que dobrou. Outro ponto a se destacar é que a lucratividade da atividade cafeeira e sua rápida expansão territorial determinaram, efetivamente, a complementação do "fechamento da fronteira", pela elevação dos preços da terra e sua monopolização pelos grandes proprietários.

O terceiro obstáculo enfrentado pela expansão cafeeira está ligado ao sistema de transportes. A resposta a esse obstáculo, o desenvolvimento das ferrovias, barateou custos de transportes e ampliou a capacidade de carga, permitiu a efetiva integração entre as áreas produtoras e os portos, e, finalmente, criou condições para a unificação do mercado interno. De resto, a expansão ferroviária também teve papel importante tanto no desenvolvimento da mecanização quanto na formação das primeiras organizações laborais no Brasil.

O MERCADO DE DINHEIRO

No Brasil do século XIX, a implantação de um mercado regular de dinheiro, crédito e capital esteve sujeita às mesmas vicissitudes que acompanharam a constituição de outras relações e instituições mercantis capitalistas entre nós.

Também nesse caso o ano de 1850 foi crucial com a promulgação do Código Comercial, Lei nº 556, de 25 de junho, que inaugurou um amplo processo de regulamentação, que vai marcar toda a segunda metade do século, com leis sobre o funcionamento do sistema bancário e das casas de penhores e empréstimos; a criação e organização de bancos e sociedades anônimas; a regulamentação da Marinha mercante, da indústria de construção naval e do comércio de cabotagem; a concessão de patentes; os processos de execução civil, comercial e hipotecária; o crédito à lavoura e indústrias auxiliares; a corretagem de fundos públicos e bolsas de valores; a regulamentação de títulos ao portador e emissão de debêntures; as companhias de seguro, entre outras.

A abrangência das atividades regulamentadas é um significativo indicador das transformações que a economia experimentou nesse período. Contudo, esses esforços de modernização econômica não tiveram implantação imediata nem atingiram todo o país, concentrando-se, sobretudo, no Rio de Janeiro e alguns outros poucos núcleos urbanos.

Um setor particularmente sensível às transformações e vicissitudes da vida econômica é o bancário. Nesse caso, é emblemático o caso do Banco do Brasil, que foi fundado em 1808, passando a funcionar em 1809, e cuja história sintetiza aspectos centrais dos impasses e contradições da consolidação do capitalismo no Brasil.

O primeiro Banco do Brasil (inaugurado em 1808 e liquidado em 1829) teve filiais na Bahia e em São Paulo. Em 1836, foi criado o Banco do Ceará; em 1838, o Banco Comercial do Rio de Janeiro; em 1845, o Banco Comercial da Bahia; no ano seguinte, o Banco do Maranhão; e, em 1851, o Banco de Pernambuco. A partir da década de 1850 houve expressiva expansão bancária, com a criação de dezenas de bancos, que seriam afetados pela forte crise que se abateu sobre o setor, entre 1857 e 1864.

Uma questão importante que se colocou para o setor bancário foi quanto às prerrogativas de emissão da moeda por parte dos bancos privados. A questão teve vigência entre 1853 e 1866, alternando-se políticas ditas "papelistas", que defendiam a emissão de moeda por parte dos bancos, e políticas "metalistas", que propunham o monopólio da emissão pelo Banco do Brasil, recriado em 1854, depois da fusão com o Banco Comercial do Rio de Janeiro, fundado por Irineu Evangelista de Souza, em 1851. Em 1866, a questão foi encerrada quando o governo imperial concedeu ao Tesouro a exclusividade da emissão monetária.

Até a década de 1850, na ausência de instrumentos legais capazes de garantir a segurança de títulos de crédito e de contratos, foram os comissários de café — comerciantes que faziam a intermediação entre os produtores e os compradores do produto — os efetivos financiadores da produção, transporte e armazenagem de café, situação alterada com a entrada em cena dos bancos hipotecários, que vão emprestar diretamente aos fazendeiros, a partir da década de 1860.

A expansão cafeeira na segunda metade do século XIX está na base da formação do capital de parte significativa do sistema bancário brasileiro de então. Ela atraiu bancos estrangeiros, que se instalaram no Brasil e prosperaram mesmo no contexto da crise bancária da década de 1860. No caso dos bancos brasileiros, grande parte dos seus capitais veio dos fazendeiros e comissários de café, que foram os intermediários efetivos entre os produtores e os exportadores, em geral grandes casas de exportação sob controle do capital britânico e norte-americano.

Registre-se que o comércio urbano no período imperial dividiu-se em dois blocos: o primeiro englobava o pequeno comércio, as casas de secos e molhados, e era controlado por portugueses e brasileiros naturalizados, em sua grande maioria portugueses; o segundo bloco abrangia o grande comércio, o "grosso trato", e era controlado, sobretudo, por capitais ingleses.

Visto em conjunto, o comércio exterior brasileiro durante o século XIX apresentava duas características básicas: a primeira metade do século foi marcada por déficits na balança comercial, situação que será revertida na segunda metade do século, com majoritária ocorrência de superávits comerciais. Esses superávits estavam diretamente associados à expansão da economia cafeeira e seu comportamento cíclico. Por outro lado, se consideramos o balanço de serviços do Brasil, durante todo o século o quadro será de déficits persistentes, que superaram os superávits da balança comercial, obrigando o país ao endividamento externo, ainda mais incrementado pelos empréstimos contraídos para financiar a Guerra do Paraguai, que somaram 10.396.200 libras; e os gastos com a seca do Ceará de 1877–1880, que foram de 4.599 mil libras (Lima, 1970:256–257).

A EXPANSÃO CAFEEIRA E A MODERNIZAÇÃO ECONÔMICA: TRANSPORTES, URBANIZAÇÃO E ENERGIA

A economia cafeeira foi a principal matriz da modernização da economia a partir da segunda metade do século XIX. Plantado, inicialmente, no Pará, na primeira metade do século XVIII, o café foi trazido inicialmente para o Rio de Janeiro, no começo do século XIX, expandindo-se depois para a Zona da Mata fluminense e mineira, e para o Vale do Paraíba paulista, ocupando em seguida o oeste paulista e o sul de Minas.

Sérgio Millet deu-nos um "roteiro do café" em sua marcha pelo território paulista, roteiro que teria de ser complementado com os itinerários do café em Minas Gerais e no Espírito Santo para se ter o quadro completo da dinâmica cafeeira no século XIX.

A expansão cafeeira foi resultado da crescente demanda internacional que acabou por impactar os preços, a busca por terras e mão de obra, os sistemas de transportes e os processos de beneficiamento do café, bem como os mecanismos de financiamento da produção e de comercialização. A marcha das exportações de café apresenta um crescimento vigoroso, como mostra a tabela 6.

TABELA 6 EXPORTAÇÕES BRASILEIRAS DE CAFÉ EM MILHARES DE SACAS DE 60 KG

DECÊNIOS	MILHARES
1821–1830	3.178
1831–1840	4.430
1841–1850	18.367
1851–1860	27.339
1861–1870	29.103
1871–1880	32.509
1881–1890	51.631

Fonte: Prado Júnior, Caio. *História econômica do Brasil* (apud Rego e Marques, 2003:80).

Houve alterações importantes na participação relativa das províncias/ estados na exportação de café. Se entre 1876 e 1880 o Rio de Janeiro foi responsável por 52,2% do total das exportações, entre 1891 e 1900 essa participação caiu para 11,5%, enquanto a de São Paulo passou de 24,3% entre 1876 e 1880 para 60,5% entre 1891 e 1900. Nos mesmos períodos, a participação de Minas Gerais cresceu de 20,2% para 22,7%, enquanto a do Espírito Santo subiu de 3,3% para 5,3%.

O crescimento das exportações de café no período não foi acompanhado de movimento equivalente nos preços, que tiveram comportamento cíclico, como mostrou o economista Antônio Delfim Netto, em seu livro *O problema do café no Brasil*, que identificou três ciclos de preços do café entre 1857 e 1905, a saber: 1º) 1857–1868; 2º) 1869–1885; e 3º) 1886–1905.

Além do mais, durante o período considerado funcionou um mecanismo básico de defesa dos interesses dos cafeicultores — a desvalorização cambial —, que permitiu a manutenção e mesmo a elevação da renda dos exportadores, determinando a contínua expansão da oferta. Tal medida, em tempos de retração da demanda internacional, obrigou a desvalorizações ainda maiores, reiterando o que o economista Celso Furtado chamou de "socialização das perdas", que ocorreram na medida em que o conjunto da economia arcava com o ônus da defesa dos interesses dos cafeicultores.

TABELA 7 EXPORTAÇÃO DE CAFÉ E DESVALORIZAÇÃO CAMBIAL | 1881–1885

ANOS	EXPORTAÇÃO DE CAFÉ (EM MILHÕES DE SACOS DE 60 KG)	RECEITAS DAS EXPORTAÇÕES (EM MILHÕES DE LIBRAS ESTERLINAS)
1881–1882	4,08	9,55
1882–1883	6,69	10,82
1883–1884	5,32	11,68
1884–1885	6,24	13,14
Variação	65%	77%

Fonte: Netto, 1959–1981:20–21.

Pela tabela 7 vê-se o resultado das desvalorizações cambiais que propiciaram um aumento da receita das exportações de café, no período considerado, de 1881 a 1885, de 77%, enquanto o aumento das exportações de café somou 65%.

A demanda internacional do café, na segunda metade do século XIX, impactou a economia brasileira em vários sentidos. Em primeiro lugar, ela incidiu sobre a procura por mão de obra, determinando, de um lado, a intensificação do tráfico interprovincial de escravos e a consequente elevação dos preços dos escravos, e, de outro lado, a busca de fontes alternativas de mão de obra sob a forma de políticas imigrantistas.

As tabelas 8 e 9 trazem dados sobre a evolução dos preços dos escravos na região mais dinâmica da economia brasileira de então, o oeste paulista, e a relação entre produção de café e entrada de imigrantes no Brasil.

TABELA 8 PREÇO MÉDIO DE UM ESCRAVO — OESTE PAULISTA | 1843-1887

PERÍODO	MIL-RÉIS
1843–1847	550$000
1848–1852	649$500
1853–1857	1:177$500
1858–1862	1:840$000
1863–1867	1:817$000
1868–1872	1:752$500
1873–1877	2:076$862
1878–1882	1:882$912
1883–1887	926$795

Fonte: Dean, Warren. *Rio Claro. A Brazilian Plantation Systems, 1820–1920* (apud Martins, 1979:27).

Não será equivocada a interpretação que afirma que a queda nos preços dos escravos no período 1883–1887, na região mais dinâmica da economia cafeeira, está associada à crescente consciência quanto à iminência do fim da escravidão, sobretudo depois da Lei do Ventre Livre de 1871, à própria intensificação da luta abolicionista e, finalmente, ao movimento de imigração.

TABELA 9 PRODUÇÃO DE CAFÉ E IMIGRAÇÃO | 1880-1897

ANO	PRODUÇÃO DE CAFÉ* MILHARES DE SACOS	Nº DE IMIGRANTES
1880	5.783	22.520
1881	5.691	23.766
1882	6.852	24.306
1883	5.166	25.449

1884	6.492	29.935
1885	5.770	35.688
1886	6.320	56.606
1887	3.165	64.818
1888	6.925	79.224
1889	4.405	115.879
1890	5.525	121.927
1891	7.695	122.238
1892	6.535	121.245
1893	5.040	133.274
1894	7.235	121.548
1895	6.005	133.580
1896	9.315	122.241
1897	11.210	120.970
Total	115.129	1.475.214

Fonte: Departamento Nacional do Café. Anuário Estatístico, 1938, e Secretaria de Agricultura de São Paulo, Relatório, vários anos.
* Milhares de sacas de 60 kg colocadas no porto de Santos (apud Rego e Marques, 2003:125).

A expansão cafeeira estimulou e induziu outras transformações decisivas na economia, sobretudo em São Paulo. É o que se vê quando se consideram os efeitos da expansão das ferrovias sobre os custos de transportes, barateando-os; sobre a mecanização da estrutura produtiva brasileira; ou ainda por seu impacto sobre a unificação do mercado interno.

FERROVIAS

São clássicas as análises que apontam a centralidade da expansão das ferrovias na constituição do modo de produção capitalista. Também no Brasil elas tiveram importante papel na modernização da vida econômica. Previstas desde o período regencial pelo Decreto nº 101, de 31 de outubro de 1835, as ferrovias vão ser implantadas a partir da década de 1850. A primeira ferrovia efetivamente construída é de 1854, por iniciativa de Irineu Evangelista de Souza, que construiu 14 quilômetros de estrada de ferro com um propósito que ele mesmo definiu como de propaganda da inovação.

A Lei nº 541, de 26 de junho de 1852, estabeleceu parâmetros que tiveram considerável influência na montagem da malha ferroviária (basicamente, a garantia de juros sobre o capital investido). As cinco primeiras estradas de ferro criadas no Brasil foram: a Estrada de Ferro D. Pedro II (depois Central do Brasil), a Estrada de Ferro de Mauá, a Estrada de Ferro de Recife ao São Francisco, a Estrada de Ferro da Bahia ao São Francisco e a Estrada de Ferro de Santos a Jundiaí. Dessas, duas apenas, as nordestinas, não estiveram relacionadas à expansão cafeeira.

A Estrada de Ferro D. Pedro II, criada em 1855 por iniciativa do governo imperial, teve seu primeiro trecho inaugurado em 1858. Em 1869 a linha chegou a Minas Gerais, no município de Mar de Espanha. Em 1888 alcançou Ouro Preto, num total de 828 quilômetros, incluindo os pequenos ramais.

Outras ferrovias foram criadas no Rio de Janeiro, nas décadas de 1860 e 1870, sobretudo para o escoamento da produção cafeeira das zonas da Mata mineira e fluminense. Em São Paulo, a marcha dos empreendimentos ferroviários teve início com a criação da São Paulo Railway, para fazer a ligação Santos-Jundiaí, terminada em 1867. Seguiram-se as companhias: Paulista, inaugurada em 1872; Mojiana, inaugurada em 1875, e Sorocabana, também inaugurada em 1875. A estas se somaram as companhias Bragantina, Noroeste, Alta Paulista, Araraquarense, Ituana e a Companhia Rio Claro. Entre 1892 e 1895 houve fusões entre essas companhias, resultando na concentração do poderio das companhias Paulista, Mojiana e Sorocabana.

A segunda estrada de ferro a funcionar foi a Recife and São Francisco Railway Company Limited, de capital inglês, que inaugurou seu primeiro trecho em 1858. Na década de 1880, foi criada a Great Western Railway Company Limited, também com capitais ingleses, voltada para atender aos interesses das áreas açucareiras de Pernambuco e Alagoas. Na Bahia, depois de várias tentativas frustradas, implantou-se uma malha ferroviária que em 1889 somava 1.057 quilômetros, 11% do total do país.

Também no Sul houve significativa expansão ferroviária, destacando-se aí, pelo apuro técnico, a ferrovia Curitiba-Paranaguá, projetada pelo engenheiro brasileiro Antônio Pereira Rebouças, construída entre 1880 e 1885.

Destaque-se a malha ferroviária de Minas Gerais, que foi a mais extensa do Brasil e que, ainda assim, não conseguiu interligar o mercado regional pela interveniência de interesses de grupos e indivíduos, de que são exemplos a arbitrariedade dos traçados das ferrovias e as várias bitolas utilizadas na malha ferroviária: 0,60 cm; 0,76 cm; 1,0 m e 1,6 m.

O PROCESSO ECONÔMICO

C. Linde
Estrada de Ferro D. Pedro II. Ponte sobre o rio Piraí
(perto da Estação Barra do Piraí)

IN: ESTRADA DE FERRO D. PEDRO II: VISTAS DOS PONTOS MAIS IMPORTANTES DESDE A ESTAÇÃO DA CORTE ATÉ A DO COMÉRCIO E PLANTAS DAS PONTES SOBRE OS RIOS SANT'ANNA, SACRA FAMÍLIA, RIO DAS MORTES, PIRAÍ E PARAÍBA. PUBLICAÇÃO FEITA POR ORDEM DO MINISTÉRIO DA AGRICULTURA, COMÉRCIO E OBRAS PÚBLICAS PELO IMPERIAL INSTITUTO ARTÍSTICO. RIO DE JANEIRO: TYP DO IMPERIAL INSTITUTO ARTÍSTICO, S.D. ESTAMPA 20
SEÇÃO DE ICONOGRAFIA DA FUNDAÇÃO BIBLIOTECA NACIONAL, RIO DE JANEIRO

A cronologia da constituição da malha ferroviária em Minas Gerais no século XIX é a seguinte: 1869, Estrada de Ferro D. Pedro II; 1874, Estrada de Ferro Leopoldina; 1880, Estrada de Ferro Oeste de Minas; 1882, Estrada de Ferro Bahia e Minas; 1889, Estrada de Ferro Minas e Rio; 1886, Estrada de Ferro Mogiana; 1891, Viação Ferro Sapucaí; 1892, Estrada de Ferro Muzambinho; 1895, Estrada de Ferro Trespontana.

Grosso modo, podemos dizer que as ferrovias impactaram a vida econômica, política, social e cultural sob diversos aspectos: unificaram o mercado interno, facilitando a circulação de pessoas e mercadorias; baratearam o custo do transporte, beneficiando as exportações; permitiram a expansão da fronteira agropecuária e mineratória; induziram a expansão do setor de produção de aço, máquinas e ferramentas, equipamentos ferroviários, construção civil e ferroviária; consolidaram a formação técnico-profissional dos trabalhadores do setor industrial.

Ainda que pequeno quando comparado ao dos Estados Unidos, o setor ferroviário brasileiro mobilizou consideráveis capitais pelo vulto dos investimentos necessários. Ao lado dos aspectos econômicos, as ferrovias também repercutiram sobre o conjunto da vida sociocultural, redefinindo hábitos e práticas, permitindo a interação e o intercâmbio material e simbólico.

Foram as ferrovias, em suas oficinas, que formaram o núcleo inicial do operariado industrial e que reuniram, no mesmo espaço de trabalho, grupos de trabalhadores, submetendo-os tanto à formação técnico-profissional quanto à socialização típica do mundo do trabalho capitalista. Nesse sentido, não é surpresa que os ferroviários tenham se constituído em uma categoria profissional politizada, mobilizada e combativa, participando de expressivos momentos de luta dos trabalhadores protagonizada então pelos gráficos, tecelões e portuários.

URBANIZAÇÃO E ENERGIA

A segunda metade do século XIX marcou o início da modernização da infraestrutura econômica e da estrutura urbana brasileiras: 1861 é o ano da construção da Estrada de Rodagem União Indústria, entre Juiz de Fora e Petrópolis; em 1872 dá-se a inauguração da primeira linha de telégrafo; em 1872–1874 ocorreu o lançamento do cabo submarino que ligou o Brasil à Europa; em 1880 iniciou-se a telefonia; data de 1888 a primeira usina hidroelétrica; entre 1872 e 1895 instalaram-se redes de tráfego urbano nas cidades do Rio de Janeiro, São Paulo, Salvador, Campinas, São Luís e Recife.

Marc Ferrez
Obras do abastecimento de água do Rio de Janeiro.
Encanamento geral: repuxo junto à ponte da Pavuna
IN: *OBRAS DO NOVO ABASTECIMENTO DE ÁGUA*, V. 1
FOTOGRAFIA, COLÓDIO, 35,2 × 26,4 CM
SEÇÃO DE ICONOGRAFIA DA BIBLIOTECA NACIONAL, RIO DE JANEIRO

Expandiram-se os núcleos urbanos. Cidades como Santos, Campinas e São Paulo vão crescer e diversificar suas estruturas no campo bancário e financeiro, ao mesmo tempo que instalam serviços de utilidade pública como iluminação a gás, transporte urbano a tração animal, serviços de água e esgoto.

Também no campo da energia elétrica ocorreram avanços, como se vê na tabela a seguir:

TABELA 10 A ELETRICIDADE NO BRASIL | 1883-1900

	1883	1889	1900
Número de empresas	1	3	11
Usinas termoelétricas	1	2	6
Usinas hidroelétricas	—	1	5
Potência de origem térmica H.P.	70	4.270	8.846
Potência de origem hidráulica H.P.	—	6.150	8.665
Potência total H.P.	70	10.420	17.5411
Localidades servidas	1	3	16

Fonte: Fernandes, 1935:343.

As dificuldades para a implantação da modernização são exemplificadas pelas vicissitudes da instituição do sistema métrico decimal, em 1862, como se vê na Revolta do Quebra-Quilos, de 1874, que, tendo se iniciado no Rio Grande do Norte, espalhou-se pelo Nordeste, tentando impedir a utilização do sistema de pesos e medidas moderno. No mesmo sentido, deu-se a resistência generalizada às medidas tomadas pelo governo imperial para a realização do recenseamento brasileiro de 1852, com relação à secularização do registro civil, dos casamentos e dos sepultamentos, que também geraram descontentamentos, presentes entre os temas, por exemplo, da pregação de Antônio Conselheiro em sua epopeia de Canudos.

A GÊNESE DA INDÚSTRIA NO BRASIL

Não há consenso entre os especialistas sobre como explicar a origem e o desenvolvimento da industrialização no Brasil — seja quanto a seus determinantes principais, seja quanto a seus protagonistas, ou mesmo quanto à periodização do processo, suas etapas e características.

São quatro as questões centrais presentes no debate sobre a industrialização brasileira. A primeira diz respeito à relação entre a expansão cafeeira e o surgimento da indústria no Brasil. Durante certo tempo predominou a visão, tipificada pelo empresário e historiador Roberto Simonsen, que considerava a predominância da produção cafeeira como o grande obstáculo à industrialização. Nos anos 1970 essa tese será confrontada por duas posições. Uma expressa pelo historiador norte-americano Warren Dean, que defende hipótese oposta à de Simonsen, argumentando que a expansão cafeeira, em vez de obstáculo, foi matriz direta e imediata da industrialização, resultado da expansão da lucratividade e da capacidade de acumular das atividades cafeeiras.

Há na tese de Dean uma ligação direta entre o comércio, sobretudo o de importação, e a gênese da industrialização, destacando-se aí o papel de certa "burguesia imigrante", que, inicialmente ligada às atividades comerciais, teria sido pioneira na industrialização.

Nomes como Francisco Matarazzo, Rodolfo Crespi, José Pereira Ignácio, Ernesto Diederichsen, Egydio Gamba, os irmãos Puglini Carbone, os Jaffet, os Klabin, os Weiszflog confirmam a presença significativa de imigrantes, que vieram da Europa, com recursos e experiência empresarial suficientes para capacitá-los a serem os pioneiros da industrialização.

Também criticando Roberto Simonsen, mas estabelecendo nuances nas relações entre café e indústria e vendo contradições onde Warren Dean só vê relação unívoca e linear, o economista Sérgio Silva inaugurou outra corrente de interpretação, que se caracteriza por enquadrar a relação entre as atividades cafeeiras e a gênese da indústria como marcada por uma contradição básica: o fato de o "sucesso" cafeeiro manter o país como exportador de um produto primário sujeito à divisão internacional do trabalho e às relações de troca que confirmavam sua condição dependente e periférica.

Uma segunda questão presente no debate sobre a industrialização diz respeito ao papel do artesanato local. Tanto para o sociólogo José de Souza Martins quanto para o historiador Jacob Gorender as matrizes da industrialização não foram as atividades ligadas ao café, mas o artesanato local, responsável pela construção e pelo reparo de ferramentas e equipamentos.

A terceira questão refere-se ao papel do capital estrangeiro. Em que pese diferenças de ênfase, as interpretações anteriores partilham um relativo consenso quanto a pelo menos três aspectos: (1) que a presença do capital estrangeiro, sobretudo até a Primeira Guerra Mundial, centrou-se em atividades de infraestrutura, serviços urbanos, eletricidade, mineração, bancos, companhias de navegação e de seguros, com pequena participação na indústria de transformação; (2) que a expansão dos investimentos estrangeiros atendeu à dinâmica expansiva do grande capital em sua fase imperialista; (3) que o crescimento e a diversificação da economia, por outro lado, foram fatores decisivos na crescente participação do capital estrangeiro no desenvolvimento capitalista.

A quarta questão referente à gênese da indústria é a que busca avaliar o papel do Estado nesse processo. Há concordância sobre o papel decisivo do Estado sobre a industrialização, a modernização e a urbanização depois de 1930, tanto quanto é usual considerar de pouca importância os esforços industrializantes durante o período imperial. Contudo, esse quadro deve ser relativizado para admitir a existência da alternância de políticas tarifárias, que ora estimularam a industrialização, ora desestimularam-na. De todo modo, sabe-se que tarifas protecionistas, por si só, não são capazes de gerar indústrias, o que não impediu que o país tivesse uma movimentada agenda tarifária: de 1844 é a tarifa protecionista baixada durante a gestão do ministro Alves Branco; de 1857 é a revisão livre-cambista da tarifa Alves Branco; de 1867–1869, a elevação tarifária em função das necessidades de recursos gerados pela Guerra do Paraguai; de 1874, nova tarifa livre-cambista; de 1879, nova elevação de tarifas por razões fiscais; 1881, nova redução de tarifas; e seguiram-se revisões tarifárias em 1890, 1896, 1897, 1900 e 1905.

Durante o período considerado nesse capítulo, a ação do Estado no tocante à vida econômica do país resumiu-se, de um lado, à proteção dos interesses cafeeiros mediante a desvalorização cambial e aos estímulos à expansão das ferrovias, por meio da garantia de juros para os investimentos no setor e da subvenção quilométrica; e, de outro lado, à constituição do marco legal-institucional necessário à expansão das relações mercantis especificamente capitalistas.

A gênese da industrialização foi caracterizada pelo economista Wilson Suzigan como tendo duas etapas básicas: de 1869 a 1914, de 1914 a 1939. A primeira fase teria sido marcada pela substituição das importações dos seguintes setores: têxteis (algodão, juta e lã); chapéus; calçados; moinhos de trigo; fabricação e refino do açúcar; cervejarias; metal-mecânica I (moendas e peças para engenhos de açúcar, moinhos para cereais, máquinas para beneficiar café e arroz, máquinas leves para agricultura, ferramentas e utensílios etc.); fósforos; outras indústrias (vestuário, sabões e vela, artigos de vidro, mobiliário, produtos alimentícios, cigarros, editorial e gráfico). A segunda fase, de 1914 a 1939, teria se dado com a substituição das importações dos seguintes ramos: cimento, ferro e aço; metal-mecânica

II (máquinas agrícolas pesadas, máquinas industriais, aparelhos elétricos, equipamentos de construção e de transporte etc.); papel e celulose; produtos de borracha; química e farmacêutica; óleo de caroço de algodão; têxteis (seda e raiom); carnes congeladas e industrializadas.

Nos primeiros tempos da industrialização dominou a indústria têxtil. Em 1889 ela era responsável por 60% do setor industrial, seguida da indústria de alimentos com 15%, da indústria química com 10%, da indústria de madeiras com 4%, da indústria do vestuário com 3,5% e da indústria metalúrgica com 3%.

Para o ano 1907 é possível regionalizar a estrutura industrial destacando-se a produção do Rio de Janeiro, que sediava 30% da indústria brasileira, seguida de São Paulo com 16%, Rio Grande do Sul com 7% e Minas Gerais com 4%.

Com relação ao mercado de trabalho em São Paulo, em 1893, 55% dos trabalhadores eram estrangeiros, ocupando 84% dos postos de trabalho do setor industrial e 72% dos empregos no setor comercial. Em 1900 a participação dos trabalhadores estrangeiros no setor industrial de São Paulo cresceu para 92%.

O movimento associativo e organizativo dos trabalhadores urbanos, no período considerado, teve início em 1833 com a criação da Associação de Ajuda Mútua. Entre 1836 e 1841 foi criada a Imperial Sociedade de Artistas Mecânicos e Liberais de Pernambuco; de 1853 é a Imperial Associação de Tipografias Fluminenses e a Sociedade Beneficente dos Caixeiros; de 1873 é a Associação de Auxílio Mútuo dos Empregados da Tipografia Nacional; também de 1873 é a Associação de Socorros Mútuos — Liga Operária; de 1882 é o Corpo Coletivo da União Operária — Arsenal de Marinha; de 1892 é o Centro Operário Radical — Rio de Janeiro. Em 1858, houve a greve dos gráficos do Rio de Janeiro, a primeira greve de trabalhadores urbanos livres. Em 1890, foi criado o Partido Socialista.

As lutas dos trabalhadores durante o período buscavam a redução da jornada de trabalho, a redução do trabalho noturno, o fim da exploração do trabalho infantil e feminino, o direito à sindicalização, o seguro por acidentes de trabalho e o aumento de salários.

Depois de um início marcado pelo mutualismo, o movimento operário/sindical, sobretudo em São Paulo, por influência dos imigrantes italianos e espanhóis, expressou perspectivas anarquistas e socialistas que terão considerável influência durante as duas primeiras décadas do século XX.

Caberia ainda considerar o papel importante de certos indivíduos e instituições na modernização da estrutura produtiva, como é o caso de Irineu Evangelista de Souza (1813–1889), nascido no Rio Grande do Sul, barão e

A CONSTRUÇÃO NACIONAL

Diploma da Sociedade Beneficente Auxiliadora das Artes Mecânicas e Liberais.
Fundada pelo artista Joaquim José Pinto e instalada em 25 de março de 1835
RIO DE JANEIRO: LITH. PIMENTA DE MELLO E CIA., 6 JAN. 1918
33,5 × 42,8 CM
SEÇÃO DE ICONOGRAFIA DA FUNDAÇÃO BIBLIOTECA NACIONAL, RIO DE JANEIRO

depois visconde de Mauá, que foi a mais expressiva figura de *self-made man* que o país já teve. Ele protagonizou, entre 1845 e 1875, as mais importantes iniciativas empresariais em variados campos: comércio, indústria, ferrovias, companhias de navegação, bancos, construção de navios; e sua falência fala muito sobre as contradições e os limites do processo de modernização da economia, no sentido de superação de sua condição periférica.

Se é o caso de sublinhar o papel e os empreendimentos do barão de Mauá entre as pioneiras tentativas de modernização da economia, outros nomes também devem ser lembrados, como os mineiros Mariano Procópio Ferreira Lage (1820–1872) e Bernardo Mascarenhas (1846–1899); o cearense Delmiro Gouveia (1863–1917); e o paranaense Ildefonso Pereira Correia, o barão do Serro Azul, entre outros.

Finalmente, é importante mencionar o quadro associativo do empresariado, destacando-se a Sociedade Auxiliadora da Indústria Nacional, fundada em 1827; e a Associação Industrial, fundada no Rio de Janeiro, em 1881, e presidida pelo industrial e senador mineiro, Antônio Felício dos Santos, influenciado pelas teses do economista alemão Friedrich List (1789–1846) sobre a necessidade da proteção à indústria nascente. De 1894 é a Associação Comercial do Rio de Janeiro.

A historiografia sobre a industrialização no século XIX costuma chamar de surto industrial as fábricas que surgiram no país naquele período. De fato, a palavra industrialização não se aplica a uma realidade marcada pela incipiência, fragmentação e desarticulação de seus elementos. A industrialização, propriamente dita, é mais do que a simples presença de fábricas, na medida em que pressupõe transformações qualitativas tanto das relações sociais de produção quanto das forças produtivas.

Cada país e cada região desenvolveu o seu modo específico de apropriação e generalização de novas tecnologias e formas de organização e gestão da força de trabalho. Vale dizer que os processos de industrialização são processos históricos, que refletem as peculiaridades sociais, econômicas, políticas e culturais das regiões em que ocorrem. Nesse sentido, não há propósito em transformar o caso britânico, a pioneira experiência de industrialização capitalista, em modelo ou receita a ser seguida. É a partir de elementos básicos comuns, dados pelo desenvolvimento científico e tecnológico, que cada país ou região elaborará seus próprios caminhos para a industrialização, que expressarão, fundamentalmente, suas circunstâncias históricas.

Assim, durante o século XIX, o Brasil experimentou, entre 1840 e 1870, surto industrial, que, não configurando efetivo processo de industrialização, foi expressão dos constrangimentos decorrentes da precariedade do mercado interno marcado pela concentração da renda, consequência de uma estrutura político-econômica arcaica.

Os dados do censo brasileiro de 1872 mostram que 72% da população economicamente ativa estavam empregados no setor agrícola, 13% no setor de serviços e 7% no setor industrial.

O censo de 1920 fornece os dados que permitiram a montagem da tabela 11.

TABELA 11 ESTABELECIMENTOS INDUSTRIAIS BRASILEIROS SEGUNDO A ÉPOCA DA FUNDAÇÃO | 1849-1889

ÉPOCA DA FUNDAÇÃO	Nº DE ESTABELECIMENTOS	CAPITAL	FORÇA MOTRIZ HP	Nº DE OPERÁRIOS	VALOR DA PRODUÇÃO
Até 1849	35	26.166:922$	2.076	2.929	31.991:461$
1850-1854	16	2.757:425$	154	1.177	10.141:305$
1855-1859	8	4.130:895$	1.173	1.094	8.784:405$
1860-1864	20	7.179:202$	689	775	9.058:689$
1865-1869	34	10.847:443$	1.784	1.864	15.909:360$
1870-1874	62	41.311:267$	7.129	6.019	59.380:145$
1875-1879	63	23.194:086$	4.435	4.320	34.839:523$
1880-1884	150	58.368:346$	12.865	11.715	89.866:076$
1885-1889	248	203.401:521$	36.174	24.369	247.121:620$
*	267	24.258.841$	7.488	4.227	46.420:660$
Total	903	401.606:400$	73.967	58.339	553.913:244$

Fonte: Lima, 1970:268-269.
* Empresas fundadas em datas ignoradas.

A comparação entre a realidade industrial brasileira e a norte-americana não ignora as decisivas diferenças que se estabeleceram entre os processos de desenvolvimento capitalista dos dois países, que, sobretudo, se deram entre 1830 e 1890. Ao contrário, o que se sustenta aqui é que a expressiva superioridade do desenvolvimento industrial dos Estados Unidos explica-se pela radical diferença entre os processos de constituição do mercado interno: forte e includente nos Estados Unidos, porque resultado de efetiva distribuição primária da renda; fraco e excludente no Brasil, por ser resultado da insubsistência de distribuição primária da renda. Com efeito, a criação de um mercado interno amplo e dinâmico é precondição para a apropriação dos ganhos decorrentes do aumento de escala e de produtividade. É essa a explicação para o fato de que os Estados Unidos, que em 1848 tinham 123.025 manufaturas, passassem a ter 353.863 em 1868, enquanto o Brasil, por volta de 1870, tinha cerca de duzentas; que o número de trabalhadores industriais nos Estados Unidos, que em 1849 era de 957.059, chegasse aos 2.053.996 em 1869, número que o Brasil só alcançou cem anos depois, na década de 1960.

Sabe-se que a expansão industrial brasileira entre 1830 e 1889 teve repercussões regionais. Assim, no sul do país concentraram-se indústrias voltadas para o abastecimento do mercado interno no setor de alimentos (trigo, carnes resfriadas e congeladas), bebidas (vinho), couros e peles. Na região Nordeste manteve-se a centralidade da agroindústria açucareira, as manufaturas de couro e peles, a manufatura têxtil. Na região Norte foi o período do auge da exploração da borracha. Mais diversificada foi a expansão industrial das províncias de Minas Gerais, Rio de Janeiro e São Paulo, concentrando-se em Minas Gerais atividades mineradoras e metalúrgicas.

É ainda importante ressaltar que esses empreendimentos industriais utilizaram-se simultaneamente de mão de obra livre e mão de obra escrava, não havendo diferenciação funcional com relação à condição dos trabalhadores, o que contraria certas teses que quiseram ver incapacidade técnica dos escravos com relação ao uso de tecnologias mais aprimoradas.

BALANÇO DA ECONOMIA BRASILEIRA: 1830-1889

O período considerado neste trabalho foi o da consolidação da economia como realidade autônoma. Essa consolidação se deu de tal forma que consagrou as práticas que passaram a balizar os aspectos centrais da economia contemporânea, seja pela permanência de certos arcaísmos, seja pelo caráter seletivo do processo de modernização, que ignorou instituições e conquistas decisivas da modernidade, como a universalização de direitos sociais básicos.

Com efeito, o Brasil tem experimentado, desde o século XIX, importantes avanços nos campos da modernização, da urbanização e da industrialização. Procrastinada, a abolição, enfim, deu-se em 1888. Antes de 1888, já estavam em curso diversas iniciativas, que criaram as bases do marco legal-institucional necessário à consolidação das relações econômicas mercantis capitalistas, como são o Código Comercial, de 1850; a Lei de Locação de Serviços, de 1879; a política de incentivos à imigração; as políticas de apoio à expansão das ferrovias.

Também expressivas no período foram as iniciativas no campo da implantação do ensino superior e das instituições de pesquisa, com a criação do Instituto Histórico e Geográfico, em 1838, da Escola de Minas de Ouro Preto, em 1876, entre outras instituições significativas.

Esboçou-se, também, uma divisão inter-regional do trabalho, que acabou confirmando certas características herdadas do período colonial, sobretudo no referente à estrutura fundiária, a um mercado interno restrito e à forte dependência da exportação de produtos primários.

Ao fim e ao cabo, a economia, gestada entre 1830 e 1889, conheceu processo de modernização e crescimento, sem que os frutos dessa modernização e desse crescimento tenham significado efetivo desenvolvimento econômico, o qual só pode ocorrer, de fato, quando o conjunto da sociedade usufruir de seus benefícios, processo que tem como pressuposto básico a distribuição primária da renda, distribuição não só da renda e da riqueza, mas, também e decisivamente, distribuição de habilitações técnico-científicas e direitos de cidadania.

BIBLIOGRAFIA

CARVALHO, José Murilo de. *Teatro de sombras*: a política imperial. São Paulo: Vértice; Rio de Janeiro: Iuperj, 1988.

COLE, G.D.H. *Introducción a la Historia Económica (1750–1950)*. 3. ed. México: Fondo de Cultura Económica, 1966.

COSTA, Emília Viotti da. *Da monarquia à república*. 5. ed. São Paulo: Brasiliense, 1987.

_____. *Da senzala à colônia*. 3. ed. São Paulo: Brasiliense, 1989.

DEAN, Warren. *A industrialização de São Paulo*. São Paulo: Difusão Europeia do Livro/Edusp, 1971.

FERNANDES, Achilles de Oliveira. Quadro demonstrativo do desenvolvimento da indústria e da eletricidade no Brasil, 1883–1934. In: *Utilização da energia elétrica no Brasil*, Ministério da Agricultura, Boletim n. 1, 1935.

FURTADO, Celso. *Formação econômica do Brasil*. 11. ed. São Paulo: Cia. Editora Nacional, 1971.

GORENDER, Jacob. *A burguesia brasileira*. 2. ed. São Paulo: Brasiliense, 1982.

IANNI, Octávio. *Industrialização e desenvolvimento social no Brasil*. Rio de Janeiro: Civilização Brasileira, 1963.

LIMA, Heitor Ferreira. *História político-econômica e industrial do Brasil*. São Paulo: Cia. Editora Nacional, 1970.

MARTINS, José de Souza. *O cativeiro da terra*. São Paulo: Ciências Humanas, 1979.
MARTINS, Roberto Borges. *A economia escravista de Minas Gerais no século XIX*. Belo Horizonte: Cedeplar/UFMG, 1982.
MERRICK, Thomas; GRAHAN, Douglas. Populações e desenvolvimento no Brasil: uma perspectiva histórica. In: NEUHAUS, Paulo (Org.). *Economia brasileira*: uma visão histórica. Rio de Janeiro: Campus, 1980.
NETTO, Antônio Delfim. *O problema do café no Brasil*. São Paulo: USP, 1959-1981. Fac-símile.
PORTO, Costa. *Estudo sobre o sistema sesmarial*. Recife: Imprensa Universitária/UFP, 1965.
REGO, José Márcio; MARQUES, Rosa Maria (Org.). *Formação econômica do Brasil*. São Paulo: Saraiva, 2003.
SCHWARTZ, Stuart. *Segredos internos*. São Paulo: Companhia das Letras, 1988.
SILVA, Sérgio. *Expansão cafeeira e origens da industrialização no Brasil*. São Paulo: Alfa-Omega, 1976.
SMITH, Roberto. *Propriedade da terra e transição*. São Paulo: Brasiliense, 1990.
SUZIGAN, Wilson. *Indústria brasileira*. São Paulo: Brasiliense, 1986.

DETALHE DA IMAGEM DA PÁGINA 255

PARTE **5**

ALFREDO BOSI
CULTURA

A CULTURA NO BRASIL IMPÉRIO — LITERATURA, IDEIAS

Temos um caminho bastante longo a percorrer: são ideias, valores e formas da cultura erudita que foram construídos durante os seis decênios que se seguiram à abdicação de d. Pedro I, e que correspondem à Regência e ao Segundo Reinado.

Como ocorreu na história dos demais países egressos do sistema colonial, não se verificou no Brasil a vigência de paralelismos exatos entre os processos políticos e a vida cultural.

Politicamente, os anos que assistiram à criação dos novos Estados-nação na América Latina foram marcados por uma considerável instabilidade que refletia tanto os desdobramentos ideológicos da Revolução Francesa e do interregno napoleônico quanto a crise do exclusivo colonial. No caso brasileiro, essa instabilidade prolongou-se durante os anos da Regência. A abdicação de d. Pedro I propiciou surtos federalistas, no limite, separatistas. Estes, por sua vez, provocaram uma reação centralizadora, afinal vitoriosa no final da década de 1830 com a ascensão dos conservadores, que a si mesmos se chamaram "regressistas".

Vista sob o ângulo ideológico, essa passagem da dispersão à unidade política nacional correspondeu à substituição de um liberalismo até certo ponto radical por um liberalismo coesamente conservador. Parece justo manter o termo *liberalismo* para ambas as ideologias porque, apesar das diferenças, ambas se pautavam pelo liberalismo econômico, pelo livre-cambismo, e defendiam o caráter excludente da representação política por via de eleições censitárias. O direito de cidadania vinculava-se à renda do eleitor. Nem o liberalismo exaltado dos separatistas nem

Legenda no original: "Le dessous de la porte cochère d'un personnage de la cour" *[Na porta-cocheira de um personagem da corte]*

IN: DEBRET, JEAN-BAPTISTE. *VOYAGE PITTORESQUE ET HISTORIQUE AU BRÉSIL.*
TOME TROISIÈME, PRANCHA 14, GRAVURA
LITOGRAFIA, 31,4 × 23,5 CM
SEÇÃO DE ICONOGRAFIA DA FUNDAÇÃO BIBLIOTECA NACIONAL, RIO DE JANEIRO

o liberalismo conservador dos partidários de um poder central dispunham-se a dar o direito de voto à massa da população pobre. Nenhum dos dois pretendia abolir de imediato a escravidão, embora pudessem deplorá-la em face do concerto das nações civilizadas. A exclusão política das classes pobres foi então regra em todo o Ocidente. A Inglaterra manteve a escravidão em suas colônias até 1838; a França, até 1848; os Estados Unidos da América, até 1861. A coabitação de liberalismo e escravidão em colônias e ex-colônias não foi triste ou farsesco apanágio do Brasil Império, sendo equivocada a tese de que aqui, e só aqui, as ideias liberais estavam fora de lugar. As ideias conseguiram suster-se no seu lugar, que era o do poder, tanto em países do centro quanto na periferia do capitalismo.

PERSISTÊNCIA DO NEOCLASSICISMO

Constata-se uma aparente discronia quando confrontamos os movimentos de rebeldia que ocorreram no período independentista com certos padrões culturais que lhes são contemporâneos. A história literária e artística dos anos 20 e 30 do século XIX nos dá exemplos de reprodução de moldes neoclássicos na poesia, na pintura e na arquitetura e de padrões setecentistas na composição musical. Defasagem peculiar à nossa posição periférica? Não parece: sabe-se o quanto a criação estética sob Napoleão foi engessada por modelos greco-romanos de segunda mão, tendência que a Restauração pouco alterou, resistindo à explosão romântica que já sacudira a Inglaterra e a Alemanha desde os fins do século XVIII.

No Brasil, novo Estado-nação que se separava de Portugal, as letras e as artes pautaram-se pelo mesmo tardio neoclassicismo, conservando os clichês mitológicos e a retórica das palavras e imagens que se prolongou até o advento dos primeiros românticos.

Historiadores de nossas letras, como José Veríssimo e Antonio Candido, observaram essa persistência de uma dicção poética cristalizada, mistura de clichês oratórios e sentimentalismos árcades. Candido chama as obras publicadas no Primeiro Reinado de "poesia a reboque", sublinhando o caráter instrumental de uma literatura que visava a convencer o leitor da excelência de certos valores patrióticos, morais ou religiosos vazando-os em uma linguagem de convenção (Candido, 1959:269). A falta de grandes personalidades poéticas não deixa de ser uma explicação ponderável para entender a mediocridade dessa produção literária. José Veríssimo fala em "paralisação do movimento que parecia prenunciar-lhe a autonomia", comparando-a desfavoravelmente com alguns momentos nativistas felizes da poesia mineira dos fins do século XVIII (Veríssimo, 1954:141). Talvez seja possível tentar uma compreensão mais geral do período, centrado de preferência nos gêneros públicos (oratória cívica, jornalismo, sermão) para os quais se voltaram os talentos ansiosos por exprimir os ideais de uma nação que despontava como Estado independente. Programas cívicos e moralizantes não costumam inspirar grande poesia.

Ressalte-se o fato de que houve uma interseção da cultura francesa pós-napoleônica com o acanhado mundo das letras e das artes do período que se estende da vinda da corte até a Regência. Essa presença não foi homogênea. Na literatura deu-se um breve surto de "indianismo franco-brasileiro" (expressão de Antonio Candido), que contribuiu para modelar uma imagem idealizada do índio e da natureza brasileira nas décadas iniciais de nosso romantismo. Nas artes plásticas, a vinda da Missão Francesa em 1816 e a sua influência no Rio de Janeiro ao longo do século XIX promoveram com êxito o ensino de esquemas acadêmicos no desenho, na pintura, na escultura e na arquitetura local.

Como se vê, foram direções divergentes. No primeiro caso, escritores franceses que viajaram pelo Brasil registraram impressões da natureza e do indígena com um encantamento que derivava do grande modelo da prosa romântica europeia, Chateaubriand, especialmente em sua novela *Os natchez*. Ferdinand Denis, de longe o mais influente dos brasilianistas francófonos, é autor de um *Résumé de L' Histoire Littéraire du Brésil* [Resumo da história literária do Brasil], que valorizou as premonições indianistas dos épicos mineiros.

Quanto ao papel da Missão Artística Francesa, não foi apenas sugestivo, como a dos intelectuais franceses mencionados. O grupo incorporou-se à cultura plástica e arquitetônica do Rio de Janeiro e exerceu uma função pedagógica e estética de longa duração. Liderada por Joaquim Lebreton (ex--secretário do Institut de France, recomendado por Humboldt) e endossada por d. João VI, a Missão criou, em 1816, a Escola Real de Ciências, Artes e Ofícios, sucedida, dez anos depois, sob Pedro I, pela Academia Imperial de Belas Artes. A instituição formou várias gerações de desenhistas, pintores, escultores e arquitetos responsáveis pela difusão de um gosto acadêmico e pela construção de edifícios neoclássicos que deram feição europeizante a alguns logradouros do Rio do século XIX.

Entre os fundadores integraram-se à história de nossa arte o próprio Lebreton, que legou meia centena de obras europeias ao acervo da Academia; Jean-Baptiste Debret (sobrinho de David), pintor excelente, cuja *Viagem pitoresca e histórica do Brasil* (Paris, 1834–1839) é inestimável repertório de imagens do cotidiano brasileiro, mostrando-nos cenas da escravidão, da vida pública e privada da burguesia fluminense, além de vigorosos retratos de índios, negros, caboclos e ciganos; Nicolas-Antoine Taunay, leitor e admirador de Rousseau, pintor encantado pelas paisagens fluminenses, mas que, segundo alguns críticos, teria abrandado, mediante procedimentos neoclássicos, os excessos de luz e cor de nossa natureza tropical; e, enfim, Grandjean de Montigny, arquiteto brilhante, que deixou marcas na paisagem urbanística da capital do Império. Se, por um lado, interromperam as tradições artísticas coloniais, de inspiração católica e barroca, na medida em que seu projeto era neoclássico e leigo, por outro lado, abriram caminho para a assimilação nacional de técnicas

Studio G. Brogi
Pedro Américo de Figueiredo e Melo
FOTOGRAFIA, S.D.
ARQUIVO G. ERMAKOFF, RIO DE JANEIRO

pictóricas e modelos expressivos sem os quais dificilmente teria vingado a melhor pintura brasileira do século XIX, representada por Victor Meirelles (1832–1903) e Pedro Américo (1843–1905). O olhar de Debret fixou a barbárie da escravidão: não terá sido olhar de denúncia, mas nos basta como testemunho veraz.

O NACIONALISMO COMO PROGRAMA: A PRIMEIRA GERAÇÃO ROMÂNTICA

A fusão de nacionalismo e romantismo é uma dessas meias verdades que se impõem no discurso da história cultural não só brasileira, mas latino-americana. O seu lado verdadeiro é patente: escritores da maior relevância, como Gonçalves Dias e José de Alencar, foram, ao mesmo tempo, cantores da natureza e do selvagem brasileiro e autênticos românticos pela forma e pelo sentimento de sua obra. Quanto ao meio erro, aparece com toda evidência quando se constata a dissociação de ambos os *ismos*. Já corria uma seiva nativista em poemas anteriores ao romantismo compostos ainda nos tempos da colônia, como as epopeias de Santa Rita Durão e Basílio da Gama. A defasagem é maior nos árcades retardatários como José Bonifácio, patriarca da Independência e poeta fiel às cadências neoclássicas do começo do século XIX. E, ainda atestando o caráter relativo da fusão, vemos poetas absolutamente românticos da chamada segunda geração, Álvares de Azevedo e Junqueira Freire, não terem feito do nacionalismo o seu ideal supremo. Nem todo nativismo terá sido forçosamente romântico; nem todo romantismo foi exclusivamente nacionalista.

De todo modo, é legítimo reconhecer na conjunção de programa patriótico e expressões românticas uma das características centrais dos poetas da primeira geração — Gonçalves de Magalhães (1811–1882) e Araújo Porto-Alegre (1806–1879) —, considerados "próceres do romantismo" em todas as nossas histórias literárias. Ambos receberam educação retórica tradicional. As *Poesias* de Magalhães (1832) estão repletas de alegorias mitológicas e se estruturam em odes, sonetos e metros neoclássicos. Mas o contato com a poesia já plenamente romântica que se fazia na França e na Itália na década de 1830 inspirou-lhe o intuito de se harmonizar com a literatura contemporânea. Era uma cultura em parte afim aos seus valores patrióticos e penetrada de uma religiosidade tradicional que se expressava em escritores de peso como Chateaubriand, Lamartine, Manzoni, Lamennais e Victor Cousin. O *pendant* brasileiro dessa simbiose nacionalista, católica e retoricamente liberal foi, entre nós, a oratória de frei Francisco de Monte Alverne (1784–1857), objeto de incondicional admiração de Gonçalves de Magalhães e de Porto-Alegre, seu biógrafo. *Suspiros poéticos e saudades*, que Magalhães publicou em Paris, em 1836, assinala a introdução desse romantismo na cultura oficial do Brasil. No mesmo ano, Magalhães e Porto-Alegre lançam, com Torres Homem e Pereira da Silva, a revista *Niterói*, em que propõem uma reforma nacionalista da literatura brasileira. O adjetivo "oficial" pode causar

Folha de rosto de A Confederação dos Tamoios
de Domingos José Gonçalves de Magalhães
RIO DE JANEIRO: TYP. DOUS DE DEZEMBRO DE PAULA BRITO, 1856
SEÇÃO DE OBRAS GERAIS DA FUNDAÇÃO BIBLIOTECA NACIONAL, RIO DE JANEIRO

estranheza, mas é pertinente. Magalhães e Porto-Alegre foram intelectuais favorecidos por d. Pedro II. O imperador não só subvencionou, em 1857, a edição do poema épico de Magalhães, *A Confederação dos Tamoios*, como, sob o pseudônimo de "Um outro amigo do poeta", o defendeu das críticas acerbas de José de Alencar. D. Pedro II foi o grande mecenas de poetas, artistas plásticos e compositores ao longo de todo o seu reinado. (O primeiro "amigo do poeta" era Porto-Alegre, que sempre se considerou discípulo de Magalhães e seu companheiro de armas na implantação do romantismo no Brasil.)

A crítica tem sido unânime em julgar apenas medianas, senão medíocres, as poesias de *Suspiros poéticos e saudades*, embora concedendo que neste livro pioneiro já se encontrem muitos dos temas que Gonçalves Dias, Casimiro de Abreu, Álvares de Azevedo e Fagundes Varela tratariam com maior vigor e talento poético. Mas que lhe reste apenas a prioridade cronológica, não é pouco. O mesmo deu-se na criação de nosso drama histórico: Gonçalves de Magalhães compôs *Antônio José ou o Poeta da Inquisição*, representado em 1838 por João Caetano, figura nuclear de nosso teatro romântico. Deu à obra o título clássico de *tragédia*, mas declarou que, escolhendo assunto "nacional", trilhou o caminho do meio: "Eu não sigo nem o rigor dos clássicos, nem o desalinho dos segundos [os românticos]; não vendo verdade absoluta em nenhum dos sistemas, faço as devidas concessões a ambos, atendendo aos que leram Shakespeare e Racine" (Faria, 2001:327).

A FORMAÇÃO DO CÂNONE LITERÁRIO

O Brasil, como todos os países egressos do sistema colonial, era uma nação à procura de identidade. Era imperioso à geração que fizera a independência e aos seus imediatos descendentes identificar a diferença em relação à metrópole que os dominara e os forjara por três séculos. Essa necessidade de autoafirmação se exprimiu mediante duas direções principais: uma, prospectiva, que partia do presente e delineava o futuro; a outra, retrospectiva, que olhava para o passado.

Prospectivo foi o discurso programático de Magalhães e de Porto-Alegre estampado na revista *Niterói*. A argumentação em prol de uma literatura que representasse a paisagem e a sociedade da nova nação seria retomada nos artigos da *Minerva Brasiliense* (1843–1845) por Torres Homem (1812–1876), já sensível ao progresso material que vinha com a ciência do século. Na mesma ordem de ideias, sobreleva o texto lúcido de

Santiago Nunes Ribeiro (?–1847), "Da nacionalidade da literatura brasileira", exposição bem articulada das ideias de Madame de Staël e Ferdinand Denis, propugnadores da tese da relação íntima entre o contexto social e cultural de uma nação e a sua expressão literária.

À dimensão retrospectiva pertence o discurso que escava na literatura do passado colonial signos de uma atitude nativista, precursora dos temas românticos patrióticos. Postula a existência de uma corrente subterrânea de sentimento brasileiro ou "americano", que teria aflorado no processo que levou à independência política. A primeira geração instituiu um cânone literário que se fixou em antologias, algumas preciosas como documentação: é o caso do *Parnaso brasileiro*, de Januário da Cunha Barbosa (1829–1831); do *Parnaso brasileiro*, de Pereira da Silva (1843–1848); e do *Florilégio da poesia brasileira*, compilado por Varnhagen entre 1850 e 1853. O último realça a poesia épica de Santa Rita Durão e Basílio da Gama, autores particularmente caros ao historiador de nossa história colonial que anotou com segura erudição o *Caramuru* e o *Uraguai*, reunindo-os no volume *Épicos brasileiros* (1845). Os árcades mineiros, que a historiografia romântica em geral associava ao episódio da Inconfidência, atribuindo-lhes o papel de precursores da emancipação nacional, ganharam edições e notas biográficas nos trabalhos que Joaquim Norberto (1820–1891) dedicou a Cláudio Manuel da Costa, Gonzaga, Alvarenga Peixoto e Silva Alvarenga.

UMA INSTITUIÇÃO CATALISADORA: O INSTITUTO HISTÓRICO E GEOGRÁFICO BRASILEIRO

Em 1838, sob a regência conservadora de Araújo Lima, o cônego Januário da Cunha Barbosa (1780–1846) propôs a fundação de uma instituição que estudasse não só o passado da nova nação, mas sua geografia, seus componentes étnicos, sua fisionomia contemporânea. Um programa nacionalista que não se esgotasse, porém, na expressão desse ideal e explorasse cientificamente nosso espaço físico e cultural. Um projeto ao mesmo tempo ilustrado e romântico, numa palavra, eclético. Nascia o Instituto Histórico e Geográfico Brasileiro, "debaixo da imediata proteção de S.M.I. o Senhor D. Pedro II", como se lê na capa do primeiro número da revista do Instituto, publicada em 1839.

Dos 27 fundadores a maioria era constituída de políticos nobilitados no Primeiro Reinado ou que o seriam no Segundo. O predomínio de figuras palacianas diz bem da origem oficial da instituição. Entretanto, à medida que as reuniões e, sobretudo, a revista (editada até os dias de hoje!) ganhavam consistência e periodicidade, o IHGB passou a catalisar a melhor produção histórica e científica do Segundo Reinado, sendo numerosos os trabalhos de mérito que nele se expuseram e por ele se publicaram.

O ecletismo, que vimos notando como selo ideológico da primeira geração romântica, deu bons resultados em termos de variedade de temas versados no Instituto. A tônica continuou sendo a do conhecimento e exaltação do país, o que rendeu biografias de escritores coloniais e edições de relatórios de viajantes estrangeiros pelo nosso território. Vários trabalhos etnográficos propiciaram a pesquisa da vida dos silvícolas, largamente aproveitada pelo indigenismo dos anos 1840. O mesmo ecletismo operava no campo dos valores. O passado era celebrado romanticamente, o que não impedia que o porvir fosse prenunciado como fase superior da humanidade garantido pelo progresso material e pela ciência. Se não entendermos essa fusão de romantismo e ideais ilustrados, tampouco compreenderemos boa parte da produção intelectual do nosso século XIX.

O SALTO QUALITATIVO: A OBRA DE GONÇALVES DIAS

Antônio Gonçalves Dias (1823-1864) foi o primeiro poeta autêntico a emergir em nosso romantismo. Para ir além desse juízo consensual, seria necessário aprofundar a questão do nexo entre cultura instituída e talento individual. Talvez se possa entrever uma pista interpretativa evitando os escolhos das posições extremadas, sociológicas ou estéticas. As primeiras encarecem a determinação das forças sociais e culturais na produção da obra de arte: Gonçalves Dias teria sido "produto" do meio, da classe, da ideologia, do momento histórico, do movimento literário a que pertenceu. As segundas dão ênfase à diferença individual: outros poetas de sua geração viveram os mesmos condicionamentos, mas nenhum produziu obra que se aproximasse do valor estético que se reconhece em sua poesia; logo, é o talento artístico excepcional (para não dizer o gênio) que sobreleva as determinações sociais. Não há mediação viável se nos ativermos apenas a uma ou a outra dessas hipóteses explicativas. O dilema não é novo, tem pelo menos dois séculos, começando pelos próprios teóricos do romantismo e afiando suas armas metodológicas nos fins do século XIX nas polêmicas entre positivistas e idealistas. Não é evidentemente minha presunção desfazê-lo aqui. Arrisco apenas uma hipótese: para a criação artística de alto nível a presença de correntes culturais favoráveis é *necessária, mas não suficiente*.

Os escritores que secundaram Gonçalves de Magalhães e pertenceram aos grupos que fundaram as revistas *Niterói* e *Minerva Brasiliense* tinham em comum ideais patrióticos expressos em louvores às belezas do país e no interesse simpático pelo índio. Vivendo, porém, um momento político voltado para ideais de moderação dos ardores liberais que aqueceram os anos iniciais da Regência, ajustaram-se ao esquema político de um Estado monárquico forte e centralizado, que a precoce maioridade de d. Pedro II acabaria por instaurar. Engrossaram a coorte dos conservadores responsáveis pelo tom partidário do primeiro decênio do Segundo Reinado. Esse é igualmente o contexto ideológico de Gonçalves Dias, podendo-se acrescer, em relação à formação literária, a sua familiaridade com a poesia romântica europeia, o que também o aproxima dos nossos letrados viajantes, Magalhães e Porto-Alegre. Não é, pois, de estranhar que tenha escolhido temas comuns: natureza, bom selvagem, religião tradicional. Até aqui, o elo necessário que une a poesia à cultura abrangente.

O necessário, porém, nem sempre é o bastante. Não faltaram estímulos à criação literária entre *Glaura*, de Silva Alvarenga (1799), e os *Primeiros cantos*, de Gonçalves Dias (1846), meio século em que não se escreveu nada digno do nome de grande poesia. Mas é a resposta diferenciada aos estímulos culturais que distingue um poeta autêntico de um esforçado epígono. Força de imaginação, intuição aguda da singularidade das pessoas e coisas, profundidade de sentimento, precisão da memória verbal, talento rítmico e melódico... são características individuais que configuram por dentro a criação poética. A história que presidiu à obra de arte não se detém em precedê-la e condicioná-la, mas sairá enriquecida na medida em que o novo texto for conhecido e assimilado.

Cantor do indígena, Gonçalves Dias parece retomar o caminho trilhado pelos iniciadores do romantismo entre nós. Mas é com outra perspectiva e outro vigor poético que o faz. Há nele uma consciência dramática, senão trágica, de que a colonização extinguiu populações inteiras de silvícolas. I-Juca Pirama não é tão somente "aquele que deve morrer" quando vencido pela tribo inimiga. É também aquele que acabaria morrendo às mãos dos conquistadores brancos que vieram de além-mar. No "Canto do Piaga", um de seus primeiros "poemas americanos", sobe ao primeiro plano a visão horrífica dos invasores que virão de repente "matar vossos bravos guerreiros" e "roubar-vos a filha e a mulher".

Em "Deprecação", o Tupi ora pateticamente a uma nova encarnação do *deus absconditus*, aqui Tupã, e que, não por acaso, iria ressurgir como divindade bíblica na poesia abolicionista de Castro Alves, vinte anos depois. É a prece de um povo que se sabe vencido, mas, ainda assim, espera vingança do seu deus:

> [...]
> *Tupã, ó Deus grande! Descobre o teu rosto:*
> *Bastante sofremos com tua vingança!*
> *Já lágrimas tristes choraram teus filhos,*
> *Teus filhos que choram tão grande tardança.*
>
> *Descobre o teu rosto, ressurjam os bravos,*
> *Que eu vi combatendo no albor da manhã;*
> *Conheçam-te os feros, confessem vencidos,*
> *Que és grande e te vingas, qu'és Deus, ó Tupã!*

O índio de Gonçalves Dias não é decorativo, é expressivo. Quando épico, é viril e sóbrio na concisão da fala do selvagem indômito:

> *Meu canto de morte*
> *Guerreiros, ouvi:*
> *Sou filho das selvas,*
> *Nas selvas cresci;*
> *Guerreiros, descendo*
> *Da tribo tupi.*
>
> *Da tribo pujante,*
> *Que agora anda errante*
> *Por fado inconstante,*
> *Guerreiros, nasci:*
> *Sou bravo, sou forte,*
> *Sou filho do Norte;*
> *Meu canto de morte,*
> *Guerreiros, ouvi.*
> [...]
>
> ("I-Juca Pirama")

Quando lírico, sabe o que é a angústia da paixão deferida, sem desmaiar em sentimentalismos frouxos.

Saudando com entusiasmo os *Primeiros cantos*, Alexandre Herculano lamentou, porém, o número exíguo de seus poemas "americanos" quando comparados aos versos que tratavam de temas comuns às literaturas d'além e d'aquém mar: o amor infeliz, a solidão, a melancolia, a majestade da natureza, as saudades da infância, a fé religiosa. Era uma exigência de europeu, que se mostrava descontente com os rumos de sua pátria e entrevia no poeta brasileiro os sinais de uma civilização nova, mais pura e pujante. Gonçalves Dias, embora desvanecido com a aprovação de sua poesia por um dos intelectuais que mais respeitava, continuou a escrever poemas líricos, que compõem os *Segundos cantos* com a única exceção do poemeto "Tabira", mais um canto de morte gloriosa de uma tribo inteira, aqui tabajara.

Há um veio reflexivo que penetra fundo no tronco épico de seu último poema americano, "Os timbiras", de que publicou apenas os quatro primeiros cantos em 1857. A narrativa está impregnada de um sentimento amargo que inspira ao poeta a certeza de que os seus timbiras foram definitivamente vencidos pelas forças da colonização. A consciência dessa tragédia coletiva surpreende se lembrarmos que os anos 1850, em que o poema foi concebido, viram a ascensão de uma ideologia de compromisso (são os anos da Conciliação partidária), que afetou também o tratamento do tema do índio como raça simbolicamente integrante da identidade nacional. Veremos adiante o ideal de uma comunidade afetiva luso-tupi em narrativas de José de Alencar. Mas Gonçalves Dias não hesita em dizer:

[...]
— *Chame-lhe progresso*
Quem do extermínio secular se ufana;
Eu modesto cantor do povo extinto
Chorarei nos vastíssimos sepulcros,
Que vão do mar ao Andes, e do Prata
Ao largo e doce mar das Amazonas.

(Canto III)

Assim, o épico se faz elegíaco, confirmando o caráter relativo dos gêneros literários, intuição da poética romântica que ainda hoje ilumina a melhor teoria literária.

O veio reflexivo se aprofunda em *Meditação*, compassada prosa poética e precoce denúncia do cativeiro africano lançada dois decênios antes que se ouvisse a musa abolicionista de Castro Alves. É notável nessa obra juvenil, escrita em tempos de maré regressista, a lucidez com que Gonçalves Dias acusa a dominação branca sobre o negro e desmascara a ideologia dos senhores, cujo poder vem não só da cor da pele, mas da condição de proprietários:

> *E os homens, que se haviam congregado para perfazerem a obra da redenção, dividiram-se depois da lide em massas poderosas, não segundo a diversidade das opiniões, porém segundo a variedade das cores.*
>
> *E estas grandes divisões formavam o concílio do povo, que discutia os seus interesses.*
>
> *E os homens que costumam raciocinar sobre as coisas, como elas são e não como devem ser, levantaram-se e disseram:*
>
> *"Os homens de cor preta devem servir, porque eles estão acostumados à servidão de tempos mui remotos, e o costume é também lei."*
>
> *E os filósofos disseram:*
>
> *"Os homens de cor preta devem servir, porque são os mais fracos, e é lei da natureza que o mais fraco sirva ao mais forte."*
>
> *E os proprietários disseram:*
>
> *"Os homens de cor preta devem servir, porque são o melhor das nossas fortunas, e nós não havemos de as desbaratar."*

(capítulos III, V)

Aos índios, já não mais senhores da terra, nem escravos dos brancos, concede-se uma pseudoliberdade, própria de uma população cujo ócio garantirá uma eventual massa de manobra para as lutas com que se hão de entredevorar os brancos e os "homens políticos para as suas revoluções"... Genial intuição do que seria o papel reservado aos caboclos e sertanejos nas refregas locais da nova nação.

O TEATRO: O DRAMA HISTÓRICO E A COMÉDIA POPULAR

No mesmo ano de 1846, em que rematava os *Primeiros cantos*, Gonçalves Dias passava manhãs inteiras na Biblioteca Pública do Rio de Janeiro colhendo material em velhas crônicas portuguesas para compor o drama *Leonor de*

Mendonça. Trata-se de um belo drama histórico escrito na esteira da obra-prima de Almeida Garrett, *Frei Luís de Sousa*, publicada havia três anos. No prólogo, procura estabelecer a diferença entre a sua peça e a tragédia clássica: nesta, o destino maquinado pelos deuses paira sobre as personagens determinando-lhes a vida e a morte; no drama romântico, porém, mais próximo de Shakespeare, a mesma fatalidade "dimana toda dos nossos hábitos de civilização", na medida em que são a sociedade e o tempo em que vivemos os responsáveis pelos nossos atos funestos. O historicismo entrava fundo na mente do nosso maior dramaturgo romântico. É a mesma convicção relativista que o faz retomar a proposta de Victor Hugo: fundir tragédia e comédia em um novo gênero, o *drama*.

A contribuição de Gonçalves Dias ao teatro foi literariamente feliz, mas não fecundou a atividade teatral do seu tempo. Já então era bem outra a preferência do público. Este acorria às plateias para assistir às comédias de costume de Martins Pena (1815–1848), verdadeiro criador do teatro popular brasileiro. Apoiado pelo grande ator e empresário João Caetano (que não quisera levar à cena o drama de Gonçalves Dias), Martins Pena pôde encenar várias de suas comédias, que nos dão um quadro vivo da sociedade fluminense desde a Regência até o começo do Segundo Reinado.

A edição crítica do teatro de Martins Pena, feito meritório de Darcy Damasceno, arrola 28 obras, destacando as comédias representadas em vida do autor. Passo a enumerá-las indicando as datas de redação e representação: *O juiz de paz da roça* (1833/1838); *A família e a festa da roça* (1837/1840); *Vitiza ou o Nero de Espanha* (1840/1841); *Os dous ou o inglês maquinista* (1842/1845); *O Judas em Sábado de Aleluia* (1844/1844); *Os irmãos das almas* (1844/1844); *O diletante* (1844/1845); *Os três médicos* (1844/1845); *O namorador ou a noite de São João* (1844/1845); *O noviço* (1845/1845); *O cigano* (1845/1845); *O caixeiro da taverna* (1845/1845); *As casadas solteiras* (1845/1845); *Os meirinhos* (1845/1846); *Quem casa quer casa* (1845/1845); *Os ciúmes de um pedestre ou o terrível capitão do mato* (1845/1846); *As desgraças de uma criança* (1845/1846): *Um segredo de Estado* (1846/1846); *A barriga de meu tio* (1846/1846).

Basta atentar para as datas e se terá ideia não só da fecundidade do comediógrafo como de sua popularidade. Mas o êxito das comédias de Martins Pena não provinha só dos seus temas e ambientes; deve-se também à simplicidade e fluência dos diálogos plenamente ajustados aos tipos sociais que os proferem. A fala do fazendeiro alterna com a do negro escravo ou a do caipira. O juiz, o médico (alopata, homeopata, hidropata...), o estudante, o funcionário público, o diletante de ópera (com paixão pela *Norma* de Bellini), o capitão da Guarda Nacional, o comerciante, o paulista rústico,

Folha de rosto de Quem casa quer casa *de Luís Carlos Martins*
RIO DE JANEIRO: PAULA BRITO, 1847
SEÇÃO DE OBRAS RARAS DA FUNDAÇÃO BIBLIOTECA NACIONAL, RIO DE JANEIRO

o tropeiro, o negreiro, o ilhéu, a ilhoa, a beata, o sacristão, a sinhazinha casadoira, a sua mucama..., cada um traz o selo da sua pronúncia e do seu vocabulário, o que não impede que todos se comuniquem em meio a numerosos quiproquós, mola de uma comicidade imediata.

O ROMANCE ROMÂNTICO: A TENTAÇÃO DO EVOLUCIONISMO LINEAR

Assim como seria equivocado estabelecer entre Gonçalves de Magalhães e Gonçalves Dias uma linha de evolução, no sentido de uma dependência temática e estética, a mesma hipótese não se ajustaria a uma reta contínua e ascendente percorrida pelo romance urbano, que começaria em Joaquim Manuel de Macedo, autor do primeiro romance brasileiro (*A moreninha*, de 1844), continuaria em *Memórias de um sargento de milícias*, de Manuel Antônio de Almeida (1853, em folhetins), e encontraria seu ponto alto nos melhores romances urbanos de José de Alencar, *Lucíola* (1862) e *Senhora* (1875). E há quem prolongue essa linha até os primeiros romances de Machado de Assis escritos na década de 1870... A história das obras ficcionais conhece descontinuidades de perspectiva e valor estético, não obstante a vigência de assuntos e traços ideológicos próprios de um determinado ciclo cultural. A precedência de Macedo não significa paternidade em relação ao romance de Manuel Antônio ou de Alencar. O que há de comum é o pano de fundo, a cidade do Rio, que centralizou a vida literária da nação ao longo do Segundo Reinado. Mas o essencial é diverso. O meio em que vivem as personagens de Macedo é a burguesia afluente próxima da corte, que ele conhecia por dentro como valido de d. Pedro II: namoricos, intrigas e arrufos que separam para depois de novo juntar os filhos dessa classe, cuja ideologia conformista corresponde à do próprio autor. Realismo miúdo, sem o sentido das contradições sociais, mas o suficiente para agradar à leitora da época, que começa a ver no romance um espelhamento da sua própria rotina, ora idealizada ora pontuada de situações tendentes a uma comicidade fácil.

No polo oposto, o Rio das *Memórias de um sargento de milícias* está à margem da corte; é o mundo da baixa classe média misturada com homens e mulheres que vivem de expedientes e, muitas vezes, a expensas dos que conseguiram se pendurar em modestos empregos públicos. Nenhuma idealização amorosa, nenhuma pose de fidalguia herdada ou adquirida: vive-se como se pode, sem coerência moral, de tal modo que a melhor crítica chamou as *Memórias* de romance picaresco (Mário de Andrade) ou de romance malandro (Antonio Candido). Se conformismo existe, será antes condescendência com as espertezas dos figurantes que precisam sobreviver em um cotidiano incerto do que pesada apologia burguesa do *status quo*.

O ROMANCE DE JOSÉ DE ALENCAR

Diferentemente da narrativa de Macedo ou de Manuel Antônio de Almeida, o romance urbano de José de Alencar (1829-1877) só parcialmente pode ser considerado documental. O projeto literário do criador de *Lucíola* e de *Senhora* era mais ambicioso: desejava ver também por dentro o que a sociedade fluminense mostrava no plano dos comportamentos públicos. Esse romântico, dotado de forte imaginação e delicada sensibilidade, se pretendia realista e defendia a veracidade das suas ficções. Mas não sabia ou não podia ficar na "realidade média", segundo perspicaz observação de José Veríssimo. O que lhe importava eram as situações extremadas, os conflitos entre a paixão e o dever. E o que poderia levá-lo a uma ética do individualismo moderno era tolhido por um moralismo implacável que o fazia retroceder a uma ideologia sacrificial estranhamente arcaica. Observando as relações entre o homem e a mulher em pleno período de aburguesamento da sociedade imperial, Alencar tudo submete a critérios de um tradicionalismo exacerbado, que pode beirar a tragédia ou, no polo oposto, a um final feliz arbitrário e teatral.

Dois destinos opostos o romancista reserva à mulher na situação amorosa: quando ainda donzela, exercerá o domínio absoluto sobre os homens que a cortejam; quando cortesã, aceitará o sacrifício que pode levá-la à morte redentora depois de entregar-se sem reservas ao homem amado. Aurélia, a heroína implacável de *Senhora*, título que vale por uma definição, pertence à primeira alternativa: comprará o marido, que supõe venal, e só o aceitará de fato como esposo quando ele provar o seu desinteresse, suportando uma vida de privações e honesto trabalho. Na segunda alternativa, Lucíola, protagonista do romance homônimo, deverá morrer para resgatar a sua vida de pecado, e, mediante extrema renúncia, tornar-se digna do único homem a quem realmente amou. Esses "perfis de mulher" são puramente alencarianos, nada devendo às mocinhas sentimentais ou brejeiras de Macedo e Manuel Antônio. A estrutura folhetinesca desses romances feita de surpresas, reconhecimentos e conciliações finais não implicava, porém, que o narrador ignorasse as tramas econômicas que envolviam a rotina daquelas personagens à primeira vista inverossímeis

Anônimo
José de Alencar
FOTOGRAFIA, S.D.
ARQUIVO G. ERMAKOFF, RIO DE JANEIRO

pelo excesso de arbítrio em sua conduta cotidiana. A força do dinheiro é patente nesse universo amaneiradamente fidalgo, mas já mercantilizado. Lucíola se vende e Seixas é comprado por Aurélia. Mas não há sombra de cinismo nessas transações: os protagonistas timbram em manter imaculada a sua honra pessoal, valor tradicional, pré-capitalista, aqui aglutinado romanescamente à prostituição granfina e ao casamento por interesse.

O mesmo sentimento de honra, estadeado em outros contextos, anima os romances históricos de Alencar: *O guarani*, obra de juventude (saiu

O
GUARANY.
ROMANCE BRASILEIRO.

RIO DE JANEIRO.
EMPREZA NACIONAL DO DIARIO.
1857.

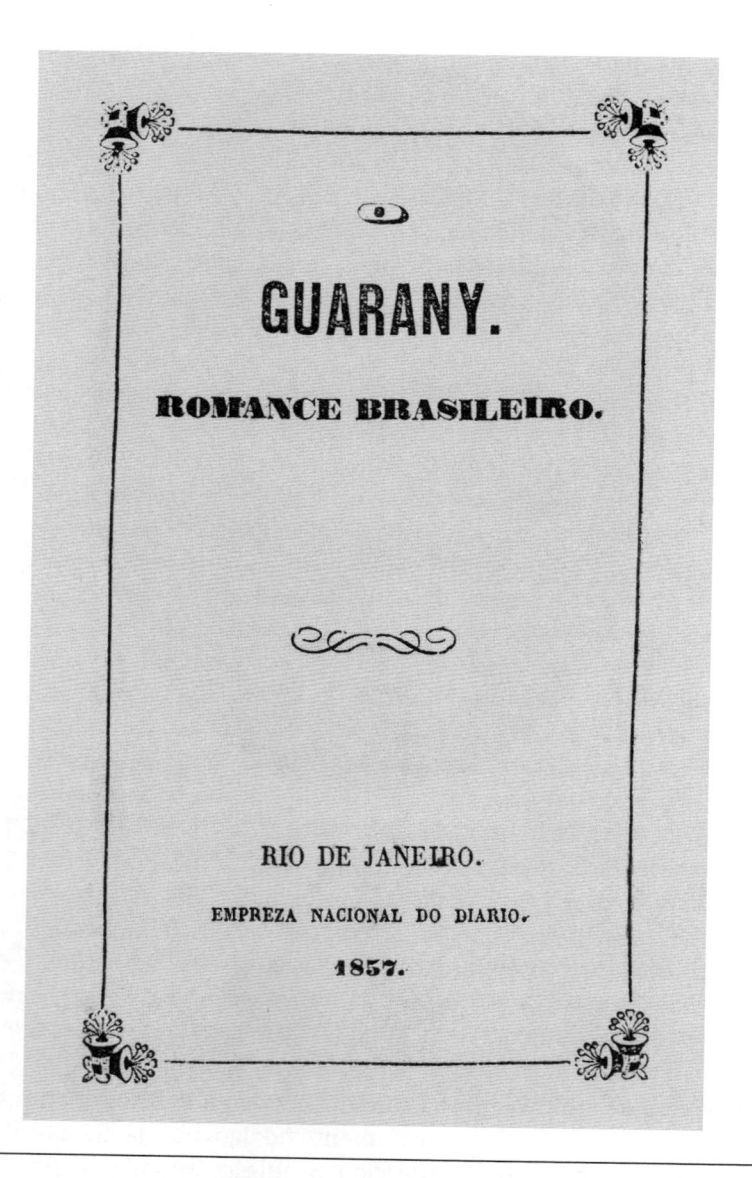

Folha de rosto da 1ª edição de O guarani *de José de Alencar*
RIO DE JANEIRO: EMPRESA NACIONAL DO DIÁRIO, 1857
SEÇÃO DE OBRAS RARAS DA FUNDAÇÃO BIBLIOTECA NACIONAL, RIO DE JANEIRO

em folhetins em 1857), que lhe daria fama duradoura; *As minas de prata* (1862–1866) e *A guerra dos mascates* (1875). O pano de fundo é a sociedade colonial vista como teatro de conflito entre portugueses e indígenas, ou entre os próprios colonizadores em luta pelas riquezas do novo mundo.

Em *O guarani*, convertido em ópera por obra de Carlos Gomes, quando ganhou foros de romance brasileiro por excelência, o heroísmo do índio Peri é assemelhado à virtude do colonizador, o fidalgo d. Antônio de Mariz, que, rebelde à dominação espanhola, viera criar uma ilha de fidelidade à pátria em meio às selvas que margeiam o Paquequer. A lealdade do índio à branca Ceci, sua Iara (que quer dizer "senhora"), outorga-lhe o status de homem honrado, a quem o patriarca lusitano poderá confiar o privilégio de salvar a filha, não, porém, antes de fazê-lo converter-se ao cristianismo. A simbiose luso-tupi resolverá, no desfecho imprevisto do romance, o sentimento do contraste colonizador-colonizado, que, no entanto, era vivo e presente no coração e na mente de Alencar. Em *O sertanejo* (1875) ocorrerá uma situação similar: o vaqueiro Arnaldo, depois de dar mostras de extrema dedicação à filha do fazendeiro, alcançará enfim a honra de receber das mãos deste o nome de família do capitão-mor: "Tu és um homem, e de hoje em diante quero que te chames Arnaldo Louredo Campelo."

Assim, tanto o indianismo quanto o regionalismo de Alencar se construíram em um esquema sobredeterminado pela exaltação da nobreza do colonizador que só a devoção do colonizado pode igualar. A ambivalência dessa posição ideológica é resolvida poeticamente em *Iracema*, lenda que conta a fundação do Ceará consumada graças à "doce escravidão" (expressão de Machado de Assis) à qual se submeteu a "virgem dos lábios de mel". Iracema fugirá de sua tribo e se entregará ao conquistador europeu, Martim Soares Moreno. Dessa união fatal para a mulher, que morrerá ao dar à luz, nasceria Moacir, "filho do sofrimento", o primeiro cearense. A coragem de Peri e a beleza de Iracema são a fonte de poesia desses romances ao mesmo tempo históricos e lendários. Mas o poder que imanta os enredos vem do colonizador: homem, branco, português.

A NARRATIVA REGIONALISTA: UMA VERTENTE MODESTA, MAS PROMISSORA

Questão ainda em aberto em nossa historiografia literária é a de saber se essa ambivalência expressa no romance de Alencar persistiu ou foi contornada na ficção regionalista de narradores seus contemporâneos: Bernardo

Guimarães (1825-1884), visconde de Taunay (1843-1899) e Franklin Távora (1842-1888). A resposta deve ser necessariamente matizada. Em todos advertimos um olhar que se dirige com especial atenção ao que lhes parecia típico das regiões que elegeram para cenário de suas histórias: o interior de Minas e de Goiás, em Bernardo Guimarães; uma vila perdida em Mato Grosso, em Taunay; o sertão nordestino, em Franklin Távora. Há nesses românticos de sentimento um gosto do pitoresco, que, em Taunay, o melhor estilista dos três, chega ao pinturesco da representação local. Bernardo, ainda próximo do clima ultrarromântico, é o mais estereotipado: a paisagem regional é o cenário onde manipula os seus tipos, elementarmente bons ou maus, como no folhetim e no melodrama de seu tempo. Observe-se em seu favor que suas personagens centrais são antes encarnações do desejo romântico de se libertarem da opressão social (da escravidão em *Escrava Isaura*; do celibato clerical em *O seminarista*) do que figuras alegóricas da nossa identidade nacional.

Alfredo d'Escragnolle Taunay é superior a Bernardo ao trabalhar a observação do *genius loci* em *Inocência*, obra que conheceu o êxito extraordinário de ter sido traduzida em várias línguas. Não há nessa pequena obra-prima uma teoria subjacente da nossa história como se depreende da proposta alencariana elaborada no prefácio a *Sonhos d'ouro*. Taunay quer apenas narrar com simplicidade o conflito entre a moral sertaneja e o despontar do amor adolescente que ela oprime a ponto de sufocar.

Essa atenção à verdade natural e social de uma determinada região do interior brasileiro seria um dos caminhos promissores trilhados pela narrativa pós-romântica que contaria com romances e contos de autores da envergadura de Domingos Olímpio, Manuel de Oliveira Paiva, Afonso Arinos, Valdomiro Silveira, Simões Lopes Neto, Monteiro Lobato. O que viria a ser o regionalismo do século xx, ressalvadas as distâncias ideológicas e formais, está na ficção dos chamados romancistas de 1930: Rachel de Queiroz, José Lins do Rego, Graciliano Ramos, Erico Verissimo e no monumento isolado que é *Grande sertão: veredas* de Guimarães Rosa. Não se trata de traçar linhas temáticas nem de apontar nomes de precursores, pois a evidência da descontinuidade cultural e literária é, no caso, mais forte do que uma arriscada hipótese evolucionista. O que parece digno de pôr em relevo é a potencialidade do olhar regionalista. O regionalismo consegue paradoxalmente ser mais universalizante do que o nacionalismo. Este isola traços psicológicos atribuindo-os a um fator que seria peculiar a este ou àquele Estado-nação: em outras palavras, tende a enriquecer a tese da existência de um caráter nacional. O regionalismo, quando sabe aprofundar os dramas morais dos seus tipos, é capaz de ser compreendido em línguas e culturas diversas, cujos leitores se sentem tocados pela humanidade de figuras aparentemente próprias só do recanto de onde foram colhidas.

Posto a meio caminho entre a atração pelo *genius loci* e um programa ideológico, Franklin Távora daria exemplo dos virtuais méritos da opção localista em literatura. Escrevendo a sua "história pernambucana", *O cabeleira*, em 1876, no limite entre o romantismo e o realismo já vitorioso na Europa, Távora chamava a atenção para o drama do cangaço, a pobreza e a violência endêmicas no sertão nordestino e, ao mesmo tempo, reivindicava para o Norte o privilégio de uma brasilidade que o Sul estaria perdendo ao contaminar-se com influxos estrangeiros. Em *Cartas a Cincinato*, Távora investe contra o regionalismo de Alencar, sobretudo em *O gaúcho*, romance que lhe parece falso do ponto de vista da caracterização regional. Alencar, sem jamais ter conhecido os pampas, teria inventado um Rio Grande à sua maneira... O argumento, que peca esteticamente na medida em que rejeita os direitos da imaginação, tem, porém, um significado histórico: o regionalismo a partir dos anos 1870 já começava a exigir do escritor o escrúpulo do documentário, o respeito à diversidade local, um misto de historicidade e ficção que vai marcar alguns narradores do século XX, autênticos pesquisadores que até hoje dão matéria a estudos antropológicos das várias ilhas do arquipélago cultural brasileiro.

EROS E THANATOS: A POESIA DA SEGUNDA GERAÇÃO ROMÂNTICA

A expressão "segunda geração romântica" remete a alguns poetas que estrearam nos fins dos anos 1840 ou durante o decênio seguinte. Precoces na poesia e na morte, Álvares de Azevedo (1831–1852), Junqueira Freire (1832–1855), Casimiro de Abreu (1839–1860) e, alguns anos mais tarde, Fagundes Varela (1841–1875) traduziram sua breve mas intensa experiência pessoal em uma linguagem difusamente romântica que, partilhando do estilo da época em todo o Ocidente, não deixou de afetar a dicção poética brasileira distinguindo-a do vernáculo da antiga metrópole. Daí o consenso da crítica que, desde Sílvio Romero, José Veríssimo e Araripe Jr., timbrou em conferir à poesia romântica o mérito de inconteste expressão do nosso "caráter nacional". Sem dúvida, a prioridade cabe, por unanimidade, a Gonçalves Dias pela temática indianista e em razão da gama de sentimentos e imagens de que se tece a sua poesia. Mas há um componente antes luso-brasileiro do que exclusivamente nosso em sua linguagem e um matiz clássico na composição do seu drama histórico que o colocam à parte daqueles jovens talentosos, porém desiguais, que o sucederam. Gerações de leitores continuaram a reconhecer em alguns poemas de Álvares de Azevedo, de Casimiro e de Varela um *ethos* ao mesmo tempo romântico e brasileiro, cuja permanência não parece obra de puro acaso.

O estilo de época foi-se construindo na Europa desde o final do século XVIII. Aos letrados que se firmaram durante a Regência e o começo do Segundo Reinado chegaram os versos harmoniosos de Lamartine, o léxico rebelde de Byron, a inflexão irônica de Musset, a lira pensativa de Vigny e a paleta inteira de tons que compõem a poética de Victor Hugo. Entre os portugueses, Garrett, em primeiro lugar, seguido de Bocage e Herculano. Entre os alemães, Goethe, Schiller e Heine, lidos quase sempre em versões francesas. Dos espanhóis, Espronceda.

Perseguir o que haveria de comum entre os poetas brasileiros e os europeus seria o mesmo que tentar a exploração de uma difusa fenomenologia do "eu" romântico. A nossa "segunda geração" é facilmente reconhecida pelo movimento de introjeção dos conflitos entre o sujeito e o meio. A saída pela porta da mudança social viria depois, entre as décadas de 1860 e 1870. Daí a escolha da expressão que encima este tópico: entre *eros* e *thanatos*, entre o amor e a morte, fontes temáticas e emotivas dos seus poetas.

Atente-se para o vocabulário poético de Álvares de Azevedo. Os versos de *Lira dos vinte anos* falam de matéria impura, pálpebra demente, noite lutulenta, longo pesadelo, pálidas crenças, enganosas melodias, fúnebre clarão, astro nublado, boca maldita, negros devaneios, tremedal sem fundo, leito pavoroso, anjo macilento, repisando a intuição da precoce decadência e morte, que uma epígrafe de Bocage anuncia: "Cantando a vida como o cisne a morte". A morte não se dá como passagem à transcedência, liberação do cárcere do corpo segundo a tradição platônica reelaborada pela teologia cristã. A morte é, no autor de *Noite na taverna*, o processo de decomposição da carne que se sofre em vida. A morte opera no corpo e na alma sob formas várias, todas mórbidas e morbidamente exploradas. É a doença, é o vício, é a orgia que tudo dissolve, é o limite do cinismo com o satanismo, a atração do nada.

Junto à obsessão da morte, o sonho do amor ardentemente desejado e quase sempre irrealizado. *Sonho* é a palavra justa, porque a imagem da amada adormecida recorre na *Lira* com insistência. O transe amoroso seria, porém, o momento da morte: "Que eu possa na tua alma ser ditoso,/

Beijar-te nos cabelos soluçando/ E no teu seio ser feliz morrendo!" ("A T..."). Ao pressentimento de um fim próximo em plena juventude correspondem imagens crepusculares ou, o mais das vezes, noturnas: "Não tardes, minha vida! no crepúsculo/ Ave da noite me acompanha a lira..." ("Tarde de verão"). Álvares de Azevedo é, definitivamente, o poeta da noite, com todos os pesadelos e delírios que povoam as trevas.

A luz que envolve o seu mundo de sonho é uma luz lunar. E o calor que dela emana é um calor febril. Os "Hinos do profeta" resumem os motivos fundamentais da poesia de Álvares de Azevedo: morte próxima, canto de cisne, sonhos de amor e de glória que nunca se converterão em realidade, solidão. O derradeiro e, a meu ver, mais belo poema da primeira parte da *Lira* — "Lembrança de morrer" — parece aplacar estoicamente o desalento da maioria dos seus versos. Transcrevo uma das quadras mais sugestivas: "Eu deixo a vida como deixa o tédio/ Do deserto o poento caminheiro/ — Como as horas de um longo pesadelo/ Que se desfaz ao dobre de um sineiro."

A "Segunda parte" contrasta com a primeira no tom e na matéria. O poeta explicou a diferença, que fora propositada:

Cuidado, leitor, ao voltar esta página! Aqui dissipa-se o mundo visionário e platônico. Vamos entrar num mundo novo, terra fantástica, verdadeira ilha Baratária de d. Quixote, onde Sancho é rei, e vivem Panúrgio, sir John Falstaff, Bardolph, Figaro e o Sganarello de João Tenório — a pátria dos sonhos de Cervantes e Shakespeare.

Trata-se de um elenco de personagens jocosos, irônicos ou sarcásticos, mundo atravessado por um humor não raro negro. Alguma coisa de fáustico entregue à aposta feita a Mefistófeles, algo da irreverência do libertino misturada à petulância donjuanesca dão a esses poemas um *pathos* original que atesta a complexidade da obra de Álvares de Azevedo.

Junqueira Freire, embora não possa se ombrear com seu contemporâneo Álvares de Azevedo, compôs uma obra igualmente penetrada do sentimento de morte, a que acresceu a nota singular de sua breve passagem pela vida monacal. Aos 19 anos entrou como noviço na Ordem Beneditina, talvez empurrado pelo desejo de fugir a uma vivência familiar infeliz. Após três anos de mosteiro, pediu dispensa dos votos. Pouco depois, veio a falecer de moléstia cardíaca deixando um só livro, *Inspirações do claustro*.

As marcas da sua forçada reclusão conventual estão espalhadas ao longo da obra inteira. A matriz ideológica é complexa. De um lado, Junqueira

Anônimo
Casimiro de Abreu
GRAVURA, S.D.
ARQUIVO G. ERMAKOFF, RIO DE JANEIRO

Freire tem uma costela de intelectual crítico, pois admira a razão "progressista" (o adjetivo é seu), o que reverte em palavras acerbas contra a estagnação mental e a repressão dos afetos que degradava as práticas religiosas de seu tempo. Distanciando-se do que chama "misticismo" e deplorando a situação dos monges que permaneceram na Ordem, nem por isso ele é um cético: o sentimento do divino é nele forte e constante, aproximando-o de uma religiosidade mais livre e socialmente engajada do que a da primeira geração, em geral conservadora.

Menos imaginoso e culto do que Álvares de Azevedo, menos complexo do que Junqueira Freire, Casimiro de Abreu tornou-se, porém, o mais popular dos poetas de sua geração. A poesia das *Primaveras* é singela, não explora motivos mórbidos nem a obsessão da morte, nem delírios eróticos. Mandado pelo pai a Portugal, ao que parece, contra a sua vontade, é a saudade da terra natal que lhe inspira versos delicados e harmoniosos. A lembrança nostálgica da infância vivida em uma paisagem idílica, inequivocamente brasileira (no caso, fluminense), ditou-lhe o poema "Meus oito anos", que gerações de escolares aprenderam de cor. A vida breve de Casimiro concorreu para popularizar a imagem do poeta romântico que se finava precocemente, assim como sucedera com Álvares de Azevedo e Junqueira Freire e iria dar-se com Varela e Castro Alves. Um halo de gênio malogrado "na flor dos anos" circunda a lembrança que ficou das suas vidas. Para muitos leitores, eles seriam os nossos únicos poetas autenticamente brasileiros, e esse mito já pertence à história.

A RELIGIÃO DA LIBERDADE NA ÚLTIMA GERAÇÃO ROMÂNTICA

Fagundes Varela costuma ser rotulado de epígono. Vindo depois de Gonçalves Dias, Álvares de Azevedo e Casimiro de Abreu, teria retomado os seus motivos e procedimentos formais. Talento sem originalidade, é o que parece sugerir parte da crítica. É juízo demasiado severo, pois só conta meia verdade. Varela alcançou alta densidade lírica na elegia que escreveu em memória de seu filho morto, o "Cântico do calvário", obra ímpar de emoção e musicalidade. Como poeta de temas religiosos, deixou *Anchieta ou o Evangelho nas selvas*, desigual, mas rico de imagens que fundem natureza tropical e inspiração cristã. Tampouco é mera repetição a sua lira bucólica, que fala de amores vividos no cenário rústico de vilas roceiras percorridas pelo poeta viandante em meio a jornadas de boêmia e aguardente.

Mas é na sua musa cívica que Varela dá forma poética às aspirações liberais do seu tempo. Repudia a estátua erigida a Pedro I ("À estátua equestre"), arde de patriotismo por ocasião da questão Christie (*Pendão auriverde*), exalta a liberdade do México ("Versos soltos ao general Juárez") e a utopia de uma revolução redentora, à Lamennais ("Aurora"), preludiando enfim a literatura abolicionista de Castro Alves em "Mauro, o escravo", "A escrava" e "O escravo". Se bebeu nos românticos que o precederam (ele mesmo os louva no poema "Elegia"), soube cantar com voz própria, que está a reclamar leitores imunes da obsessão de colher em toda parte influências e intertextos.

Carneiro e Gaspar
Fagundes Varela
FOTOGRAFIA, S.D.
ARQUIVO G. ERMAKOFF, RIO DE JANEIRO

    Cantor por excelência da liberdade — do negro, do povo, da América, do amor —, Antônio de Castro Alves não só fez eco aos ideais do novo liberalismo, mas em alguns poemas os precedeu e certamente os secundou com seu verbo arroubado e imaginoso. Em "A canção do africano", poemeto composto em maio de 1863, quando o poeta fazia preparatórios no Recife, o escravo chora o seu exílio em terras da América, invertendo o *topos* que em Gonçalves Dias e Casimiro de Abreu cantava as saudades da pátria brasileira. "A canção", diz Alberto da Costa e Silva, em sua exemplar biografia de Castro Alves, "é importante como documento, pois nos mostra que, aos 16 anos, numa época em que a luta contra a escravidão ainda não chegara às ruas e não passava de preocupação de alguns poucos, Antônio já era abolicionista" (Silva, 2006:29). A história de nossa morosa legislação antiescravista dá plena razão às palavras do biógrafo. Nesses mesmos anos 1860 começava a gestar-se, nas reuniões do Instituto dos Advogados, um estudo sobre a escravidão. Seu autor, Perdigão Malheiro, só iria publicá-lo no final da década. Aproveitado pelo senador Nabuco de Araújo, o trabalho daria subsídios ao projeto da Lei do Ventre Livre, só aprovado, sob o fogo da oposição parlamentar, em setembro de 1871, quando Castro Alves já partira para sempre.

Aqueles versos do adolescente eram as primícias de uma obra pujante que se tornaria a bíblia poética dos abolicionistas. "O navio negreiro", declamado na festa de Sete de Setembro de 1868 sob as arcadas paulistanas, iguala, no ímpeto da sua eloquência, os acentos libertários dos poemas de resistência de Victor Hugo, modelo supremo da sua geração.

A dimensão democrática, na acepção plena da palavra, é o horizonte de toda a sua poesia de temas sociais. Em um poema hugoano, "O século", recitado no salão nobre da faculdade de Direito do Recife (10 de agosto de 1865), a inspiração vem da luta pela liberdade travada em tantos países da Europa, como a Polônia, a Grécia e a Hungria, e mais recentemente no México e nos Estados Unidos, onde havia quatro meses fora assassinado Abraham Lincoln. Convém lembrar que só em 1861 fora extinta a servidão na Rússia, tendo sido libertados 20 milhões de semiescravos... O nosso atraso era um fato, mas não exclusivo nem aceito passivamente. No poema de Castro Alves, o povo é *povo-rei*, e contra os pontífices o vate incita a que lhes quebrem o cetro, fazendo dele uma cruz. O poeta confia ao próprio verbo a missão de uma solidariedade universal:

A cada berço levarás a crença
A cada campa levarás o pranto.
Nos berços nus, nas sepulturas rasas
— Irmão do pobre — viverás, meu canto.

DOIS POETAS À MARGEM DO CÂNON: LUÍS GAMA E SOUSÂNDRADE

Coube a intelectuais brancos, saídos de famílias burguesas cultas, falar em nome dos escravos, pois a estes não era dada a voz para reivindicarem os seus direitos de seres humanos. Assim foi com Castro Alves, Rui Barbosa, Joaquim Nabuco, Raul Pompéia e tantos outros que participaram ativamente da campanha abolicionista. A exceção mais notável se encontra na prosa jornalística de José do Patrocínio (1853-1905). Na poesia satírica, um nome que tardou a entrar no cânone literário do século XIX: Luís Gama (1830-1882). Era filho de uma africana livre, talvez de origem malê, Luísa Mahin (expulsa de Salvador por ter participado na Sabinada), e de um senhor branco, que o vendeu como escravo aos 10 anos. O que não impediu que chegasse pelo próprio esforço a jornalista libertário e a rábula defensor de escravos na província de São Paulo. Deixou os versos satíricos das *Primeiras trovas burlescas* (1859) e das *Novas trovas burlescas* (1861), sob o pseudônimo de Getulino. Pelo gênero e pela dicção, sua poesia é menos romântica do que neoclássica, pois guarda muito do tratamento estilístico e do vocabulário ferino de Gregório de Matos e dos satíricos portugueses, que seguiu de perto.

A tônica da sua poesia recai na desmistificação do baronato imperial tantas vezes obtido graças à fortuna ou ao status dos agraciados. Não poupa os políticos que, conservadores ou liberais, prosperavam de costas para o povo que os elegera, pois "no século das luzes/ os birbantes mais lapuzes/ compram negros e comendas".

Republicano ardente também era Joaquim de Sousa Andrade, que tomou o pseudônimo de Sousândrade (1832-1902). Maranhense, filho de fazendeiros pertencentes à burguesia afidalgada de Alcântara, foi muito jovem para o Rio de Janeiro, de onde viajou pela Europa nos anos 1850. Há notícias de que tenha estudado na Sorbonne e, de volta ao Brasil, teria feito medicina na capital. O fato é que sua obra revela considerável instrução humanística e científica. É excêntrica a sua trajetória e singular a poesia que nela se inscreve. Entre 1871 e 1885 viveu em Nova York. É nesse período norte-americano que concebe a sua obra principal, *O Guesa*, em 13 cantos, poema inspirado na utopia de uma América Latina multirracial, cujo ideal republicano a liberasse não só das antigas potências coloniais, mas sobretudo do novo imperialismo de raiz capitalista. Absolutamente original é a passagem intitulada "Inferno de Wall Street", na qual os sacerdotes incas que arrancam o coração dos fiéis, suas vítimas, são identificados com os especuladores da capital mundial das finanças. Sousândrade foi também inovador na elaboração de uma escrita forrada de neologismos e ousadias sintáticas e estilísticas.

O TEATRO DEPOIS DE MARTINS PENA: DENTRO E FORA DA LITERATURA

À medida que se avança no período de que se ocupa esse capítulo, constata-se a passagem da prática teatral no Segundo Reinado do texto literário para o domínio do espetáculo. Neste, a carpintaria, a encenação e, sobretudo, os

Marc Ferrez
Rua do Ouvidor, Rio de Janeiro, c. 1890
FOTOGRAFIA
ARQUIVO G. ERMAKOFF, RIO DE JANEIRO

recursos dos atores suplantam o trabalho da escrita. O teatro se torna, até certo ponto, autônomo, e não mais um gênero literário, como na tradição clássica e no primeiro período romântico. Havia em José de Alencar, na sua breve passagem pelo teatro, entre 1857 e 1860, um empenho em construir diálogos coerentes e enredos articulados, como fica patente em *O demônio familiar* e *Mãe*, respectivamente comédia e drama centrados em dilemas familiares produzidos pela escravidão. Mas esse vínculo entre a cena e o texto vai progressivamente afrouxando-se na medida em que o interesse do autor se volta para o gosto do público médio, que ao "teatro sério" prefere a revista, a opereta, a bambochata, numa palavra, o espetáculo que diverte sem compromissos morais ou políticos.

O nome de Artur Azevedo (1855-1908), irmão de Aluísio, concentra, com seu talento multiforme, todas as variantes dessa mesma tendência. Decepcionado com o malogro das suas primeiras tentativas de compor "comédia literária", como ele próprio chamou suas peças juvenis (*Amor por anexins*, *Horas de humor*, *A almanjarra*), acabou escolhendo o caminho do êxito fácil compondo dezenas de revistas, algumas das quais verdadeiras paródias das comédias francesas em voga. Criticado pelos que nele viam um responsável pela decadência do teatro brasileiro a partir da década de 1870, defendeu-se expondo a nu a situação precária do autor teatral que dependia de empresários voltados para o ganho imediato. Para a sociologia do teatro brasileiro do Segundo Reinado (e da Primeira República, que também aplaudiu as suas revistas), o testemunho de Artur Azevedo não deixa de ser valioso documento da estreita relação entre artes do espetáculo e seus suportes econômicos.

O MOVIMENTO DAS IDEIAS

A citação que vem em seguida, posto que longa, é uma síntese antológica do movimento de ideias que dividiu a história cultural do Segundo Reinado. Seu autor, Sílvio Romero, historiador de fôlego de nossas letras, notoriamente parcial e apaixonado, teve, porém, nesta passagem o mérito de ver em conjunto a mudança ideológica produzida pelo "bando de ideias novas".

> *O decênio que vai de 1868 a 1878 é o mais notável de quantos no século XIX constituíram a nossa vida espiritual. Quem não viveu nesse tempo não conhece por não ter sentido diretamente em si as mais fundas comoções da alma nacional. Até 1868 o catolicismo reinante não tinha sofrido nessas plagas o mais leve abalo; a filosofia espiritualista, católica e eclética, a mais insignificante oposição;*

a autoridade das instituições monárquicas o menor ataque sério por qualquer classe do povo; a instituição servil e os direitos tradicionais do feudalismo prático dos grandes proprietários a mais indireta opugnação; o romantismo, com seus doces, enganosos e encantadores cismares, a mais apagada desavença reatora. Tudo tinha adormecido à sombra do príncipe feliz que havia acabado com o caudilhismo nas províncias da América do Sul e preparado a engrenagem da peça política de centralização mais coesa que já uma vez houve na história de um grande país. De repente, por um movimento subterrâneo que vinha de longe, a instabilidade de todas as coisas se mostrou e o sofismo do império apareceu em toda a sua nudez. A Guerra do Paraguai estava a mostrar a todas as vistas os imensos defeitos de nossa organização militar e o acanhado de nossos progressos sociais, desvendando repugnantemente a chaga da escravidão; e então a questão dos cativos se agita e logo após é seguida a questão religiosa; tudo se põe em discussão: o aparelho sofístico das eleições, o sistema de arrocho das instituições policiais e da magistratura e inúmeros problemas econômicos; o partido liberal, expelido grosseiramente do poder, comove-se desusadamente e lança aos quatro ventos um programa de extrema democracia, quase um verdadeiro socialismo; o partido republicano se organiza e inicia uma propaganda tenaz que nada faria parar. Na política é um mundo inteiro que vacila. Nas regiões do pensamento teórico, o travamento da peleja foi ainda mais formidável, porque o atraso era horroroso. Um bando de ideias novas esvoaçou sobre nós de todos os pontos do horizonte. Hoje, depois de mais de 30 anos, hoje que são elas correntes e andam por todas as cabeças, não têm mais o sabor de novidade, nem lembram mais as feridas que, para se espalhar, sofremos os combatentes do grande decênio: positivismo, evolucionismo, darwinismo, crítica religiosa, naturalismo, cientificismo na poesia e no romance, folclore, novos processos de crítica e de história literária, transformação da intuição do direito e da política, tudo então se agitou e o brado de alarma partiu da Escola do Recife (apud Barreto, 1926:XXIII-XXIV).

É possível relativizar mais de uma das afirmações drásticas do texto de Sílvio Romero. Quem leu as páginas liberais e socialistas de Abreu e Lima (o general que lutou na década de 1820 ao lado de Bolívar) e o admirável *Jornal de Timon* de João Francisco Lisboa (1812–1863) sabe que a oposição ao "coro dos contentes" (na expressão de Sousândrade) não precisou esperar pelas comoções partidárias de 1868 ou pelas primeiras vozes da Escola do Recife para manifestar-se contra as mazelas do *status quo*. De todo modo, em vez de respigar precursores, parece-me necessário aceitar o quadro geral traçado por Sílvio Romero e a sua expressão "bando de ideias novas", no que têm de verdadeiro e justo.

Insistiria apenas em que a defasagem em relação à Europa não seria tão ampla e profunda, como a pintava Sílvio Romero, e ainda hoje a pintam os que não cessam de acusar o nosso "atraso estrutural". A difusão de ideias concebidas nos países mais desenvolvidos do Ocidente terá tardado vinte anos, pouco mais ou pouco menos, mas à medida que se avança no século XIX, começa-se a perceber uma quase sincronia, que o telégrafo, as viagens, as leituras intensas dos jornais, revistas e livros franceses, alemães e ingleses iam facultando aos nossos intelectuais mais estudiosos e engajados. Caso exemplar é o do reconhecimento entre nós do sistema positivista criado por Auguste Comte. O filósofo, que morreu em 1857, conseguiu reunir em vida um círculo modesto de adeptos e enfrentou a aberta animosidade da universidade francesa. Sua influência foi crescendo em alguns países da Europa nos anos de 1860 e 1870 graças à operosidade de seus discípulos, como o heterodoxo Littré e o ortodoxo Laffitte. Mas, já em 1858, Muniz de Aragão resumia os princípios básicos do comtismo na introdução ao seu *Elementos de matemática*, editado em Salvador. Na crucial década de 1860, dois estudantes brasileiros, Luís Pereira Barreto e Francisco Antônio Brandão Jr., conheceram na Universidade de Bruxelas a filosofia positiva, vindo a divulgá-la no decênio seguinte. Os dois máximos "apóstolos do positivismo" no Brasil, Miguel Lemos (1854–1916) e Teixeira Mendes (1855–1927), aderiram, em 1876, à Sociedade Positivista do Rio de Janeiro. Viajaram, em seguida, para a França, onde assistiram aos cursos de Laffitte. A partir de fins dos anos 1870 publicaram centenas de folhetos e livretos doutrinários que forjaram a mentalidade de não poucos militares, engenheiros, administradores e educadores ativos ao longo da Primeira República.

Adversário do positivismo, Sílvio Romero preferia exaltar o que chamava "Escola do Recife", cujo expoente seria o poeta e pensador sergipano Tobias Barreto (1837–1889). A influência deste singular autodidata (que chegou a publicar artigos em alemão na imprensa de sua província) exerceu-se nos anos 1880, na Faculdade de Direito do Recife. Divulgando o sistema de Darwin, Tobias Barreto terá agido antes como dissolvente da metafísica escolástica que se ensinava nas escolas de direito e nos seminários do que como construtor de uma doutrina filosófico-científica para a qual não tinha suficiente preparo nem fôlego especulativo. Talvez o melhor fruto do seu magistério tenha sido a admiração extremada que lhe devotou o mesmo Sílvio Romero, cuja monumental *História da literatura brasileira* (1888) se pautou por critérios evolucionistas, entre os quais a infeliz tese da existência de raças superiores e inferiores na constituição do povo brasileiro. Assim, o darwinismo, que representava um enorme progresso na história da biologia moderna, serviu, à sua inteira revelia, de ingrediente de uma ideologia racista propugnadora da imigração europeia como fonte de branqueamento de nossa população. Justiça se faça à doutrina de Comte, que jamais discriminou as populações não brancas, condenou veementemente a escravidão, inspirou algumas de nossas primeiras leis trabalhistas; e, no caso de seus seguidores brasileiros, como o marechal Rondon, reconheceu no indígena a prioridade no povoamento do Brasil, atribuindo-lhe o direito de viver nas suas terras como em uma pátria paralela ao Estado nacional.

Positivismo e evolucionismo — Comte e Spencer — foram correntes de pensamento que, diversas entre si, como atesta o libelo de Sílvio Romero, *Doutrina contra doutrina*, operaram de modo convergente no combate pela modernização cultural da nação. A hipótese de um progresso linear é comum a ambas. Comte acalentava o ideal da *perfectibilidade* do ser humano, que superaria pelo *altruísmo* (termo que ele próprio inventara) o egoísmo entranhado no coração de cada indivíduo. Spencer e os evolucionistas acreditavam igualmente no progresso da espécie, condicionado, porém, pela luta vital e social (*struggle for life*), em que os vencedores seriam os mais aptos. As distorções ideológicas de cada uma dessas doutrinas não se fizeram esperar. Propondo-se a organizar a sociedade, os discípulos de Comte pregavam formas de governo centralizadoras, emprestando à palavra "ditadura" uma conotação virtuosa que recuperava o seu significado no contexto da antiga Roma. No polo oposto, os evolucionistas pendiam para o liberalismo puro e duro, pois julgavam que o Estado não deveria intervir na trama social onde os mais fortes e hábeis entrariam em competição para alcançar a primazia. Em compensação, cada uma das posições trouxe algum benefício: aos positivistas caberia a prioridade nas propostas relativas aos direitos sociais; aos liberais, na luta pelos direitos políticos.

Nesta altura do discurso, é de rigor mencionar duas figuras centrais do nosso pensamento liberal, Rui Barbosa e Joaquim Nabuco, que continuaram a escrever e a intervir na vida pública brasileira depois dos anos 1880 (portanto, além dos marcos temporais deste capítulo). Nascidos ambos em 1849, iniciaram a sua militância cultural e política nos anos 1870. Rui Barbosa elegeu-se deputado pelo Partido Liberal em 1871; Nabuco, pelo mesmo partido, em 1879. Há uma característica comum a ambos: toda a sua ação e a sua obra espelham ideais de liberdade. Liberdade religiosa, eis a síntese do prefácio que o jovem Rui escreveu em 1877 para o livro do teólogo alemão Doellinger, *O papa e o concílio*, em que reprova o absolutismo doutrinário do Vaticano, reiterado na promulgação do dogma da infalibilidade papal. Na década de 1880, Rui Barbosa redigiria pareceres veementes a favor da liberdade de ensino e da proposta do Gabinete Dantas em prol da emancipação dos escravos idosos.

Como parlamentar, Joaquim Nabuco foi dos primeiros a reabrir a discussão sobre a abolição imediata: *O abolicionismo* (1883) tornou-se o livro-chave dos lutadores que, a partir de então, tomaram a peito a campanha antiescravista. Mas em nenhum deles as ideias liberais tingiram-se de cores estritamente filosóficas. Não foram positivistas nem darwinistas nem spencerianos. Conciliaram valores modernos e democráticos com a fidelidade a seus sentimentos religiosos, mais vagos em Rui, confessadamente católicos em Joaquim Nabuco.

INSTITUIÇÕES DE ENSINO: BREVE PARÊNTESE

As ideias não vivem no ar. A sua difusão e a faculdade de alterarem a rotina mental de uma nação dependem, em boa parte, da existência de instituições que lhes deem suporte material e social. Assim, tanto o positivismo como o evolucionismo se propagaram mediante a instrução que os seus adeptos ministraram em centros de ensino superior ao longo do século XIX.

As faculdades de Direito, em primeiro lugar (vinham de 1828, tanto a de São Paulo quanto a de Olinda, transferida para o Recife em 1854), foram os viveiros da maioria dos advogados, magistrados e políticos do Segundo Reinado. Fortalezas do ensino jurídico tradicional, começaram, a partir da imitação do Código Napoleônico, a repisar os dogmas do liberalismo francês e inglês, religiosamente seguidos em todo o século XIX. Pode-se dizer, *grosso modo*, que foram as correntes, entre si opostas, do liberalismo e do positivismo que permearam a formação de nossos bacharéis em direito no último quartel do século XIX. A presença do chamado *bacharelismo* tem sido objeto de crítica acerba dos estudiosos da vida pública brasileira, minada pela retórica e contaminada por um permanente elitismo.

Tobias Barreto procurou introduzir as teorias do monismo alemão no pensamento jurídico. Melhor fortuna caberia aos positivistas, que, ao menos no Rio Grande do Sul, lograram afinar a Constituição local com alguns preceitos do augusto mestre. Mas foram voto vencido ao longo das discussões que precederam a promulgação da Carta republicana de 1891, pronunciadamente liberal. Obtiveram, de todo modo, a separação da Igreja do Estado, a regulamentação do casamento civil e a divisa da nova bandeira, "Ordem e progresso", lema comtiano por excelência. A presença do positivismo à Littré afirmou-se entre os cadetes da Escola Militar. O epíteto de Fundador da República, que lhe deram os adeptos de Comte, diz muito da interpretação ideológica que emprestavam ao movimento vitorioso em 15 de novembro de 1889.

No campo das ciências biológicas e médicas as instituições pioneiras foram as faculdades de Medicina da Bahia e a do Rio de Janeiro, fundadas em 1832, quando sucederam as escolas cirúrgicas criadas no período joanino. Ambas sofreriam influência das vertentes deterministas que as ciências da vida esposaram a partir da difusão das teses evolucionistas em todo o Ocidente. Não obstante o notável progresso no conhecimento das doenças tropicais, o saldo ideológico negativo das novas correntes científicas não foi pequeno, se considerarmos a obsessão de classificar e caracterizar as raças, atitude funesta quando voltada para as etnias negras, indígenas e mestiças comuns a tantas nações egressas do sistema colonial. Exemplo desse viés encontra-se na teorização antropológica de Nina Rodrigues (1862–1906), médico e cientista maranhense que deixou marcas profundas na Escola de Medicina da Bahia, onde aplicou as teorias do criminologista italiano Cesare Lombroso discriminatórias em relação a negros e mestiços.

Foi, sem dúvida, relevante o papel exercido por essas várias instituições de ensino superior na formação de profissionais liberais e na difusão entre nós das vertentes progressistas originárias da Europa. Quanto ao saldo negativo, isto é, os preconceitos de cor e classe, convém lembrar que eram compartilhados pelas elites burguesas de todo o Ocidente no final do século XIX. Cá e lá...

Mereceria estudo à parte, que não cabe nestas páginas, a situação do ensino primário e secundário tal como a República o herdaria do Segundo Império. A bibliografia sobre o tema é unânime em apontar as inconveniências da dissociação entre o ensino básico e o superior em todo esse período. O Ato Adicional, promulgado em 1834, estabeleceu um sistema descentralizado pelo qual se atribuía às assembleias provinciais a criação de escolas públicas primárias e secundárias, reservando-se à administração imperial cuidar do ensino superior. Como os poderes locais descuraram de cumprir seus deveres no campo educacional, este foi ocupado em grande parte por instituições particulares que não mantinham entre si nenhum vínculo pedagógico. A descentralização resultou na pulverização do ensino fundamental entregue aos mestres-escola, o mais das vezes autodidatas. Entre as exceções, apontam-se: o Colégio Caraça, em Minas, regido por padres lazaristas; o Ginásio Baiano, em Salvador; o Colégio Abílio, o Colégio Stall, o Externato Aquino, o Colégio Meneses Vieira e o Colégio Progresso, no Rio de Janeiro; o Colégio de São Luís, em Itu; e o Colégio Nossa Senhora da Conceição, em São Leopoldo, ambos fundados por jesuítas; os colégios do

L. Terragno Phot.
Imperador d. Pedro II e as meninas do Colégio Gomes
FOTOGRAFIA, S.D.
ARQUIVO G. ERMAKOFF, RIO DE JANEIRO

Dr. Köpke e São Pedro de Alcântara, em Petrópolis; a Escola Americana, de filiação presbiteriana, em São Paulo; o Colégio Culto à Ciência, fundado por um grupo positivista e maçônico em Campinas. Mas, apesar do bom nível que as autoridades do Império creditaram a todas essas escolas particulares, só o Colégio Pedro II, criado pela Regência em 1837, podia conferir o grau de bacharel em Letras e habilitar os seus formandos a se matricularem nas faculdades do Império. Tratava-se, de resto, de uma primazia bem fundada: o Colégio Pedro II foi, desde a sua fundação, a matriz do ensino de humanidades ao longo de todo o Segundo Reinado.

LITERATURA E IDEIAS: CONVERGÊNCIA E DIVERGÊNCIA

O historicismo estrito, levando às últimas consequências o conceito diltheyiano de "espírito de época", busca determinar as ligações íntimas entre os vários fenômenos culturais. Nessa ordem de ideias, haveria um elo indissolúvel entre as correntes de pensamento e as obras ficcionais e poéticas de um dado período. Conviria dialetizar essa tese verificando ora a convergência de filosofia e literatura, ora os momentos de distanciamento, verdadeira instância negativa em face da hegemonia de certos esquemas doutrinários.

No plano das correspondências estariam, de um lado, o cientificismo, e de outro, o que se convencionou chamar "escola naturalista" na literatura de ficção. O modelo prestigioso, o naturalismo francês, se propôs ser a tradução literária do experimentalismo nas ciências biológicas. O seu expoente foi um romancista poderoso e admirado na Europa e na América Latina: Émile Zola (1840–1902). O guru foi um cientista probo, patriarca da biologia francesa, Claude Bernard (1813–1878). Da fusão de princípios científicos e teoria literária naturalista é exemplo o programa que Zola formulou em seu *Le roman expérimental*, publicado em 1880.

O ideal de uma prosa realista, rente à observação da vida social e capaz de fixar-lhe os tipos mais representativos, precedeu o movimento naturalista. Mas o naturalismo iria mais longe: tentaria submeter o trabalho do romancista às conclusões da ciência do tempo, voltada para a fixação de leis gerais de comportamento humano. O retrato dos *tipos* seria não só concebido a partir da observação da sociedade, mas dependeria das disposições hereditárias operantes em cada indivíduo e responsáveis pelos seus atos.

Entretanto, apesar da coerência doutrinária que o autor de *Germinal* procurou manter, não lhe foi possível reprimir os sentimentos de indignação que lhe inspiravam os sofrimentos das massas exploradas pela revolução industrial então em plena expansão. Ideais socialistas e revolta romântica permearam os seus romances que misturaram o naturalismo "científico", virtualmente determinista, e o protesto contraideológico. Se contradição há nessa mescla de programa teórico e criação ficcional, trata-se de uma contradição rica de ensinamento. Não há exemplo de obra de imaginação que haja derivado diretamente de um sistema abstrato; o que não significa que os seus autores ignorassem as correntes ideológicas do tempo, ou até mesmo não se propusessem introduzi-las no corpo de suas obras. Mas, quando o fizeram ostensivamente, o que daí nasceu foi o *romance de tese* com todas as distorções que resultam da execução a frio de um programa cerebrino.

Do naturalismo incorporado à ficção brasileira pode-se dizer que foi quase contemporâneo do modelo europeu. A sincronia cultural, esboçada no final do século XIX, iria, com avanços e retrocessos, manter-se no século seguinte, relativizando a tese fatalista do nosso eterno atraso estrutural. Os romancistas de maior relevo, Aluísio Azevedo, Adolfo Caminha e Inglês de Sousa, empenharam-se na exploração de mazelas típicas de nosso ambiente, de preferência urbano. Assim, o que haveria de comum a todos acabaria sendo, de um lado, a tendência a mostrar a degeneração dos comportamentos causada por disposições herdadas e pressões do meio, e, de outro lado, a atenção centrada em situações propriamente brasileiras.

Aluísio Azevedo (1857–1913) merece a primazia na história de nosso romance naturalista não só por ter dado com *O mulato* (1881) o seu primeiro fruto apreciável, mas por ter prosseguido a carreira de ficcionista urbano escrevendo *Casa de pensão* (1884) e, de longe, a sua melhor obra, *O cortiço* (1890). No primeiro, o preconceito de cor, vivo na provinciana São Luís nos últimos anos de vigência do escravismo, é o móvel do desprezo a que se vê relegado o protagonista. O narrador timbrou em mostrar a crueldade da discriminação racial que agride o jovem Raimundo, mulato claro que ignora a própria cor e a condição de filho de escrava. O preconceito veta-lhe o casamento com Ana Rosa, moça branca de família burguesa. É consenso apontar defeitos graves na estruturação do romance: Raimundo é assassinado quando tentava fugir com a amada, que, por sua vez, acaba se casando sem traumas com um tipo imposto por sua família e que sempre lhe parecera o mais sórdido dos homens. Um "caso de temperamento", este, de Ana Rosa, regida pelas forças hereditárias e fisiológicas do instinto. Naturalismo misturado com romantismo melodramático: a receita era esteticamente infeliz; no entanto, *O mulato* resiste tanto pelo tema do preconceito racial, que conheceria longa duração na literatura brasileira, quanto pelos dotes do escritor Aluísio de Azevedo. Formado na leitura da prosa ágil e precisa de Eça de Queirós e na tradição vernácula de sua província, o seu estilo é sóbrio e incisivo.

Em *O cortiço*, Aluísio atinou com a fórmula que se ajustava ao seu talento. Desistindo de montar um enredo em função de pessoas, ateve-se à sequência de descrições objetivas de quadros sociais, em que cenas coletivas e tipos primários fazem do cortiço a personagem mais convincente do romance. Existe o quadro e dele derivam as figuras. Já houve quem louvasse Aluísio como um dos raros romancistas de massas da literatura brasileira. Cabe perguntar de que forma a consciência do escritor percebia os grupos humanos. Assumindo uma perspectiva do alto, de narrador onisciente, ele fazia distinção entre a vida dos que já venceram, como João Romão, o senhor do cortiço, e a labuta dos humildes que se exaurem na faina da própria sobrevivência. Para os primeiros, o trabalho é uma pena sem remissão, pois a fome do ganho não se sacia e o frenesi do lucro, "uma moléstia nervosa, uma loucura", como a que empolga Romão, arrasta às mais sórdidas privações, a uma espécie de ascese às avessas, sem que um limite natural e humano venha dar ao cabo a desejada paz. Já nos pobres, na "gentalha", o trabalho é o exercício de uma atividade cega, instintiva, não sendo raras as comparações com vermes, sempre que importa fixar o vaivém dos operários na pedreira ou das mulheres no cortiço. Em toda parte, a obsessão do germinal, herdada do mestre francês.

REALISMO E SONDAGEM PSICOLÓGICA: MACHADO DE ASSIS E RAUL POMPÉIA

A hegemonia da tendência naturalista não impediu que narradores contemporâneos se esquivassem aos dogmas cientificistas e se voltassem para os meandros da vida interior de suas criaturas. E aqui se reafirma o caráter dialético da cultura: a tese e a antítese, o naturalismo mais cru e o realismo psicológico mais sutil acabaram convivendo no mesmo período e no mesmo campo literário. O decênio de 80 assiste ao aparecimento dos romances de Aluísio, de *O missionário*, de Inglês de Sousa e do fisiológico *A carne*, de Júlio Ribeiro, tido como obsceno e leitura clandestina de adolescentes à cata de cenas picantes... Mas é de 1881 a edição das *Memórias póstumas de Brás Cubas*, de Machado de Assis; de 1882, a publicação dos *Papéis avulsos*, em que se encontra um conto da profundidade de "O espelho"; de meados da mesma década a redação inicial de *Quincas Borba*; e de 1888 a edição de *O ateneu*, de Raul Pompéia, romance confessional sem par em toda a nossa literatura oitocentista.

Machado de Assis (1839–1908), o maior escritor brasileiro do século XIX e, para a maioria dos críticos, o maior escritor brasileiro de todos os tempos, ganha em ser estudado tanto do ponto de vista do contexto em que viveu quanto de uma perspectiva universalizante. A gangorra que alterna a consideração do Machado brasileiro e a reflexão sobre o Machado universal não cessa de mover-se ora em uma, ora na outra ponta. E parece sensato concluir que ambos os lados têm sua razão na medida em que não se excluam drasticamente.

O PRIMEIRO E O SEGUNDO MACHADO DE ASSIS

A divisão da sua obra em dois tempos — antes e a partir das *Memórias póstumas de Brás Cubas*, com o divisor de águas nos anos 1879/1880 — não é invenção dos críticos. Basta ler as notas que o autor redigiu para as novas edições de *A mão e a luva* e *Helena*, reconhecendo que mudara com o tempo a sua maneira de pensar e escrever. Sobre o primeiro romance, observou em 1907: "Os trinta e tantos anos decorridos do aparecimento desta novela à reimpressão que ora se faz parece que explicam as diferenças de composição e da maneira do autor". Em nota a *Helena*: "Ele [o livro] é o mesmo da data em que o compus e imprimi, diverso do que o tempo me fez depois, correspondendo assim ao capítulo da história do meu espírito, naquele ano de 1876." E remata: "Cada obra pertence ao seu tempo." A ideia de *tempo* aparece nas duas observações explicando mudanças de espírito e estilo. Pode-se pensar em tempo histórico-social, em tempo subjetivo, ou em ambos. Machado, já sexagenário, respondendo a Mário de Alencar que lhe perguntara como fora possível ao autor de *Helena* ter escrito, após breve intervalo, as *Memórias póstumas*, alegou a "perda de todas as ilusões sobre os homens", consumada ao entrar na quadra dos 40 anos. Os biógrafos tentam detectar causas físicas e psicológicas nessa mudança radical: ao certo sabe-se de enfermidades graves, que levaram o escritor tão apegado ao seu Rio a buscar repouso e melhor clima em Friburgo, de dezembro de 1878 a março do ano seguinte.

O que temos em mãos é o conjunto dos quatro romances ditos da primeira fase e publicados ao longo da década de 1870: *Ressurreição*, *A mão e a luva*, *Helena* e *Iaiá Garcia*. Com exceção do primeiro, todos são histórias de moças criadas em contextos sociais de assimetria. Nascidas em lares de condição pobre (Guiomar), apenas modesta (Iaiá, Estela), ou escusa (Helena), elas enfrentam de modos diversos o constrangimento de serem abrigadas por famílias ricas, que oscilam entre a benevolência de uma generosa madrinha e a eventual dureza do dispensador de favores. A argúcia de uma intérprete dessas figuras femininas, Lúcia Miguel Pereira, entreviu na conduta ambígua, ora deferente, ora esquiva, com madrinhas e protetores, uma projeção dos sentimentos do jovem Machado que teria sido ingrato para com a própria família voltando-lhe as costas ao longo da sua ascensão social (Pereira, 1988:157). Concordemos ou não com essa interpretação, que é biográfica, mas não deixa de remeter à estrutura familiar do Brasil Império, o que salta à vista não é só a presença do favor nas relações domésticas, mas, sobretudo, a diversidade das reações individuais em face da assimetria social. Há quem desfrute avidamente do favor, como Guiomar, protagonista de *A mão e a luva*, personagem ambiciosa, que deseja ascender na escala social, fazendo-o quer pela relação ambivalente, senão hipócrita, com a protetora, quer pela escolha calculista do pretendente a seu marido. Mas há quem recuse, até o limite da morte, ser considerada interesseira, situação de Helena no romance homônimo: a moça renuncia a lutar pelo amor de Estácio no momento mesmo em que este se afiguraria possível. A mesma altiva pureza marca o comportamento de Estela, em *Iaiá Garcia*, personagem briosa e incapaz de manobras, em contraste com Iaiá, que lutará com todas as armas da sua graça e astúcia para conquistar um marido, penhor de segurança de matrimônio e patrimônio.

Enredos que combinam situações de assimetria e respostas psicológicas diferenciadas tornam ainda hoje legíveis esses romances de juventude. Mas o tom conformista e o estilo incolor os incluem na classe de obras menores, convencionais. Daí, a surpresa que nos dá a leitura das *Memórias póstumas de Brás Cubas*, escritas pouco depois de *Iaiá Garcia*.

Com a criação de Brás Cubas, Machado passou a lidar com o foco narrativo de primeira pessoa. No romance, essa técnica é bifocal. De um lado, fala o narrador que atesta, a cada lance, a sua presença aos acontecimentos em que esteve envolvido, e cuja veracidade é confiada ao seu olhar sem a presunção de certeza que se supõe no discurso de terceira pessoa. De outro lado, Machado engendrou a ficção do *defunto autor*, expediente aparentemente irrealista escolhido para facultar a exibição dos sentimentos todos de um ego centrado em si, que a condição *post mortem* permitiria desnudar. Reiteração do eu vivo feito no regime do eu defunto. Memória, sim, mas pontuada de autocrítica e, o mais das vezes, de autodefesa.

Para deslindar a novidade das *Memórias póstumas* a crítica tem ensaiado pelo menos três leituras, todas convincentes, mas nenhuma em si mesma bastante para avaliar a densidade da obra. Vêm concorrendo para a interpretação desse romance surpreendente *a abordagem existencial*, que procura entender o "homem subterrâneo" (Augusto Meyer) entrevisto nos pensamentos e atos de Brás Cubas; *a determinação do seu substrato social e ideológico* (leitores marxistas e weberianos); enfim, o seu *pertencimento à tradição da sátira menipeia* (leitores formalistas e intertextuais). A visão de um Machado *moraliste*, na esteira de um La Rochefoucauld, de um La Bruyère e, no limite, do Pascal escafandrista do *moi haïssable* pode ser contemplada enquanto desdobramento da leitura existencial. Modos de ler complementares e não excludentes, merecem ser aprofundados na medida em que iluminam aspectos relevantes do texto machadiano.

Em *Quincas Borba*, o narrador puxa um fio que começara a desenrolar nas *Memórias póstumas*. O protagonista, Rubião, professor de meninos de Barbacena, recebe a inesperada herança de um filósofo bizarro (meio evolucionista, meio positivista), Quincas Borba, que já aparecia naquele romance pregando o humanitismo ao antigo colega de escola, Brás Cubas. O enredo cifra-se na ascensão e queda de Rubião, envolvido na trama de um especulador e arrivista, Cristiano Palha, que o explora até reduzi-lo à indigência, valendo-se inicialmente das manhas sedutoras da esposa, Sofia. O provinciano deslumbrado enlouquece pouco a pouco, supõe-se Napoleão III, desfruta brevemente de sua riqueza, mas, abandonado pelo casal Palha, acabará voltando à sua Barbacena onde morrerá seguido pelo cão, que também herdara de Quincas Borba. A cena derradeira, verdadeiramente trágica, é a mais pungente que saiu da pena de Machado.

O romancista entrava na casa dos 60 anos quando escreveu *Dom Casmurro*, a mais lida e amada de suas obras. Trata-se da vida de um homem, Bento Santiago, que amou desde a adolescência aquela que viria a ser sua mulher, Capitu. Viveu algum tempo de felicidade conjugal, mas, a partir de certo momento, se acreditou enganado por ela e seu melhor amigo, Escobar. Uma história de ciúmes fundados ou infundados? A questão parece insolúvel. O romancista teve mão leve o bastante para não decifrar o enigma. Capitu, acusada pelo marido, negará até o fim. Bento não voltará atrás, inteiramente convicto da traição. O desenlace é digno e discreto. Capitu vai para a Suíça, com o filho, cuja semelhança com Escobar é o principal móvel da suspeita de Bento. Este, convertido em Dom Casmurro, contará a sua história.

O narrador, que é também personagem, dá à sua certeza da traição toda a verossimilhança possível. Capitu é representada como uma criatura sensual, inteligente, ardilosa, fértil em expedientes, hábil em simular e dissimular conforme as circunstâncias, numa palavra, capaz de enganar. Bento, ao contrário, vê a si mesmo como um rapaz inseguro, emotivo e ciumento, que acabaria vítima indefesa de sua paixão juvenil. Essa é a leitura rente ao texto, ao tom e à perspectiva do narrador. Essa também foi (ressalvando sempre a ambivalência do registro narrativo) a leitura dos contemporâneos do autor e de críticos da envergadura de José Veríssimo, Lúcia Miguel Pereira, Augusto Meyer, Astrojildo Pereira, Barreto Filho e Antonio Candido. Desde a publicação da tese de Helen Caldwell, *The Brazilian Othello of Machado de Assis*

(1960), formou-se uma corrente que prefere negar a veracidade do relato de Bento-Dom Casmurro e inocentar, pura e simplesmente, a outrora suspeita de adultério, convertendo-a em ícone do feminismo e da modernidade. É hipótese que, se outro mérito não tem, ao menos vem suscitando releituras do romance e atestando, mais uma vez, a sua perturbadora atualidade.

Os dois últimos romances de Machado podem ser chamados de narrativas do Conselheiro. O que os aproxima é a figura do Conselheiro Aires, que assume, em *Esaú e Jacó*, ora a posição de personagem, ora a de narrador; e, em *Memorial de Aires*, a autoria de um diário que dele faz o ponto de vista gerador da obra. Ambos os romances foram escritos depois de eventos memoráveis de nossa história social e política: a abolição da escravatura e a proclamação da República. As menções a essas reviravoltas comparecem em um e no outro. Em *Esaú e Jacó*, são as opções contrárias de monarquismo e republicanismo que opõem de maneira irredutível os gêmeos, Pedro e Paulo, cuja inimizade visceral, *ab ovo*, é uma das molas do enredo. A presença de temas políticos tem estimulado os leitores a se perguntarem sobre os pendores ideológicos do escritor, sempre tão discretamente expressos ao longo de sua carreira literária. Mas não parece conveniente forçar a mão: o filtro por onde verte a história da República é a palavra contida e, não raro, irônica do Conselheiro Aires, que se mostra distanciado dos embates públicos. O seu desengano é profundo e tem a ver com o ceticismo do autor, que atenuou nos anos de maturidade os ímpetos liberais e, aqui e ali, radicais que marcaram sua produção jornalística nos anos 1860.

A atenuação se cristalizou de dois modos distintos. De um lado, há ambiguidade, ou seja, a recusa de optar decididamente por uma alternativa, configurada na personagem Flora, capaz de amar com a mesma intensidade ora Pedro, ora Paulo. A morte colhe esta figura delicada e poética em plena hesitação afetiva e cognitiva. De outro lado, a narrativa daqueles acontecimentos cruciais é despida de qualquer entusiasmo ou desejo de adesão pública. O Conselheiro é sempre o observador distante, parecendo não alimentar nenhum projeto de superação do *status quo*. A negatividade entranhada em seu discurso e em seus silêncios paralisa qualquer concepção esperançosa de nosso futuro como nação. Mais do que um crítico ideológico, o narrador é um moralista à antiga, voltado para a percepção da vaidade dos homens e da inconstância dos seus propósitos.

Admirável nos romances de maturidade, Machado de Assis não foi menos extraordinário na escrita de alguns de seus contos publicados a partir de *Papéis avulsos* (1882). Em "O espelho", por exemplo, está figurada a sua concepção da inconsistência do *eu*, cuja solidez só se adquire quando lhe é concedido um status na trama social. Pirandelliano *avant la lettre*, distingue-se porém do dramaturgo siciliano na medida em que parece aceitar como fado insuperável a determinação social da consciência, ao passo que em Pirandello haverá sempre a luta romântica e moderna da subjetividade contra a fôrma exterior. "O alienista" deixa entrever a recusa de Machado em relação à ciência médica que confere poder absoluto ao psiquiatra, cujo culto à norma "racional" lhe outorga o direito de encerrar na Casa Verde (imagem do hospício oitocentista) a maioria dos moradores do vilarejo de Itaguaí... Nesse e em outros contos a sátira aberta ou velada das ideologias do tempo testemunha uma inteligência lúcida que ainda tem o condão de nos inquietar.

Raul Pompéia (1863-1895) partilha com Machado a capacidade de ver por dentro das almas o que o naturalismo procurava descrever mediante a observação dos corpos. *O ateneu* (1888) é um romance confessional. São as memórias dos tempos de ginásio de um adolescente sensível arrancado ao aconchego do lar para sobreviver na selva da escola. Se há determinismo na construção das figuras dos colegas violentos ou aliciadores, será menos o que se atribuía então à hereditariedade do que às pressões do meio. O narrador é explícito na sua interpretação: os males que se padecem na escola não vêm de dentro, mas da sociedade que a rodeia e condiciona. Começando pelo diretor, o pedagogo louvado por moderno em todo o Império, Aristarco, que gradua suas preferências conforme o nível econômico dos alunos, a paixão do lucro contamina os ócios dos meninos que trocavam selos no recreio, "capitalistas, usurários, finórios e papalvos..." A burguesia dominante inicia os seus filhos na competição desde a mais tenra idade. Junto com o poder econômico, o novato é provado na angústia das lutas corporais em que o fraco precisa se submeter ao forte. A assimetria tinge-se de coloração sexual nesses anos turvos de puberdade: amizades ambíguas, puras e impuras, perturbam o coração vulnerável do menino Sérgio.

Nesse universo ameaçador, ora brutal, ora viscoso, onde há protegidos e réprobos, paira sempre uma ameaça de castigo moral, mas não físico, pois Aristarco se notabilizara entre os educadores do tempo ao extinguir penas corporais em seu colégio. Mas o diretor podia aparecer a qualquer momento, pois a arquitetura do prédio semelhava o panopticon de Bentham, com portas e janelas que davam para o pátio. Se não havia férula, havia o olhar ubíquo de Aristarco que fulminava os relapsos e alfinetava os inadimplentes. No entanto, a escola é honrada com a visita da família imperial durante uma festa de autopropaganda que exacerba os sentimentos de revolta de um Sérgio precocemente republicano, como ardentemente o era o seu criador, Raul Pompéia.

O narrador não deixou ao arbítrio dos futuros intérpretes o trabalho de decifrar o mosaico de ideias que se poderia depreender de *O ateneu*. Ele mesmo o expõe pela boca de um professor, o dr. Cláudio, a quem faz proferir nada menos que três conferências. A primeira, sobre cultura brasileira, na qual o republicano não perde ensejo de manifestar seu desprezo pelo "pântano das almas" da vida nacional, sob a "tirania mole de um tirano de sebo" (cruel caricatura de d. Pedro II). A segunda, sobre a arte, entendida pré-freudianamente como "educação do instinto sexual" e nietzscheanamente como "expressão dionisíaca": "Cruel, obscena, egoísta, imoral, indômita, eternamente selvagem, a arte é a superioridade humana — acima dos preceitos que combate, acima das religiões que passam, acima da ciência que se corrige; embriaguez como a orgia e como o êxtase". Enfim, a terceira, que mais de perto afeta o núcleo ideológico do romance, aponta os vínculos que prendem a escola à sociedade, fazendo refluir desta para aquela a lei da selva, a seleção dos mais fortes. "Não é o internato que faz a sociedade, o internato a reflete. A corrupção que ali viceja vai de fora."

PARNASIANOS

O historiador de nossas letras que se detiver na análise da produção ficcional e poética dos anos 1880, aproximando-a das lutas políticas e ideológicas que lhe são contemporâneas, ficará um tanto desnorteado. Trata-se de um decênio de alta temperatura cultural e fértil em contrastes. Positivistas do Apostolado pregam o seu Comte ao qual se opõem evolucionistas e monistas seguidores de Darwin, de Spencer, de Haeckel. As campanhas abolicionistas e republicanas, então no auge, encontram ferozes opositores, mas alcançarão os seus objetivos nos anos finais da década. Os naturalistas de estrita observância, como Aluísio Azevedo, Inglês de Sousa e Júlio Ribeiro exibem as mazelas de um povo pobre e mestiço que traria no sangue a fatalidade da degenerecência. Mas, na outra ponta da trama social, Machado de Assis e Raul Pompéia refinam os seus dotes de psicólogos sagazes e se voltam de preferência para o mundo burguês supostamente branco.

Contemplado de longe, à distância de mais de um século, esse *fin de siècle* brasileiro parece potenciar a conjunção de abertura aos padrões culturais do Ocidente e pronunciado interesse pela realidade brasileira. As principais correntes ideológicas e estéticas continuavam a vir de fora:

liberalismo democrático, federalismo, cientificismo, positivismo, evolucionismo, naturalismo, esteticismo e, na década seguinte, simbolismo... Pode-se falar, em sentido lato, de modernização cultural, processo difuso em toda parte do mundo. Ao mesmo tempo, a vivência do cotidiano é, como não poderia deixar de ser, *situada* no tempo e no espaço brasileiro. A cultura letrada interpreta, segundo valores e esquemas mentais novos, o que os olhos veem, aqui e agora. Não se trata, sempre e fatalmente, de deslocamentos aleatórios ou disparatados de modos de pensar alienígenas, por isso incompatíveis com a nossa experiência. É preciso discriminar o que contribuiu para a humanização das relações sociais, não importando se as ideias foram concebidas aquém ou além-mar. O abolicionismo foi uma conquista planetária, um bem onde quer que se promovesse. O mesmo se diga dos valores democráticos que afloraram na luta republicana. O realismo de Machado e de Raul Pompéia e o naturalismo de Aluísio Azevedo, posto que teoricamente gestados na literatura europeia dos meados do século, serviram de lupas capazes de trazer ao primeiro plano do olhar desequilíbrios próprios de nossa trama social. De certo, o que era apenas moda passou, e como tal deve ser entendido e julgado. Ao historiador da cultura cabe a tarefa nem sempre fácil de separar o joio do trigo, a não ser que espere pela hora do juízo final...

Essas considerações me parecem valer também para a apreciação que se possa fazer do parnasianismo tal como se transplantou para a escrita da poesia entre nós. A raiz estética francesa da sua poética é notória. Remonta a antologias publicadas a partir de 1866 sob o título de *Parnasse contemporain*, que incluíam poemas de Gautier, Banville e Leconte de Lisle. A proposta realista de descrever impassivelmente os objetos aparece claramente formulada na frase célebre de Théophile Gautier: "Sou um homem para quem o mundo exterior existe." Essa objetividade, que se deseja antirromântica, levará dialeticamente a um distanciamento alienante da própria "realidade" que propõe mimetizar: o poeta parnasiano vai descrever por amor da descrição em si, ou seja, o seu objeto preferencial será menos a coisa do que a palavra que a designa. *Arte pela arte* acabará sendo a fórmula que resume o processo inteiro.

Que essa retração da escrita em si mesma tenha sido contemporânea de momentos cruciais de engajamento ideológico e político, dá o que pensar. O parnasianismo e o simbolismo que o sucedeu nos anos 1890 coabitaram com transformações visíveis em mais de uma esfera da vida pública brasileira. Já referimos as comoções que levaram à abolição e à mudança de regime político; mas é preciso lembrar também a presença crescente do migrante estrangeiro em São Paulo e no sul do país e o surto de nossa primeira industrialização que a secundou. Movimentos operários de caráter anarquista ou socialista eclodiram nesse período. A militância dos intelectuais ou, pelo menos, o seu empenho na difusão de ideias liberais avançadas foi relevante: é o tempo em que fazem ouvir a sua voz Rui Barbosa e Joaquim Nabuco, Quintino Bocaiúva, André Rebouças, José do Patrocínio e Luís Gama, Raul Pompéia, Lúcio de Mendonça, Silva Jardim, Benjamin Constant e Miguel Lemos, Tobias Barreto, Sílvio Romero e José Veríssimo... e o elenco poderia seguir com a menção de parlamentares e jornalistas atuantes em mais de uma campanha democrática. A todos precedera um publicista fogoso, verdadeiro ícone do liberalismo democrático e pioneiro na luta pela descentralização administrativa, Tavares Bastos (1836–1875). Mas, no meio das refregas públicas, o ideal de uma poesia "longe do estéril turbilhão da rua" se foi consolidando, a ponto de os parnasianos e seus imitadores terem sido o alvo preferencial dos modernistas de 1922. Essa resistência, ou renitência, tem seu significado: a poesia converteu-se, em uma sociedade regida culturalmente pelas novas burguesias, em aparelho decorativo. Seu status passou a valer enquanto objeto pairando fora do tempo e do espaço cotidiano.

Poesia como ornamento social e prenda escolar carece de palavras peregrinas, metros raros ou neoclássicos, rimas ricas ou riquíssimas (também ditas opulentas), sonetos com chaves de ouro, temas áulicos, paisagens estereotipadas, além de exotismos de vária procedência. Mas para que a crítica não ultrapasse os justos limites, reduzindo tudo ao caricato e à paródia, é preciso reconhecer a presença de alguns momentos felizes nos poetas que passaram para a história literária como a tríade parnasiana: Alberto de Oliveira (1857–1937), Raimundo Correia (1859–1911) e Olavo Bilac (1865–1918).

Ao primeiro cabe a precedência não tanto no tempo, pois seus livros de estreia são contemporâneos de poemas de Raimundo Correia, mas no programa explícito de restaurar as normas clássicas, ou melhor, neoclássicas, do verso. Ateve-se com rigidez não raro arbitrária ao *Tratado de versificação* de Castilho, censurando rimas "pobres", diéreses, hiatos e variantes rítmicas até mesmo em Camões... Chamava a esse conjunto de regras "culto da forma", estalão pelo qual duas ou três gerações de mestres-escola corrigiram versos próprios ou alheios. Leitores compreensivos têm ressalvado a presença de um intenso sentimento da natureza tropical em alguns poemas de *Meridionais* (1884), que redimiram a dicção preciosista do conjunto de sua obra.

Menos fecundo e mais sensível, Raimundo Correia esbateu os tons demasiado claros do Parnaso e deu exemplo de uma poesia de sombras e luares que inflectia amiúde em meditações desenganadas. Apesar do tom pessimista que permeia alguns de seus melhores poemas, Raimundo Correia foi coerente em seu republicanismo de tintas radicais: "Ideia nova" é um soneto que lembra de perto o Antero de Quental socialista. Mas o que ficou para os pósteros foi precisamente a expressão bela e sóbria de um espírito reflexivo e melancólico, quase diria leopardiano. Vale a pena ler as observações de Manuel Bandeira sobre "alguns dos versos mais misteriosamente belos da nossa língua", elogio com que contempla poemas merecidamente antológicos de Raimundo, como "Cavalgada", "Ária noturna", "As pombas", "Mal secreto", "Anoitecer", "Despedida" e o schopenhaueriano "Amor criador". Salvo do incêndio modernista graças a apreciações simpáticas que lhe fizeram Manuel Bandeira e Mário de Andrade, o poeta aguarda uma análise à altura da sua originalidade.

Olavo Bilac foi o mais lido e admirado poeta da tríade. Estreando em livro em 1888, com *Poesias*, compartilhou os preceitos da escola, mas animou-os com uma eloquência invulgar, compondo versos que ficaram na memória de gerações de leitores e admiradores incondicionais. A adesão ao credo parnasiano com seu culto da arte pela arte vem no pórtico da obra:

> [...]
> *Torce, aprimora, alteia, lima*
> *A frase, e enfim,*
> *No verso de ouro engasta a rima,*
> *Como um rubim.*
> [...]
> *Assim procedo. Minha pena*
> *Segue esta norma,*
> *Por te servir, serena Forma,*
> *Deusa serena*
> [...]
> *Caia eu também, sem esperança,*
> *Porém tranquilo,*
> *Inda, ao cair, vibrando a lança,*
> *Em prol do Estilo!*

("Profissão de fé")

Anônimo
Olavo Bilac
FOTOGRAFIA, S.D.
CENTRO DE DOCUMENTAÇÃO DA ACADEMIA BRASILEIRA DE LETRAS, RIO DE JANEIRO

    Bilac é poeta antes sensual do que afetuoso: seus versos estão plenos de frêmitos de volúpia ensombrados pela tristeza da saciedade ou pela angústia da solidão e da morte, destino de toda carne. O amor físico, concebido por uma visada entre naturalista e pagã, é o eixo de vários poemas seus esparsos em *Panóplias*, *Via Láctea*, *Sarças de fogo* e *Alma inquieta*, incluídos no volume *Poesias*. Embora quase onipresente, o erotismo não esgota o elenco dos temas e motivos da obra. Nos anos de maturidade, que ultrapassam os limites cronológicos dessas páginas, Bilac entrou a fazer poesia patriótica, ora versando assuntos históricos como as bandeiras paulistas, ora compondo textos marcadamente ufanistas. Foi poeta das campanhas cívicas, dos saraus lítero-musicais e sobretudo das cerimônias escolares.

UMA HISTÓRIA DE CONTINUIDADES E RUPTURAS

Uma questão que talvez caiba nestas reflexões finais é saber se o limite cronológico aqui definido, 1890, representa um distanciamento cultural e ideológico em relação aos decênios anteriores em virtude da instauração do regime republicano. Em parte, sim. A subida ao poder dos chefes militares aguçou o contraste entre liberais e positivistas, portadores de concepções filosóficas opostas. Quem estuda os embates políticos da chamada República Velha sabe que essa herança teve o seu peso até, pelo menos, a Revolução de 1930.

Quanto à literatura, o parnasianismo, com que se encerra a sequência de estilos literários do Segundo Império, continuará vicejante nos decênios que precederão o movimento modernista de 1922, concorrendo vitoriosamente com o simbolismo na preferência dos poetas brasileiros em todas as províncias.

Fazendo parceria com essa hegemonia estetizante e formalista, ocorrerá um fenômeno recorrente em países de extração colonial: a difusão de um purismo linguístico que tenta reagir ao cosmopolitismo avassalador da *belle époque*. Os primeiros anos da República verão o aparecimento de uma luta contra os galicismos léxicos acoplada com um retorno às presumidas regras da sintaxe lusitana com ênfase na imitação da prosa dos Seiscentos. As gramáticas escolherão para abonar os seus preceitos as obras de frei Luís de Sousa, Antônio Vieira e Manuel Bernardes..., concedendo algum espaço a prosadores portugueses do século XIX já consagrados: Alexandre Herculano, Castilho, Latino Coelho. Apesar de os gramáticos e dicionaristas do período já estarem a par das tendências evolucionistas da linguística histórica, o que se observa é um acentuado purismo no trato da linguagem escrita rejeitando o que é estrangeiro como barbarismo e submetendo muitas vezes a norma brasileira aos clássicos portugueses. O centro irradiador da luta pela preservação da "pureza" da língua foi a cátedra de Língua Portuguesa do Colégio Pedro II, ocupada por Carlos de Laet (1847-1927) e Fausto Barreto (1852-1908), autores da prestigiosa *Antologia nacional* (1895). Coelho Neto na ficção e Rui Barbosa na oratória serão os expoentes desse

J. Carlos
Euclides da Cunha
CARICATURA
IN: *O MALHO*. RIO DE JANEIRO, 9 MAR. 1907
FUNDAÇÃO CASA DE RUI BARBOSA, RIO DE JANEIRO

viés purista, que persistiu nas primeiras décadas do século XX e também serviria de alvo polêmico e paródico aos modernistas de 1922.

Enfim, os maiores escritores do início do século XX, Euclides da Cunha e Lima Barreto, serão, apesar da visível diferença que os estrema, herdeiros do realismo oitocentista não só enquanto defensores de uma literatura-verdade, mas, sobretudo, como críticos agudos dos graves desequilíbrios da sociedade brasileira. Euclides os viu no mundo sertanejo. Lima Barreto, na cidade do Rio de Janeiro. Mas essa já é outra história.

No dia 3 de março de 1901, após o almoço oferecido a Lúcio de Mendonça pela publicação de Horas do bom tempo, o grupo de escritores posou para a fotografia, representativa da geração de intelectuais e artistas fundadores da Academia Brasileira de Letras.

Sentados, da esquerda para a direita: João Ribeiro, Machado de Assis, Lúcio de Mendonça e Silva Ramos. De pé, na mesma ordem: Rodolfo Amoedo, Artur Azevedo, Inglês de Sousa, Olavo Bilac, José Veríssimo, Souza Bandeira, Filinto de Almeida, Guimarães Passos, Valentim Magalhães, Henrique Bernardelli, Rodrigo Otávio e Heitor Peixoto.

IN: ABREU, MODESTO DE. *BIÓGRAFOS E CRÍTICOS DE MACHADO DE ASSIS*. RIO DE JANEIRO: [S.N.], 1939, P. 257.
BIBLIOTECA LÚCIO DE MENDONÇA, ACADEMIA BRASILEIRA DE LETRAS, RIO DE JANEIRO

BIBLIOGRAFIA

AZEVEDO, Fernando de. *A cultura brasileira*. 7. ed. São Paulo: Edusp, 2010.
BARRETO, Tobias. *Vários escritos*. Prefácio de Sílvio Romero. Aracaju: Editora do Estado de Sergipe, 1926.
BASTIDE, Roger. *Poetas do Brasil*. São Paulo: Duas Cidades, 1997.
BOSI, Alfredo. *História concisa da literatura brasileira*. São Paulo: Cultrix, 1970.
_____. *Dialética da colonização*. São Paulo: Companhia das Letras, 1992.
CANDIDO, Antonio. *Formação da literatura brasileira*. São Paulo: Livraria Martins Editora, 1959.
_____. *O discurso da cidade*. São Paulo: Duas Cidades, 1970.
CARPEAUX, Otto Maria. *Pequena bibliografia crítica da literatura brasileira*. Nova edição. Rio de Janeiro: Edições de Ouro, 1980.
CARVALHO, José Murilo de (Org.). *Cidadania no Brasil*: o longo caminho. 4. ed. Rio de Janeiro: Civilização Brasileira, 2007.
COSTA, João Cruz. *Contribuição à história das ideias no Brasil*. Rio de Janeiro: José Olympio, 1956.
COUTINHO, Afrânio. *A literatura no Brasil*. 2. ed. Rio de Janeiro: Editorial Sul Americana, 1969. 6 v.
FARIA, João Roberto. *Ideias teatrais*: o século XIX no Brasil. São Paulo: Perspectiva, 2001.
LINS, Ivan. *História do positivismo no Brasil*. São Paulo: Cia. Editora Nacional, 1964.
MIGUEL-PEREIRA, Lúcia. *Prosa de ficção (de 1870 a 1920)*. Belo Horizonte: Itatiaia; São Paulo: Edusp, 1988.
SCHWARCZ, Lilia Moritz. *O espetáculo das raças*. São Paulo: Companhia das Letras, 1993.
SILVA, Alberto da Costa e. *Castro Alves*. São Paulo: Companhia das Letras, 2006.
VENÂNCIO FILHO, Alberto. *150 anos de ensino jurídico no Brasil*. São Paulo: Perspectiva, 2004.
VERÍSSIMO, José. *História da literatura brasileira*. 3. ed. Rio de Janeiro: José Olympio, 1954.

CONCLUSÃO
JOSÉ MURILO DE CARVALHO
AMÉRICAS

O OBJETIVO DESTA COLEÇÃO É INTEGRAR A HISTÓRIA DE CADA PAÍS NA história geral da Ibero-América. Será adequado concluir o volume retomando o tema das relações do Brasil com a América hispânica durante o século XIX, tratado no capítulo escrito por Leslie Bethell.

Revendo os outros capítulos, salta aos olhos quão pouco há neles referente à Hispano-América. No texto sobre economia, a cargo de João Antônio de Paula, ela está totalmente ausente, embora uma análise mais pormenorizada pudesse ter feito referência às relações entre as economias do Rio Grande do Sul e da Banda Oriental, pertencentes a um mesmo complexo geoeconômico. No capítulo sobre "população e sociedade", escrito por Sidney Chalhoub, também não houve lugar para a América hispânica. O autor poderia, é certo, ter mencionado o problema político suscitado pela presença de proprietários de terra e de escravos brasileiros na mesma Banda Oriental. Mas seria uma nota de pé de página. Alfredo Bosi, no capítulo sobre cultura, também não encontrou justificativas para incluir a América hispânica. Os grandes pontos de referência do país no pensamento, na literatura, nas artes plásticas e na música foram sempre Inglaterra, França, Itália e Portugal. O capítulo que redigi relativo à vida política limitou-se a tratar das três guerras que o Brasil teve com seus vizinhos do rio da Prata, tema que também domina a parte que cabe à América hispânica no capítulo de Leslie Bethell.

Na proposta da coleção, este último capítulo, intitulado "O Brasil no mundo", deveria dar ênfase às relações com os outros países latino-americanos, reservando parte menor para os contatos "com o resto do mundo". Leslie Bethell foi o organizador da monumental *Cambridge History* da América Latina e é profundo conhecedor da história da região. No entanto, sob pena de reduzir seu texto a poucas páginas ou à irrelevância, foi forçado a dar muito mais espaço ao "resto do mundo", sobretudo à Grã-Bretanha. A importância desse país, em plena expansão imperial, foi enorme na política, no comércio, na questão do tráfico, nas finanças e no pensamento nacional. Segundo Bethell, as relações do Brasil com os países da América hispânica, à exceção dos platinos, foram "extremamente limitadas". Com as repúblicas do Pacífico, elas foram "quase nulas", limitadas a negociações de fronteiras. É verdade que estudos mais recentes e mais focalizados têm apontado a presença dessas repúblicas nas relações diplomáticas do país. No entanto, seria exagero dar-lhes grande peso. O México apareceu no horizonte brasileiro apenas quando foi governado pelo arquiduque Maximiliano, da casa de Habsburgo-Lorena, parente de d. Pedro II.

Resta, então, queiramos ou não, a conclusão de que o principal ponto de contato do Brasil com os países hispano-americanos foi a guerra. Elas foram três, a da Cisplatina, de 1825-1828, entre Brasil e as Províncias Unidas do Rio da Prata (Argentina), de que resultou a independência da Banda Oriental (Uruguai); a de 1851-1852 contra Manuel Oribe do Uruguai e, indiretamente, contra seu aliado argentino, Juan Manuel de Rosas; e a de 1864–1870 contra o Paraguai, em aliança com o Uruguai e as Províncias Unidas. Não é necessário repetir aqui o que já foi dito nos capítulos deste volume. Convém, porém, resumir algumas razões do distanciamento e dos conflitos.

A primeira é, sem dúvida, a herança colonial. Simplificando, pode-se dizer que as três guerras tiveram a ver com o antigo vice-reinado do Prata: a Argentina buscava restaurar a unidade geográfica da antiga divisão político--administrativa, o Brasil fazia tudo para impedir tal intento. Consumadas as independências, a disputa passou a confundir-se com a construção dos estados nacionais dos países da região, sobretudo os das repúblicas do Uruguai, Paraguai e Províncias Unidas do Rio da Prata. Para o Brasil, tratava-se de definir e garantir a segurança na fronteira sul, para os outros a questão era definir as fronteiras e deter o que julgavam ser ambição expansionista do gigante brasileiro. A forma de governo foi outro fator de afastamento. Uma monarquia que, além do mais, se autointitulava império, e que era dona de vasto território, estava fadada a despertar desconfianças e antipatias. A monarquia carregava ainda consigo, como consequência quase inevitável da forma de governo, uma forte ligação com a Europa na política, na cultura, na economia. Ela era vista pelas repúblicas americanas como marca do Velho Mundo europeu nas terras do Novo Mundo americano. A escravidão africana também serviu de moto para crítica ao Brasil. Embora não tivesse sido abolida imediatamente nas novas repúblicas, e ainda existisse no próprio Paraguai à época da guerra, ela não pesava nelas tanto, na economia, na sociedade, na cultura, quanto no Brasil. Pesava em Cuba do mesmo modo que no Brasil, mas a ilha era ainda colônia da Espanha. Finalmente, a estabilidade da política brasileira, com partidos definidos e eleições regulares, dera margem ao surgimento, dentro da elite política brasileira, de uma atitude arrogante, de quase desprezo, pelas repúblicas vizinhas, sacudidas por guerras civis, revoltas e *pronunciamientos*. Respeito havia somente pela república norte-americana, a primeira a reconhecer a independência brasileira, em 1824, e, em segundo lugar, pela do Chile, que se estabilizou na década de 1830 e não era limítrofe do país.

Os preconceitos e estereótipos de lado a lado afloraram com clareza durante a guerra da Tríplice Aliança contra o Paraguai e nos anos que se lhe seguiram. Eles foram expressos nos cartuns das revistas ilustradas da época, como mostrou Ângela da Cunha Motta Telles. Solano López era representado na imprensa brasileira, sobretudo na *Semana Illustrada* (e também nas revistas argentinas) como um tirano bárbaro e cruel. Em contrapartida, os jornais paraguaios *El Centinela* e *Cabichuí* retratavam os brasileiros como macacos, referência racista à presença de muitos negros nas tropas imperiais. A qualificação sequer poupava os comandantes militares brasileiros ou o próprio imperador e a princesa Isabel. O comandante aliado, Caxias, era "el macaco jefe", o imperador era "el macacón". O mesmo tratamento era dado aos brasileiros pela imprensa argentina. Apesar de aliados do Brasil na guerra, os argentinos (e também os brasileiros) percebiam a estranheza da aliança. Tratava-se de uma guerra errada, uma vez que os adversários naturais eram Brasil e Argentina e não Brasil, ou Argentina, e Paraguai. A revista ilustrada portenha *El Mosquito*, na edição de 31 de janeiro de 1869, ainda em plena guerra, representou o brasileiro como um macaco. Nem mesmo o general Mitre, acusado em seu país de ser amigo do Brasil e do imperador, escapou a essa representação.

A "guerra de insultos" — a expressão é de *El Mosquito* em sua edição de 20 de junho de 1875 —, entre Argentina e Brasil, acentuou-se após o término do conflito armado, durante o período de negociações com o Paraguai. Tendo o Brasil feito acordo em separado em 1872, o governo argentino protestou e mandou representações ao Rio de Janeiro para negociar. A primeira foi chefiada por Bartolomé Mitre em 1872, a segunda, em 1875, por Carlos Tejedor. Este último, um temperamental, abandonou o Rio de Janeiro sem se despedir do imperador. O gesto, na visão de *El Mosquito*, fora uma "gaucheria" para a imprensa brasileira e uma "macaqueria" para a imprensa argentina. Duas charges representam bem as visões que um país tinha do outro. Ambas referem-se ao conflito em torno da construção por Buenos Aires de uma fortaleza na ilha de Martim Garcia. A primeira é de Ângelo Agostini na revista brasileira O Mosquito, de 17 de janeiro de 1874. O Brasil é aí representado por um índio gigantesco chutando os pequenos canhões do forte diante de um minúsculo e irritado presidente Domingos Sarmiento. A segunda é de Stein no El Mosquito portenho de 21 de março de 1875. Nela aparece o presidente Avellaneda colocando vidros sobre a muralha enquanto é observado por um macaco empoleirado em uma árvore representando o Brasil. A legenda diz: "El mono está furioso!".

A tensão entre os dois países permaneceu até o final do império e primeiros anos da república. O novo regime, ao contrário do antigo, tinha propósitos amigáveis em relação às repúblicas da América hispânica. O manifesto do partido, de 1870, já dizia do desejo dos republicanos de serem americanos. Em relação à Argentina, dois meses após a implantação do novo regime, o Ministro das relações exteriores, Quintino Bocaiúva, cuja mãe era portenha, foi a Buenos Aires, onde assinou um tratado referente à disputa sobre o território das Missões, muito favorável ao país vizinho. No entanto, o Congresso republicano, reunido um ano depois, rejeitou o acordo e a questão só seria resolvida em 1895, mediante laudo arbitral do presidente Grover Cleveland dos Estados Unidos, favorável ao Brasil.

Sucede que, nesse mesmo momento em que as portas pareciam se abrir para maior entendimento entre as duas Américas, assomava no horizonte diplomático do Brasil um terceiro ator: a Anglo-América. Embora uma república, os Estados Unidos tinham sido o primeiro país a reconhecer a independência do Brasil, de acordo com a recém-formulada doutrina Monroe. Ao longo do século, as relações entre os dois países foram razoavelmente amistosas, enquanto os Estados Unidos se transformavam no maior importador do café brasileiro. Esse país foi ainda o único da América a ser visitado por d. Pedro II. O imperador foi o primeiro monarca a pisar o solo da República, onde teve recepção calorosa. Ao final do Império, em 1889, o Brasil aceitara convite para participar da Conferência Pan-americana de Washington, convocada pelos Estados Unidos. A República, por sua vez, tornou-se devedora do governo norte-americano quando este interveio em sua defesa durante uma revolta da Armada em 1894. O grande abolicionista Joaquim Nabuco, quando nomeado primeiro embaixador brasileiro em Washington, em 1905, tornou-se grande entusiasta do pan-americanismo sob a liderança norte-americana e via o Brasil como intermediário entre as Américas hispânica e anglo-saxônia. Desse modo, um fator que poderia ter propiciado maior solidariedade ibero-americana, qual seja, a reação comum ao expansionismo da Anglo-América, viu-se neutralizado. Essa reação deu-se apenas no mundo das ideias, quando o brasileiro Eduardo Prado, em 1893, em *A ilusão americana*, e o uruguaio José Enrique Rodó, em 1900, com *Ariel*, tentaram definir identidades culturais distintas para a Ibero-América e a Anglo-América. Ambos criticavam o que Rodó chamou de nordomania e caracterizavam a sociedade norte-americana por seu materialismo, utilitarismo, empirismo, plutocracia, corrupção e exaltavam a cultura católica ibérica na qual viam a predominância dos valores morais, espirituais, estéticos, humanistas.

Maior integração entre as duas partes da Ibero-América ainda teria que aguardar quase um século. Mesmo assim, o Brasil continuou a exibir hesitação e ambiguidade entre a América hispânica e a anglo-saxônia.

BIBLIOGRAFIA

PRADO, Eduardo. *A ilusão americana*. São Paulo: [s.n.], 1893.
RODÓ, José Enrique. *Ariel*: breviário da juventude. Montevidéu: Dornaleche y Reyes, 1900.
TELLES, Ângela Cunha da Motta. *Desenhando a nação*: revistas ilustradas do Rio de Janeiro e de Buenos Aires de 1860–1870. Brasília: Funag, 2010.

ÍNDICE ONOMÁSTICO

ABERDEEN, lorde 143
ABRANTES, visconde de [Miguel Calmon du Pin e Almeida] 159
ABREU, Antônio Paulino Limpo de 104
ABREU, Capistrano de 188
ABREU, Casimiro de 247, 248, 250, 251, 252
ABREU E LIMA, José Inácio de 22, 94, 257
ADAMS, John 126
ADAMS, John Quincy 172
AGASSIZ, Elizabeth 255
AGASSIZ, Louis 29, 155
AGOSTINI, Ângelo 167, 284
AGUIRRE, Atanasio 105
ALENCAR, José de 232, 237, 241–245, 247, 256,
ALENCAR, Mário de 266
ALFREDO, João 121
ALLEN, Charles 148
ALMEIDA JÚNIOR, José Ferraz de 29
ALMEIDA, Filinto de 278
ALMEIDA, Manuel Antônio de 241, 242
ALVARENGA, Silva 233, 235
ALVERNE, Francisco de Monte, frei 230
ALVES, Antônio de Castro 34, 236, 238, 251–253
AMÉRICO, Pedro 8, 29, 34, 229
AMOEDO, Rodolfo 278
ANDRADE, Joaquim de Sousa 254, 257
ANDRADE, Mário de 243, 272

ANGELIM, Eduardo 91
ANTHONY, Edward 43
ARAGÃO, Muniz de 258
ARANHA, Antônia Francisca Barbosa 42
ARARIPE JR., Tristão de Alencar 247
ARAÚJO, José Tomás Nabuco de 104, 253
ARINOS, Afonso 246
AVELLANEDA, Nicolás 284
AZEVEDO, Aluísio 264, 271, 272
AZEVEDO, Álvares de 230, 232, 247–251
AZEVEDO, Artur 256, 278
AZEVEDO, Manuel Antônio Duarte de 113

BANDEIRA, Manuel 274
BANDEIRA, Souza 278
BANVILLE, Théodore de 272
BARBACENA, marquês de *veja-se* HORTA, Felisberto Caldeira Brant Pontes Oliveira e
BARBOSA, Januário da Cunha 233
BARBOSA, Rui 253, 259, 273, 276
BARRAL, condessa de [Luísa Maria de Barros Portugal] 126
BARRETO, Fausto 276
BARRETO FILHO 268
BARRETO, Lima 277
BARRETO, Luís Pereira 258
BARRETO, Tobias 258, 260, 273
BARROS, José Maurício Pereira de 203
BARROSO, Sabino 92

BASTOS, José Cândido da Cunha 70
BASTOS, Maria Joaquina d'Anunciação 70
BASTOS, Tavares 34, 102, 273
BATES, Henry Walter 155
BEAUREPAIRE-ROHAN, Henrique Pedro Carlos de 93
BELLEGARDE, Pedro de Alcântara 104
BELLINI, Vicenzo 14, 239
BENTHAM, Jeremy 270
BENTO, Antônio 121
BERNARD, Claude 263
BERNARDELLI, Henrique 278
BERNARDES, Manuel 276
BERRO, Bernardo 105, 160,
BILAC, Olavo 273-276, 278
BLAINE, James G. 174, 175
BOCAGE, Manuel Maria Barbosa Du 248
BOCAIÚVA, Quintino 127, 175, 273, 284
BOLÍVAR, Simón 22, 94, 169-171, 257
BONAPARTE, Napoleão 133, 227, 268
BOURBON, Teresa Cristina de veja-se CRISTINA, Teresa
BRAGA, Teófilo 35
BRANCO, Manuel Alves 216
BRANDÃO JR., Francisco Antônio 258
BURTON, Richard 155
BYRON 248

CAETANO, João 232, 239
CALADO, João Crisóstomo 93
CAMINHA, Adolfo 264

CAMÕES, Luís de 273
CAMPOS, Antônio Machado de 51
CAMPOS, Joaquim Carneiro de 84
CANDIDO, Antonio 227, 242, 268
CANNING, George 135-137
CARAVELAS, marquês de veja-se CAMPOS, Joaquim Carneiro de
CARLOS GOMES, Antônio 32, 245, 253,
CARLOS I 124
CARLOS IV 90
CARLOS X 84
CARLOS, J. 277
CASTAGNETO, Giovanni 34,
CASTILHO, António Feliciano de 273, 276,
CAXIAS, duque de veja-se SILVA, Luís Alves de Lima e
CAXIAS, marquês de veja-se SILVA, Luís Alves de Lima e
CERVANTES, Miguel de 249
CHAGAS, Francisca das 59, 60
CHARCOT, Jean-Martin 127
CHATEAUBRIAND, François René de 228, 230
CHRISTIE, William Douglas 146
CLARENDON, lorde 146
CLAY, Henry 171
CLEVELAND, Grover 168, 175, 284
COCHRANE, lorde 133
COELHO NETO, Henrique Maximiano 276
COELHO, Latino 276
COMPTE, Louis 31, 32
COMTE, Auguste 32, 34, 125, 153, 258, 259, 261, 271
CONCEIÇÃO, Clemência Maria da 55
CONCEIÇÃO, Joana Maria da 54

CONCEIÇÃO, Silvéria Maria da 61
CONSELHEIRO, Antônio 214
CONSTANT, Benjamin [filósofo francês] 27, 32, 98
CONSTANT, Benjamin [político brasileiro] 110, 125, 127, 273
CORREIA, Ildefonso Pereira 219
CORREIA, Manuel Francisco 113
CORREIA, Raimundo 273, 274
COSTA, Antônio de Macedo 115
COSTA, Claudio Manuel da 233
COUSIN, Victor 32, 230,
COUTINHO, Antônio Lauriano Lopes 54
COUTY, Louis 156
CRESPI, Rodolfo 215
CRISTINA, Teresa 32, 128, 174, 200
CUNHA, Euclides da 277

D'ALCÂNTARA, Pedro *veja-se* PEDRO II
D'ÁVILA, Garcia 196
D'EU, conde 107, 122
DANIEL [o baleiro] 59
DANTAS, Souza 121
DARWIN, Charles 29, 153, 258, 271
DAUVERGUE, Louis 156
DAVID, Jacques-Louis 228
DEBRET, Jean-Baptiste 48, 84, 155, 226, 228, 229
DENIS, Ferdinand 228, 233
DIAS, Antônio Gonçalves 34, 230, 232, 234, 235-239, 241, 247, 251, 253
DIAS, Custódio 37
DIEDERICHSEN, Ernesto 215
DOELLINGER, Johann Joseph 259
DONIZETTI, Gaetano 153
DURÃO, Santa Rita 230, 233

ELIZABETH *veja-se* AGASSIZ, Elizabeth
ELLIS, Henry 138
ENTRE RIOS, barão de [Antônio Barroso Pereira Filho] 68
ESPERANÇA [a preta] 61, 62
ESPRONCEDA, José de 248
ESTIGARRIBIA, José Félix 164
ESTRELA, Maria Augusta 29

FAIVRE, Jean Maurice 201
FEIJÓ, Diogo Antônio 94
FEITOSA, Jovita 109
FERNANDO [d. Fernando I, *O Formoso*] 195
FERNANDO VII 90
FERREZ, Gilberto 31, 89, 181
FERREZ, Marc 8, 24, 73, 213, 255
FILLON, Alfred 8
FLETCHER, James C. 172
FLEUISS, Henrique 113
FLORENCE, Hercule 29
FLORES, Venâncio 105, 106, 160, 162, 164
FONSECA, Deodoro da 123, 175
FONTES, Constantino 132
FRANÇA, Ernesto Ferreira 78
FRANCIA, José Gaspar Rodríguez de 160
FREIRE, Junqueira 230, 247, 249-251
FRÈRES, Thierry 48
FROND, Victor 64, 256

GAENSLY, Guilherme 45
GALVÃO, Cândido da Fonseca (obá II D'África)
GAMA, Basílio da 230, 233
GAMA, Luís 121, 253, 254, 273

GAMBA, Egydio 215
GARFIELD, James A. 174, 175
GARRETT, Almeida 239, 248
GAUTIER, Théophile 272
GETULINO veja-se GAMA, Luís
GIBBON, Lardner 172
GOBINEAU, Arthur de 34, 153
GOBINEAU, conde de veja-se
    GOBINEAU, Arthur de
GOETHE, Johann Wolfgang von 248
GOMES, Raimundo 94
GONZAGA, Tomás Antônio 233
GORDON, Robert 137
GOTTSCHALK, Louis Moreau 109
GOULART, Fuão 54
GOUNOD, Charles 153
GOUVEIA, Delmiro 219
GRAHAM, Maria 56
GRANT, Ulysses S. 174
GUIMARÃES, Bernardo 245, 246
GUIZOT, François 27, 32

HAECKEL, Ernst Heinrich 34, 271
HARRISON, Benjamin 175
HARTT, Charles Frederick 155
HAYES, Rutherford 167
HEINE, Heinrich 248
HERCULANO, Alexandre 237, 248, 276
HERNDON, William Lewis 172
HORTA, Felisberto Caldeira Brant Pontes Oliveira e 133, 134,
HOWDEN, lorde 143
HUGO, Victor 29, 126, 239, 248, 253
HUMBOLDT, Alexander von 228

IGNÁCIO, José Pereira 215
IRMÃOS GRIMM 35
IRMÃOS JAFFET 215
IRMÃOS KLABIN 215
IRMÃOS PUGLINI CARBONE 215
IRMÃOS WEISZFLOG 215
ISABEL, princesa 111, 122, 149, 283

JAGUARIBE, Domingos José Nogueira 113
JAGUARIBE, visconde de veja-se
    JAGUARIBE, Domingos José Nogueira
JARDIM, Silva 273
JEFFERSON, Thomas 171
JOÃO VI 131, 228, 132
JUÁREZ, general 251

KIDDER, Daniel P. 172
KRUMHOLZ, F. 96

LA BRUYÈRE, Jean de 267
LA ROCHEFOUCAULD, François de 267
LAET, Carlos de 276
LAFFITTE, Pierre 258
LAGE, Mariano Procópio Ferreira 219
LAMARTINE, Alphonse de 230, 248
LAMENNAIS, Hughes Felicité Robert de 230, 251
LARÉE, Victor Pedro 85
LEÃO, Honório Hermeto Carneiro 15, 103, 104
LEÃO XIII 149
LEBRETON, Joaquim 228
LEMOS, Miguel 258, 273
LEVASSEUR, Emile 157
LEWIS, H. 56

LIMA, Pedro de Araújo 14, 95, 98, 233
LINCOLN, Abraham 253
LINDE, C. 211
LINDEMANN, Rodolfo 8
LISBOA, João Francisco 257
LISLE, Leconte de 272
LIST, Friedrich 219
LITTRÉ, Émile Maximilien Paul 258, 260
LOBATO, Francisco de Paula de Negreiros Saião 113
LOBATO, Monteiro 191, 246
LOMBROSO, Cesare 261
LONGFELLOW, Henry 29
LOPES NETO, Simões 246
LÓPEZ, Carlos Antonio 160
LÓPEZ, Francisco Solano 16, 105, 106, 110, 161, 162, 165, 166, 167, 283
LYNCH, Eliza Alicia 165

MACEDO, Joaquim Manuel de 241, 242
MACEDO, Sérgio de 145
MACHADO DE ASSIS, Joaquim Maria 14, 33, 34, 68, 69, 71, 75, 122, 241, 245, 265–272, 278
MADUREIRA, Sena 124
MAGALHÃES, Domingos José Gonçalves de 230–232, 235, 241
MAGALHÃES, Valentim 278
MAHIN, Luísa 254
MALTA, Augusto 33
MANNING, Henry Edward 149
MANOEL, Bento 92
MANZONI, Alessandro 230
MARANHÃO, Ignacio 78
MARANHÃO, Sebastião Rufino dos Santos 78, 79
MARIA II 84
MARINHO, João Coelho 60
MARTINS, Luís Carlos 240
MARTIUS, Karl Friedrich Von 29, 30
MARX, Karl 34
MASCARENHAS, Bernardo 219
MATARAZZO, Francisco 215
MATEUS [africano do Congo e pedreiro] 53
MATIAS [o pardo] 59–61
MATOS, Gregório de 254
MAUÁ, barão de veja-se SOUZA, Irineu Evangelista de
MAUÁ, visconde de veja-se SOUZA, Irineu Evangelista de
MAURY, Matthew Fontaine 172, 173
MAXIMILIANO, Fernando 282
MAYERBEER, Giacomo 153
MAZIOTTI, Fortunado 28
MEIRELLES, Victor 34, 164, 229
MELO, Pedro Américo de Figueiredo e veja-se AMÉRICO, Pedro
MENDES, Cândido 87
MENDES, Teixeira 258
MENDONÇA, Lúcio de 273, 278
MENDONÇA, Salvador de 175, 176
MEYER, Augusto 267, 268
MIGUEL [Miguel I de Portugal] 84
MILL, John Stuart 32
MITRE, Bartolomé 105, 106, 160, 162, 164, 165, 283
MONJOLO, Manoel 53
MONROE, James 172,
MONTE ALEGRE, visconde de [José da Costa Carvalho] 38
MONTIGNY, Grandjean de 228

MOREIRA, Pinto 71, 75
MUSSET, Alfred de 248

NABUCO, Joaquim 26, 33, 35, 75, 120, 122, 147, 149, 152, 153, 168, 199, 259, 260, 273, 284
NERY, M. F.-J. de Santa-Anna 157
NITERÓI, visconde de *veja-se* LOBATO, Francisco de Paula de Negreiros Saião
NORBERTO, Joaquim 233

OFFENBACH, Jacques 153
OLÍMPIO, Domingos 246
OLINDA, marquês de *veja-se* LIMA, Pedro de Araújo
OLIVEIRA, Alberto de 273
OLIVEIRA, Vital Maria Gonçalves de, frei 115, 150
ORIBE, Manuel 101, 159
OSWALD, Henrique 29
OTÁVIO, Rodrigo 278
OTONI, Cristiano 112
OURO PRETO, visconde de [Afonso Celso de Assis Figueiredo] 127, 128

PACHECO, J. Insley 115
PAIVA, Manuel de Oliveira 246
PALMERSTON, lorde 143, 144, 159
PARANÁ, marquês de *veja-se* LEÃO, Honório Hermeto Carneiro
PARANHOS, José Maria da Silva 72, 104, 111–113, 116
PARANHOS JR., José Maria da Silva 157
PARNAÍBA, visconde de *veja-se* TELES, Antônio de Queirós
PARREIRAS, Antônio 34

PASCAL, Blaise 268
PASSOS, Guimarães 278
PASTEUR, Louis 29
PATROCÍNIO, José do 26, 122, 254, 273
PAULA, Vicente Ferreira de 88
PEDRO I 13, 14, 22, 27, 83, 84, 87, 88, 94, 108, 133, 136, 137, 158, 168, 179, 225, 228, 251
PEDRO II 13–15, 18, 20–23, 27–29, 32, 83–85, 91, 96, 97, 99, 104, 110, 111, 113, 116, 119, 120, 125, 126, 128, 131, 135, 137, 146, 148, 164, 173, 174, 232, 233, 235, 241, 262, 271, 282, 284
PEIXOTO, Alvarenga 233
PEIXOTO, Floriano 127, 128
PEIXOTO, Heitor 278
PELOTAS, visconde de [Patrício José Correia da Câmara] 124
PENA, Martins 239, 254
PERDIGÃO MALHEIRO, Agostinho Marques 60, 61, 253
PEREIRA, Astrojildo 268
PEREIRA, Lafaiete Rodrigues 175
PEREIRA, Lucia Miguel 266, 268
PERRAULT, Charles 35
PESSOA, Manuel Rodrigues Gameiro 136
PIABANHA, barão de [Hilário Joaquim de Andrade] 65, 67, 68, 70
PINTO, Joaquim José 218
PIO IX 114, 115, 149
POMPÉIA, Raul 253, 265, 270, 271–273
PORTO-ALEGRE, Manuel de Araújo 85, 230, 232, 235
PRADO, Eduardo 285

ÍNDICE ONOMÁSTICO

QUEIRÓS, Eça de 265
QUEIRÓS, Eusébio de 99
QUEIROZ, Rachel de 246
QUENTAL, Antero de 274

RACINE, Jean 232
RAGUET, Condy 137
RAMOS, Graciliano 246
RAMOS, Silva 278
RATZEL, Friedrich 34
REBELO, Silvestre 171
REBOUÇAS, André 77, 128, 273
REBOUÇAS, Antônio Pereira 210
REGO, José Lins do 246
REGO, José Pereira 38
RENAN, Ernest 153
RIBEIRO, Duarte da Ponte 169
RIBEIRO, João 278
RIBEIRO, Júlio 265, 271
RIBEIRO, Santiago Nunes 233
RIO BRANCO, barão do *veja-se* PARANHOS JR., José Maria da Silva
RIO BRANCO, visconde do *veja-se* PARANHOS, José Maria da Silva
ROCHA, Justiniano José da 138
RODÓ, José Enrique 285
RODRIGUES, Nina 261
ROHAN, visconde de *veja-se* BEAUREPAIRE-ROHAN, Henrique Pedro Carlos de
ROMERO, Sílvio 35, 247, 256, 257-259, 273
RONDON, marechal [Cândido Mariano da Silva Rondon] 259
ROSA, Guimarães 246
ROSAS, Juan Manuel de 15, 101, 144, 159, 169
ROSSINI, Gioachino 153

ROUSSEAU, Jean-Jacques 228
RUGENDAS, Johann Moritz 8

SALDANHA, Luís 61, 62
SALES, Campos 110
SANTANDER, Francisco de Paula 170
SANTOS, Antônio Felício dos 219
SANTOS, Graciliano Leopoldino dos 21
SARAIVA, José Antônio 118, 119
SCHILLER, Friedrich 248
SCHÜCH, Roque 28
SCULLY, William 156
SENADOR VERGUEIRO *veja-se* VERGUEIRO, Nicolau
SERRO AZUL, barão do *veja-se* CORREIA, Ildefonso Pereira
SHAKESPEARE, William 232, 239, 249
SILVA, Francisco de Lima e 84
SILVA, José Bonifácio de Andrada e 26, 137, 197, 199, 230
SILVA, Luis Alves de Lima 106, 123, 165
SILVA, Manuel da Fonseca Lima e 84
SILVA, Pereira da 113, 230, 233
SILVA, Teodoro Machado Freire Pereira da *veja-se* SILVA, Pereira da
SILVEIRA, Valdomiro 246
SISSON, Sebastien Auguste 96, 99, 104, 134, 145
SMYTHE, Percy Clinton Sydney 134
SOUSA, Inglês de 164, 165, 271, 278
SOUSA, Luís de, frei 239, 276
SOUSA, Paulino José Soares de 34, 101, 144, 145, 169

293

SOUSÂNDRADE *veja-se* ANDRADE, Joaquim de Sousa
SOUTHERN, Henry 159
SOUZA, Irineu Evangelista de 205, 209, 217
SOUZA, Tomé de 196
SPENCER, Herbert 344, 153, 259, 271
SPRUCE, Richard 155
STAËL, madame de 233
STRANGFORD, sexto visconde de *veja-se* SMYTHE, Percy Clinton Sydney
STUART, Charles 136, 137

TAMANDARÉ, marquês de *veja-se* LISBOA, Joaquim Marques
TAUNAY, Alfredo d'Escragnolle 246
TAUNAY, Félix-Émile 28
TAUNAY, Nicolas-Antoine 228
TAUNAY, visconde de *veja-se* TAUNAY, Alfredo d'Escragnolle
TÁVORA, Franklin 246, 247
TEJEDOR, Carlos 283
TELES, Antonio de Queirós 152
THIERS, Adolphe 27
THOMAS, Ambroise 153
THORNTON, Edward 146
TOCQUEVILLE, Alexis de 32
TORRES, Manoel Pereira 78, 79
TORRES HOMEM, Francisco de Sales 59-61, 230, 232

URQUIZA, José Justo de 15, 101, 105, 159, 162, 282
URUGUAI, visconde do *veja-se* SOUSA, Paulino José Soares de

VANDELLI, Alexandre 28
VARELA, Fagundes 232, 247, 248, 251, 252
VARNHAGEN, Francisco Adolfo de 233
VASCONCELOS, Bernardo Pereira de 95, 96
VASCONCELOS, Zacarias Góis e 160
VEIGA, Evaristo da 91, 94, 95
VERDI, Giuseppe 153
VERGUEIRO, Nicolau 84, 151, 200
VERISSIMO, Erico 246
VERÍSSIMO, José 227, 242, 247, 268, 273, 278
VIEIRA, Antônio 276
VIGNY, Alfred de 248
VIRASORO, José 101
VITÓRIA, rainha 146

WAGNER, Richard 29
WALLACE, Alfred Russel 155
WALSH, Robert 158
WILBERFORCE, William 136

ZOLA, Émile 263

OS AUTORES

JOSÉ MURILO DE CARVALHO é professor emérito da Universidade Federal do Rio de Janeiro. Ph.D. pela Universidade de Stanford, onde defendeu tese sobre o Império brasileiro; lecionou também na Universidade Federal de Minas Gerais. Foi professor e pesquisador visitante nas universidades de Oxford, Leiden, Stanford, California (Irvine), Londres, Notre Dame, no Instituto de Estudos Avançados de Princeton e na Fundação Ortega y Gasset, em Madri. Publicou e organizou 19 livros e mais de cem artigos em revistas. É membro da Academia Brasileira de Ciências e da Academia Brasileira de Letras.

SIDNEY CHALHOUB é professor titular no Departamento de História da Universidade Estadual de Campinas (Unicamp), onde leciona desde 1985. Sobre a história social do Brasil no século XIX, publicou *Visões da liberdade: uma história das últimas décadas da escravidão na corte* (1990); *Cidade febril: cortiços e epidemias na corte imperial* (1996) e *Machado de Assis, historiador* (2003).

LESLIE BETHELL é professor emérito da história da América Latina na Universidade de Londres; *fellow* emérito do St. Antony's College, Universidade de Oxford; pesquisador associado do Cpdoc da Fundação Getulio Vargas; *senior scholar* do Woodrow Wilson International Center for Scholars em Washington DC; membro da Academia Brasileira de Ciências e sócio-correspondente da Academia Brasileira de Letras. É autor de inúmeros livros e ensaios sobre a história do Brasil, e editor da *Cambridge History of Latin America* (12 v., 1984-2008), obra também publicada em espanhol, chinês e português.

JOÃO ANTONIO DE PAULA é mestre em economia pela Universidade Estadual de Campinas (Unicamp) e doutor em história econômica pela Universidade de São Paulo (USP). Professor titular do Departamento de Ciências Econômicas da Universidade Federal de Minas Gerais (UFMG), ocupa, atualmente, o cargo de pró-reitor de extensão da mesma universidade. Tem diversos trabalhos publicados nas áreas de história econômica de Minas Gerais e do Brasil; economia política, história do pensamento econômico e história das ideias.

ALFREDO BOSI é professor emérito da Faculdade de Filosofia, Letras e Ciências Humanas da Universidade de São Paulo (USP). Foi diretor do Instituto de Estudos Avançados, onde vem editando, desde 1987, a revista *Estudos Avançados*. Membro da Academia Brasileira de Letras. Autor, entre outras obras, de *História concisa da literatura brasileira; O ser e o tempo da poesia; Céu, inferno; Reflexões sobre a arte; Dialética da colonização; Literatura e resistência; Machado de Assis: o enigma do olhar; Brás Cubas em três versões* e *Ideologia e contraideologia*.

A ÉPOCA EM IMAGENS

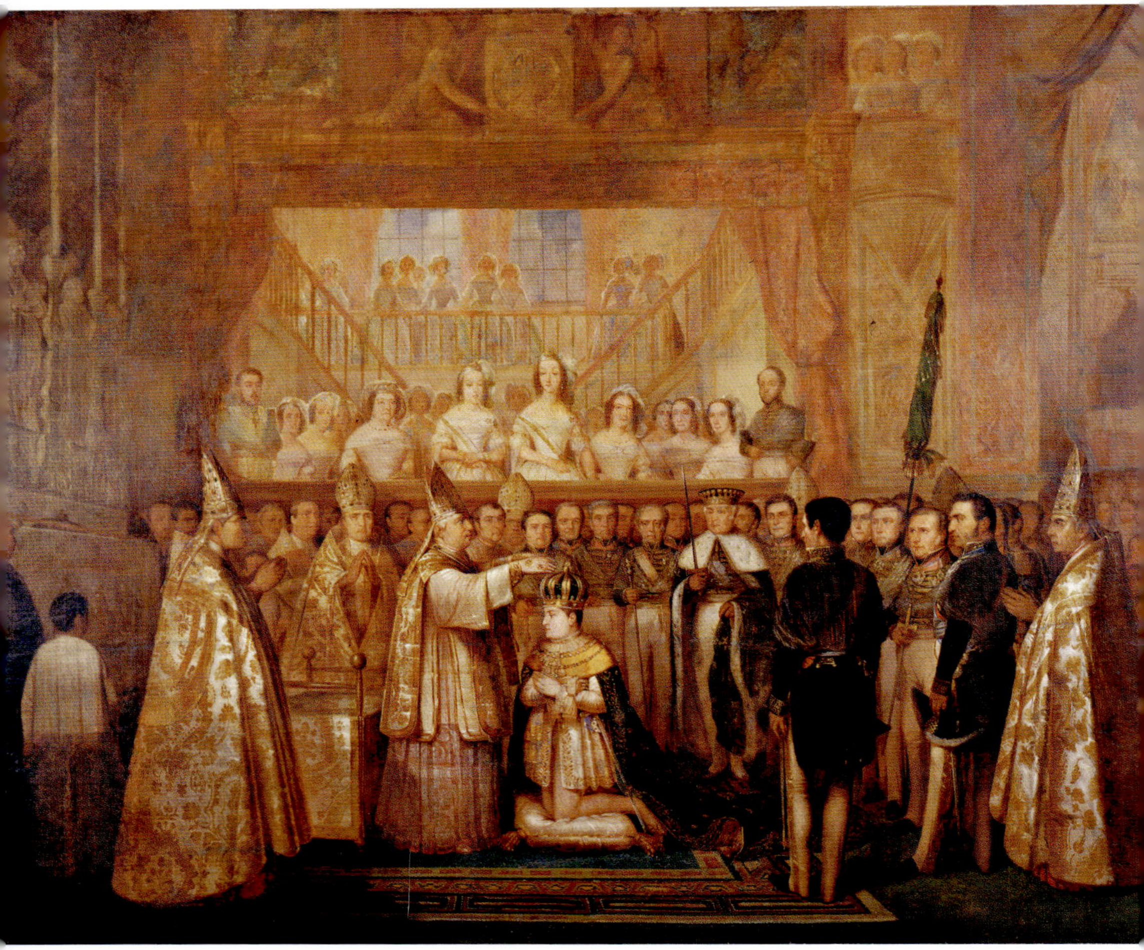

François René Moreaux
O ato de coroação e sagração de d. Pedro II, 1842
ÓLEO SOBRE TELA, 2,38 × 3,10 M
MINISTÉRIO DA CULTURA, IBRAM, MUSEU IMPERIAL, PETRÓPOLIS, RIO DE JANEIRO

A sagração e coroação de d. Pedro II — aos 15 anos — ocorreu em 18 de julho de 1841, na Capela Imperial, Rio de Janeiro. Feita em óleo sobre tela, tal imagem oficial da cerimônia permitiu que o artista neoclássico francês, François René Moreaux, recém-chegado ao Brasil, fosse contemplado com a medalha do Hábito de Cristo. Nessa obra do gênero de pintura histórica — considerado o mais elevado na hierarquia da Academia francesa — o artista expressou visualmente, e para uma população predominantemente iletrada, a liturgia política europeia, de alguma maneira adaptada ao reino tropical. Note-se que o monarca recebe a coroa em sua cabeça; ato que rompe com a tradição dos Bragança, que sempre deixavam esse objeto de lado, já que continuavam a esperar pela vinda de d. Sebastião. Marcada por símbolos e alegorias especialmente "traduzidos" para a ocasião, a grandiosidade da cerimônia pretendia dar conta dos anseios das elites do país, preocupadas com o destino da nação.

Louis Thérier (a partir de daguerreótipo de Biranyi e Kornis)
Estabelecimento da iluminação a gás no Rio de Janeiro.
Fundado pelo exmo. sr. barão de Mauá, [1854–1855]
GRAVURA, 16,5 × 36,6 CM
SEÇÃO DE ICONOGRAFIA DA FUNDAÇÃO BIBLIOTECA NACIONAL, RIO DE JANEIRO

A iluminação a gás foi inaugurada no Rio de Janeiro a 25 de março de 1854, quando Irineu Evangelista de Souza, o barão de Mauá, assinou um contrato que determinava a construção de uma fábrica de gás no centro da cidade e a instalação de canalizações em perímetros específicos. Tal engenhoca alterou definitivamente os hábitos e costumes da população carioca e deixou a capital "às claras", como se dizia na época. A antiga fábrica de gás, representada na gravura, localizava-se no caminho do Aterrado (depois rua Senador Eusébio, atual avenida Presidente Vargas, no Rio de Janeiro) e ocupava uma área de 22.012 metros quadrados. A Fábrica do Aterrado foi um dos estabelecimentos mais importantes da capital do Império. Em 1870, assim se expressava o inspetor da Iluminação Pública: "[…] A substituição da iluminação a azeite por gás foi, pois, um fato necessário, à vista da importância desta capital, podendo-se apenas estranhar que houvesse tardado a realizar-se. É boa, incontestavelmente, a iluminação do Rio de Janeiro e muitos viajantes a consideram como uma das melhores do mundo."

Revert Henrique Klumb
Terraço do Passeio Público, ca. 1860
ALBÚMEN, ESTEREOSCOPIA, 7,2 × 7 CM
COLEÇÃO DONA TERESA CRISTINA, FUNDAÇÃO BIBLIOTECA NACIONAL, RIO DE JANEIRO

A bela foto capta o menino escravo andando pelo Passeio Público, um dos cartões-postais da cidade do Rio de Janeiro. Bem-vestido, ele deve ser um pajem ou um escravo de recados, uma vez que se encontra descalço. A escravidão surge, na maior parte das fotos do período, naturalizada e em meio à paisagem.

Figurino do uniforme dos Membros Effectivos do Instituto Historico e Geographico do Brasil

Approvado p.r Decreto de 2 de março de 1860.

Anônimo
Figurino do uniforme dos membros efetivos do Instituto Histórico e Geográfico do Brasil

DESENHO AQUARELADO, 34 × 23,8 CM, 1860
INSTITUTO HISTÓRICO E GEOGRÁFICO BRASILEIRO, RIO DE JANEIRO

Foi em 16 de agosto de 1838, em sessão da Sociedade Auxiliadora da Indústria Nacional, que dois membros de sua diretoria — o marechal Raimundo José da Cunha Matos e o cônego Januário da Cunha Barbosa — propuseram que se criasse um Instituto Histórico e Geográfico. O modelo vinha do Instituto Histórico de Paris e o uniforme ao lado não deixa dúvidas. Fundado a 21 de outubro do mesmo ano, o Instituto Histórico e Geográfico Brasileiro — o IHGB — ficou conhecido por seus idealizadores como o "guardião da nossa memória" e dos documentos necessários para a difusão da história e da geografia nacionais. O estabelecimento dedicou-se à criação de uma história nacional — uma vez que a até então vigente era portuguesa —, assim como estabeleceu fronteiras e uma agenda de dados e eventos. Teve, pois, papel decisivo na formação de discursos de nacionalidade, assim como se converteu em espaço dileto de sociabilidade para os setores da elite que ali se reuniam semanalmente.

Victor Meirelles
A Primeira Missa no Brasil

ÓLEO SOBRE TELA, 268 × 356 CM, 1860
MUSEU NACIONAL DE BELAS ARTES, RIO DE JANEIRO

Realizado entre 1859 e 1860, o quadro — pintado em Paris, durante o longo pensionato do pintor Victor Meirelles na Europa, iniciado em 1853 — foi resultado de uma encomenda expressa. Pediu-se que o artista lotasse o ambiente de árvores de embaúba, as quais dariam à mata um "ar de catedral", e que dispusesse a Igreja e o Estado ao centro. Ladeando o evento, que representava o "nascimento do país", estariam os indígenas, sempre apresentados como passivos diante da história. Exposta pela primeira vez no *Salon* de Paris de 1861, a obra logo se transformou em marco simbólico do Estado imperial, o qual, naquele contexto, se firmava como nação. Na obra, coerente com a voga romântica do indigenismo, cada um surgia "em seu lugar": os brancos no mando, os indígenas como observadores pacíficos.

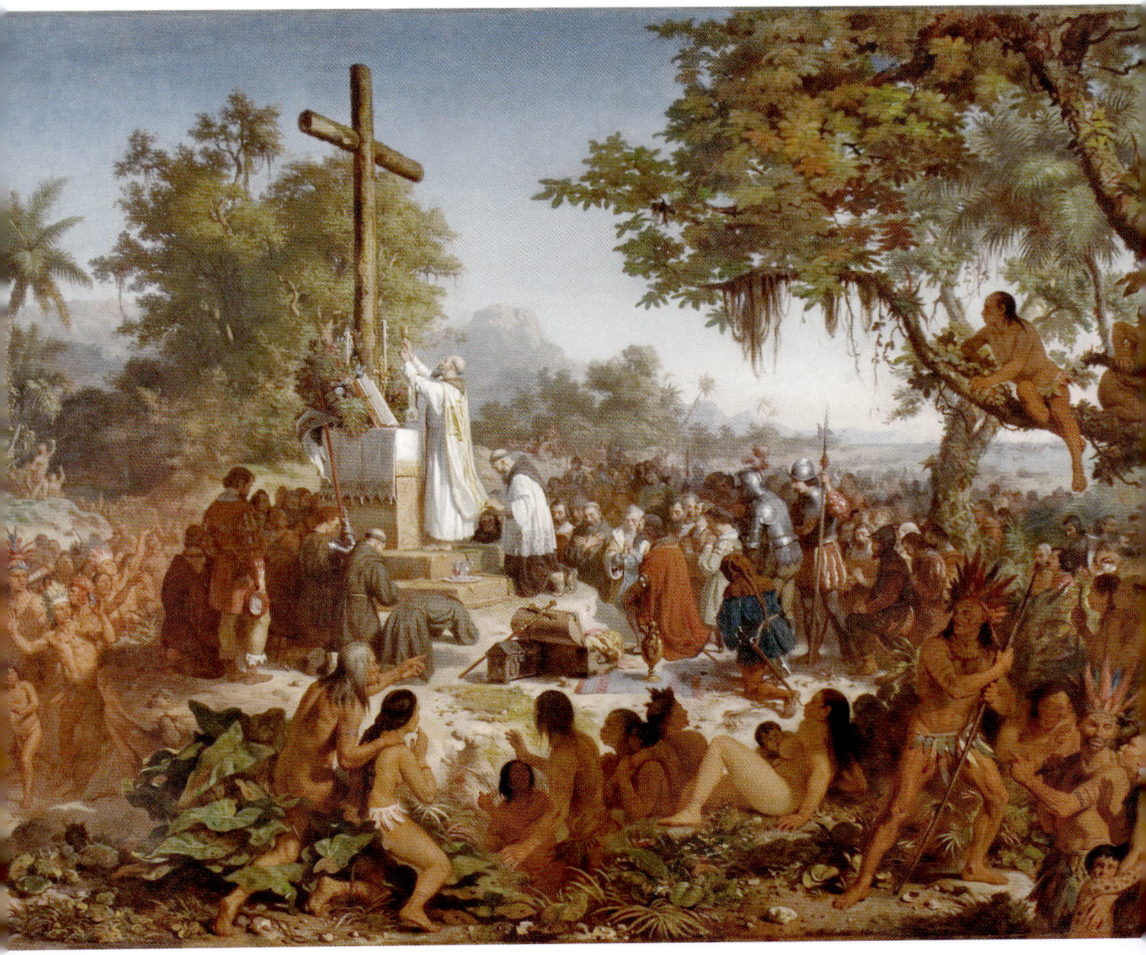

Albert Frisch
Caixanas. Índios com zarabatana.
Alto Amazonas, Solimões, ca. 1867
FOTOGRAFIA, AMAZONAS
COLEÇÃO GILBERTO FERREZ, INSTITUTO MOREIRA SALLES, RIO DE JANEIRO

A idealização do indígena como o nobre selvagem, feita pelo romantismo literário, teve sequência na ação dos fotógrafos que descobriram nas imagens um produto de grande aceitação na Europa. As fotos de Frisch foram mostradas na Feira Internacional de Paris de 1867.

Carlo Ferrario
Cenário da ópera O Guarani *no Teatro Scala de Milão: 3º ato, cena 3*
AQUARELA, 1870
MINISTÉRIO DA CULTURA, IBRAM, MUSEU IMPERIAL, PETRÓPOLIS, RJ

A ópera *O Guarani* estreou em 1870 no Teatro Scala de Milão, com a própria presença do monarca. Seu autor, Carlos Gomes, foi financiado pelo imperador, e baseou-se no romance homônimo de José de Alencar, escrito em 1857, que tratava do amor impossível entre Ceci, filha de um colonizador europeu, e Peri, chefe guarani. O modelo seguia a moda literária do romantismo, mas a ambientava em solo brasileiro. Nesse caso, eleva-se a natureza tropical, mote necessário e urgente para a conformação da nacionalidade. De um lado estava o "nativo": bravo, livre, puro e nobre como o bom selvagem de Rousseau. De outro, os brancos da terra, igualmente nobres e incorruptíveis. Mas o indígena aí estava para ser sacrificado, em nome da nação. Nesse embate entre nobres — brancos e indígenas — sobrevivia o mais forte e apto para fazer vingar a civilização. A imagem acima corresponde ao cenário que foi especialmente criado para a ópera. Como se vê, tudo nele é obra da imaginação: os indígenas, as casas e até a floresta. Adaptações à parte, aí estava o cimento suficiente e necessário para a argamassa de sustentação da nacionalidade.

Pedro Américo
Batalha do Avaí
Um dos últimos episódios da Guerra do Paraguai, ocorrido em 11 de dezembro de 1868

ÓLEO SOBRE TELA, 600 × 1.100 CM, 1877
MUSEU NACIONAL DE BELAS ARTES, RIO DE JANEIRO

A Guerra do Paraguai (1864–1870) representa o momento de auge e, paradoxalmente, do começo da decadência do Império brasileiro. No início do conflito, o imperador e seu ministério acreditavam que o embate seria resolvido rapidamente e confirmaria a força do Brasil diante das nações vizinhas. No entanto, como a guerra foi longa e muito custosa em termos humanos e financeiros, ela significou o começo da queda e a formação dos grandes grupos de oposição ao regime como o Partido Republicano e o movimento abolicionista. A Academia de Belas Artes usou de seus melhores pintores para representar o evento, buscando conferir a ele um caráter grandioso. Pedro Américo mostrou o lado sangrento da guerra, apresentando os paraguaios como bárbaros e os brasileiros como civilizados. Teve tempo até de se colocar, disfarçadamente, na tela.

Anônimo
Templo da Vitória construído no Campo de Santana em comemoração ao final da Guerra do Paraguai, ca. 1870

FOTOGRAFIA, RIO DE JANEIRO
INSTITUTO MOREIRA SALLES, RIO DE JANEIRO

O "Templo da Vitória" foi construído para bem comemorar o fim da Guerra do Paraguai (1864–1870). Maior conflito armado internacional ocorrido na América do Sul, o episódio, que envolveu também Uruguai e Argentina, representou o momento de apogeu e de declínio do Império. Apogeu, pois o rei, agora paramentado com trajes militares, passava a representar um monarca em guerra; o condutor dos destinos do seu país. Declínio, uma vez que o evento durou muito mais do que se esperava e gerou um avultado número de mortos. Feita para não durar, a arquitetura foi instalada no Campo de Santana, na capital orgulhosa do Império. As imagens e alegorias construídas para enaltecer o Império brasileiro — assim como a efêmera arquitetura apreendida na fotografia anônima — foram criadas com o objetivo de reforçar o caráter heroico das batalhas e dos atos militares, e nublar as ambivalências e contradições do Segundo Reinado, que começavam a se acumular.

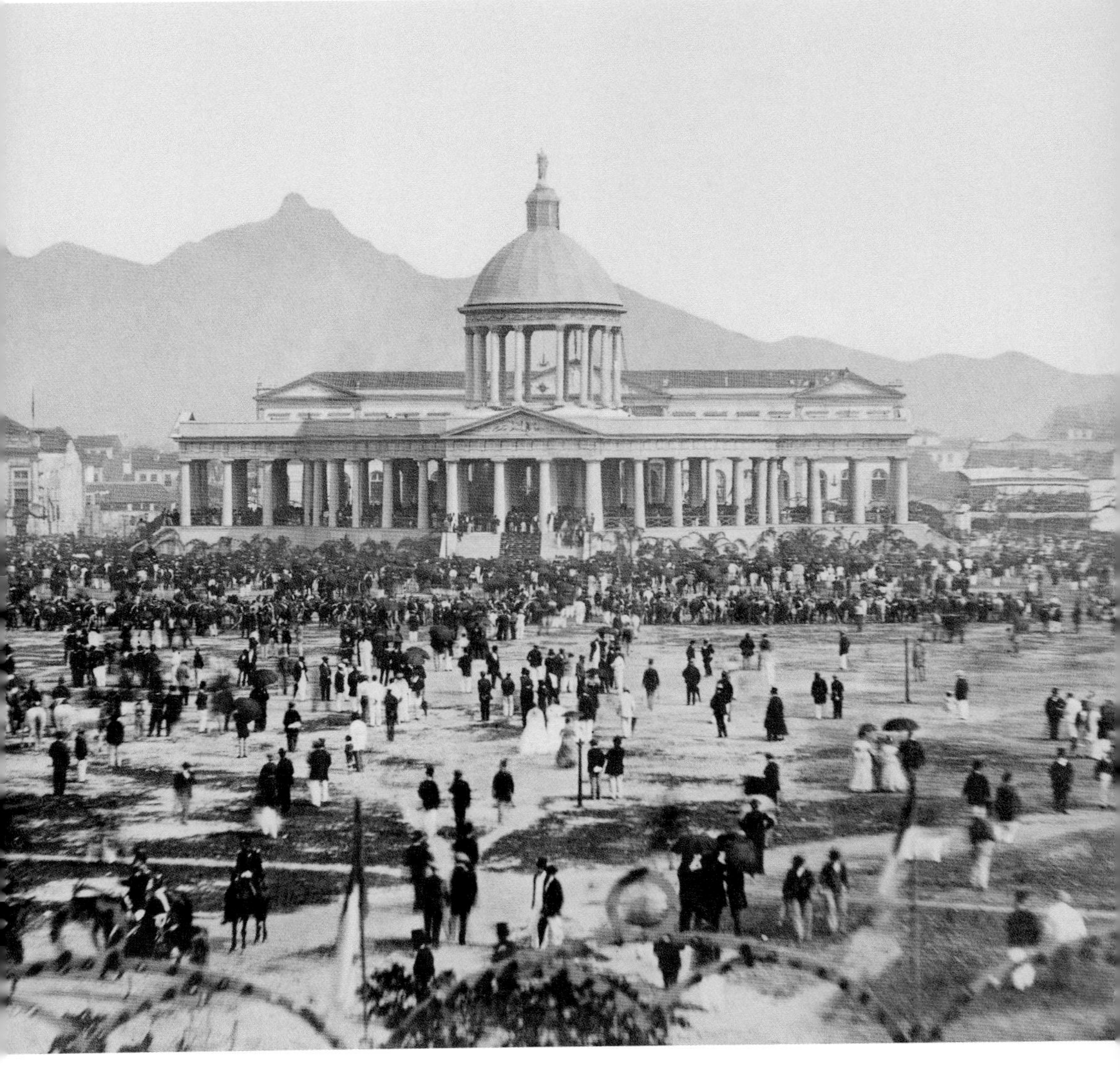

| SAMEDI 9 SEPTEMBRE 1871 | RIO DE JANEIRO | 5ᵉ ANNÉE — Nº 181 |

BA-TA-CLAN

JOURNAL SATYRIQUE ILLUSTRÉ

PARAISSANT LE SAMEDI

ADMINISTRATION
Rua d'Ajuda 48, 1ᵉʳ étage

RÉDACTION
Rua d'Ajuda 48, 1ᵉʳ étage

ABONNEMENTS
RIO ET NICTHEROY
Trois mois . . . . . 5$000
Six mois . . . . . . 10$000
Un an . . . . 20$000

PRIX DU NUMERO : 500 reis.

On s'abonne : — à Rio de Janeiro, au bureau du journal. — à Santa-Catharina chez MM. Costa et Richard. — a S. Paulo, chez M. J. Géraud, rua da Imperatriz 56. — à Pernambuco, chez M. de Lailhacar, rua do Crespo, 9. — à Porto Alegre, chez Mᵐᵉ veuve Marcus, libraire. — à Pelotas, chez M. J. T. Créhuet.

ABONNEMENTS
PROVINCES
Trois mois . . . . . 6$000
Six mois . . . . . . 12$000
Un an . . . . 24$000

ANNONCES : 100 reis la ligne

ABOLITION DE L'ESCLAVAGE
EN 1900

— Autrefois, quand je récoltais moi-même, il y en avait davantage et il était meilleur.

Ba-ta-clan. Journal Satyrique illustré

Legenda no original: "Abolition de l'esclavage en 1900. Autrefois, quand je recoltais moi-même, il y en avait davantage et il était meilleur." [No passado, quando eu mesmo fazia a colheita, havia em maior quantidade e era melhor.]

RIO DE JANEIRO, 5º ANO, Nº 181, 9 SET. 1871, 1ª PÁGINA
SEÇÃO DE OBRAS RARAS DA FUNDAÇÃO BIBLIOTECA NACIONAL, RIO DE JANEIRO

Às vésperas da publicação da Lei do Ventre Livre, ocorrida em 28 de setembro de 1871, o jornal ilustrado *Ba-ta-clan*, dirigido por Charles Berry, trazia na capa uma caricatura alusiva aos debates abolicionistas do Segundo Reinado. Após 1870, e com o final da Guerra do Paraguai, amplos setores da sociedade brasileira começaram a contestar o sistema escravocrata, sinalizando para o momento de crise que o Império atravessaria cuja culminância foi a Proclamação da República em 1889. A imprensa, naquele contexto, exercia um papel decisivo na crítica política, com seu caráter combativo e irreverente. Na imagem, um negro deitado na rede descansa, e, visionariamente, em vez de trabalhar na lavoura do café, se serve, preguiçosamente, da bebida quente e reflete sobre seu futuro, de maneira irônica.

Pedro Américo
D. Pedro na abertura da Assembleia Geral a 3 de maio de 1872
ÓLEO SOBRE TELA, 1872
MUSEU IMPERIAL, PETRÓPOLIS, RIO DE JANEIRO

A pintura de Pedro Américo retrata d. Pedro II na abertura da Assembleia Geral, cerimônia que reunia o Senado e a Câmara dos Deputados do Império duas vezes ao ano. Também conhecido como "D. Pedro II por ocasião da Fala do Trono", o quadro representa o imperador proferindo um discurso — a Fala do Trono — que se realizava sempre na abertura e no encerramento dos trabalhos da Assembleia. Nessa ocasião, d. Pedro II era visto portando a coroa, o cetro e o traje majestático. Na tela estão também representadas figuras de importância no cenário político da época — a exemplo de Luís Alves de Lima e Silva, o duque de Caxias, José Maria da Silva Paranhos, o visconde do Rio Branco. Já na tribuna figuram a imperatriz d. Teresa Cristina, a princesa Isabel, o conde d'Eu e, ao fundo, Joaquim Marques Lisboa, o marquês de Tamandaré. Toda construída em estilo neoclássico, por esse outro protegido do imperador, a obra nasceu para se ver transformada em peça iconográfica central nos planos do Estado, a representar a pujança da monarquia. Acompanhando a dimensão elevada do quadro, está Pedro II com suas pernas longilíneas, branco e quase louro num país de mulatos, e tendo ao fundo a sombra de um trono: esse grande símbolo da realeza e da estabilidade de seu poder.

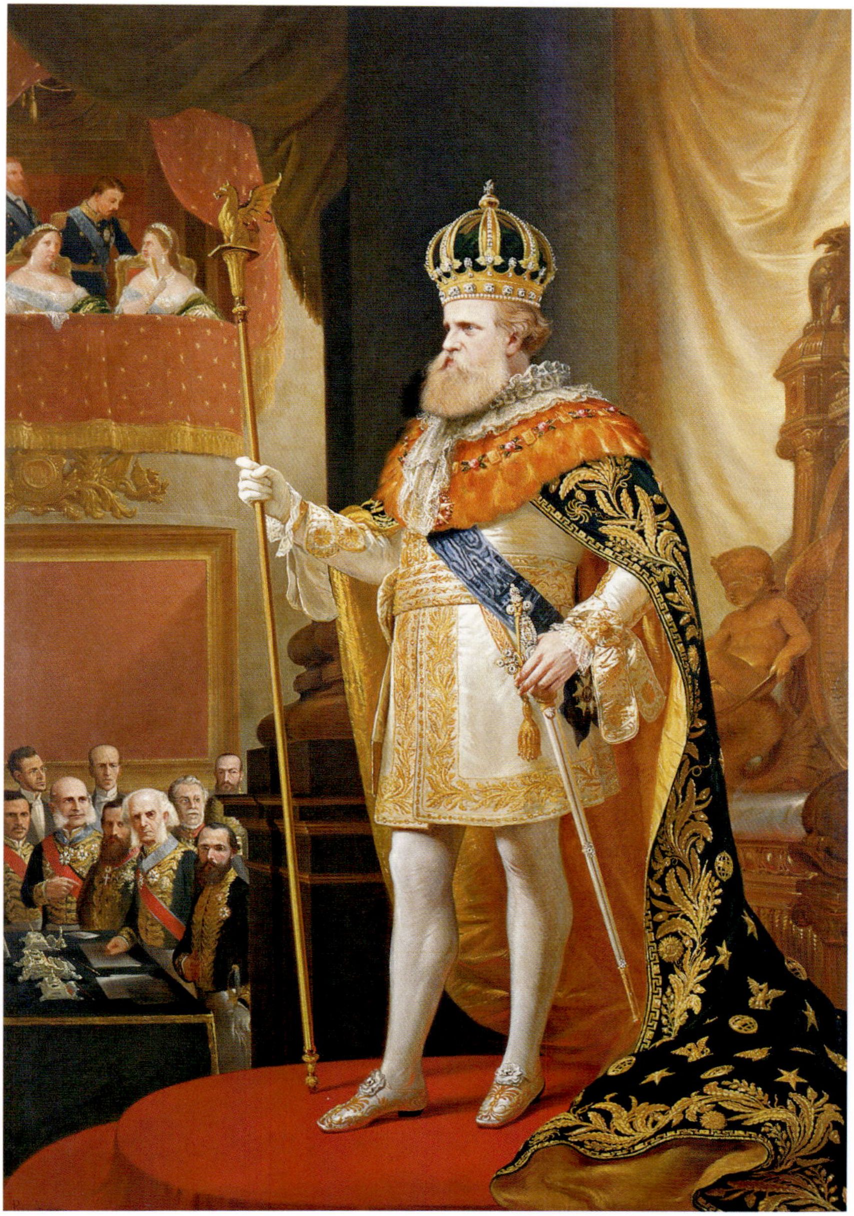

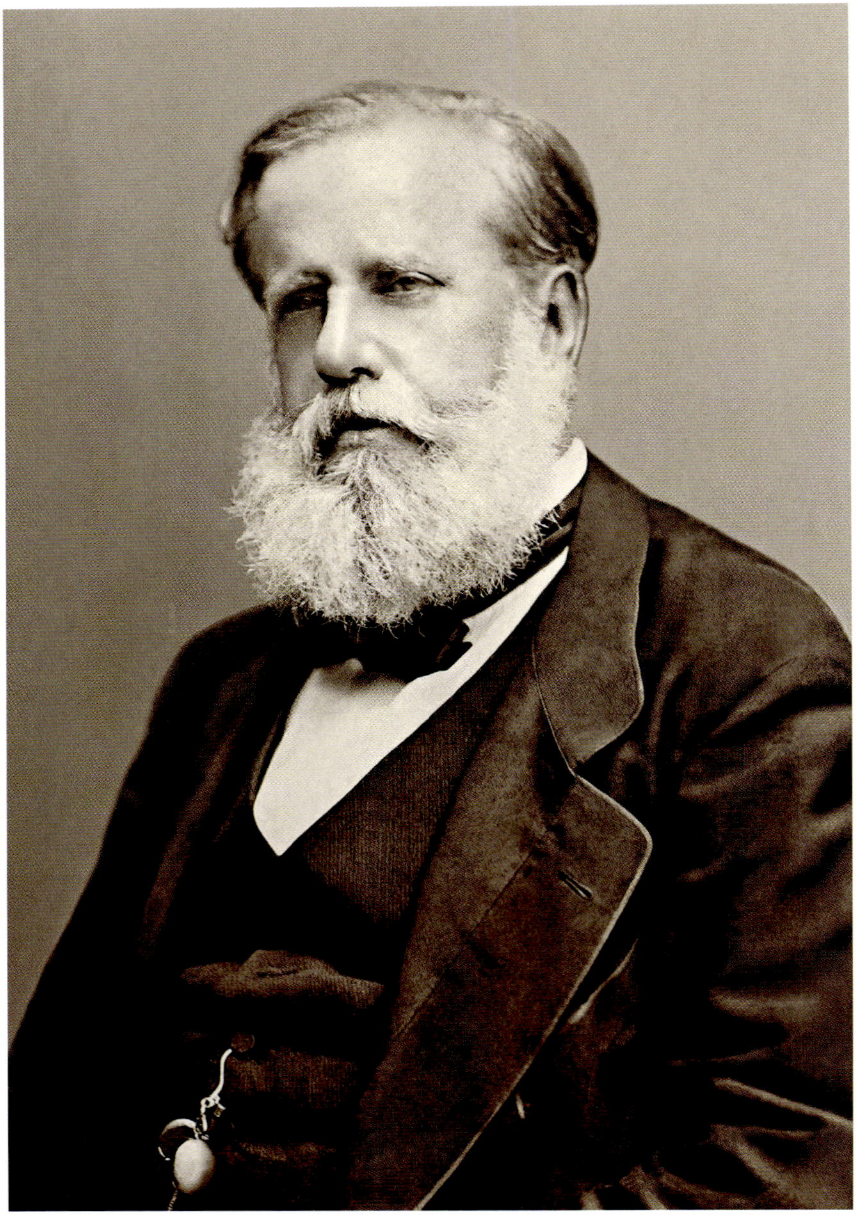

Alfred Fillon
O imperador d. Pedro II, ca. 1876
FOTOGRAFIA, LISBOA
INSTITUTO MOREIRA SALLES, RIO DE JANEIRO

Até os anos 1860, a grande maioria das imagens do Império era composta de pinturas, litogravuras, esculturas e aquarelas, muitas delas diretamente financiadas pelo Estado. Porém, a partir da década de 1860, torna-se cada vez mais frequente o suporte fotográfico. A explicação para o fato está relacionada de forma direta a d. Pedro II, que não somente foi um grande incentivador dessa técnica, como se tornou, ele mesmo, um fotógrafo precoce. Na verdade, a fotografia convertia-se, rapidamente, em sinônimo de modernidade e marca de *status* e progresso, na mesma medida em que o soberano a ela se associava. Neste retrato, feito em Lisboa, na ocasião em que o imperador realizou sua segunda viagem à Europa, d. Pedro II surge com seu olhar altivo, próprio para representar a posição que de fato cumpria. No exterior, porém, vestia o jaquetão preto, fazia questão de tirar o "dom", assinava apenas como Pedro de Alcântara e afirmava: "O imperador está no Brasil. Eu sou apenas um cidadão brasileiro."

Marc Ferrez
Escravos no terreiro de uma fazenda de café na região do Vale do Paraíba, ca. 1882
FOTOGRAFIA
INSTITUTO MOREIRA SALLES, RIO DE JANEIRO

O trabalho escravo e o café foram os dois grandes pilares que sustentaram o Império do Brasil. A região do Vale do Paraíba, cuja cafeicultura foi garantida pela escravidão, a partir dos anos 1850, configurou-se financeiramente como uma das mais importantes do país. Nos municípios de Vassouras, Paraíba do Sul e Bananal havia a típica demografia de *plantation*; ou seja, a concentração de escravaria em grandes unidades rurais para exportação, como se observa na fotografia de Ferrez. Outro aspecto que vale observar na imagem é o esquema de administração da paisagem adotado pelos fazendeiros do Vale — plantio alinhado verticalmente com espaçamento entre os pés de café —, que permitia a melhor supervisão dos grupos de escravos que trabalhavam tanto na campina quanto na colheita. Já Ferrez transformou-se, aos poucos, no grande fotógrafo do Império, a definir uma espécie de geografia simbólica do país. Captou escravos em todo tipo de trabalho, e conferiu às suas imagens um aspecto ordenado e calmo, como convinha à imagem pública do Estado.

Rodolfo Lindemann
Negra, ca. 1880–1900

CARTÃO-POSTAL (CÓPIA DE FOTOGRAFIA), 9 × 11 CM
INSTITUTO HISTÓRICO E GEOGRÁFICO BRASILEIRO, RIO DE JANEIRO

Rodolfo Lindemann
Criola, Bahia, ca. 1880–1900
CARTÃO-POSTAL, 14 × 9 CM
INSTITUTO HISTÓRICO E GEOGRÁFICO BRASILEIRO, RIO DE JANEIRO

Uma grande coqueluche na época eram os cartões-postais com retratos de "tipos de pretos", destinados à venda como mercadoria lucrativa, principalmente entre os inúmeros estrangeiros que aqui aportavam. Se os escravos do sexo masculino eram retratados sempre com atos e expressões que denotavam seu trabalho duro, a exemplo da fotografia de Christiano Jr., já as mulheres destacavam-se ora por sua beleza, ora por seus gestos e portes majestosos. Tendo nos ombros o característico pano da costa e ostentando muitas joias — de uso mais habitual entre pretas forras e mulatas livres —, elas cumpriam bem o papel de "produtos exóticos" e vinham ao encontro da clientela, carente por "lembranças" desse tipo.

*Rótulo do estabelecimento de morins e fazendas de Samuel,
Irmãos & Companhia, Rio de Janeiro, 1888*
ARQUIVO NACIONAL, RIO DE JANEIRO

Rótulo de uma fábrica de tecidos, a imagem não poderia ser mais alegórica ou reveladora do ambiente que imperou no contexto imediato da Abolição. Imaginava-se que a escravidão significava o único impedimento à entrada do país no rumo da civilização e que tudo se passaria da maneira mais irmanada e pacífica. O ato de maio de 1888 foi curto, e não previu ressarcimentos dos senhores ou a inserção social dos ex-escravos. A medida custaria caro aos libertos, que se viram jogados no mercado com poucas condições de competição, mas também para o Império que teria, a partir de então, seus dias contados.

Lei Nº 3353
13 de Maio de 1888

AGORA SIM!

Vue prise de bas du palais avec de la Tour Eiffel

Pavilhão do Brasil na Exposição Universal de Paris, 1889.
Vista tomada da Torre Eiffel
IN: ÁLBUM — EXPOSIÇÃO UNIVERSAL DE PARIS, 1889
FOTOGRAFIA, 16,5 × 21 CM
INSTITUTO HISTÓRICO E GEOGRÁFICO BRASILEIRO, RIO DE JANEIRO

A Exposição Universal de Paris foi realizada no ano do centenário da Revolução Francesa, durou seis meses e ocupou grande área no Campo de Marte. A mostra, que recebeu cerca de 30 milhões de visitantes, contou com a participação de muitos países, que apresentaram um pouco de sua arte, de sua cultura material, da tecnologia e, em alguns casos, exemplo de produtos pitorescos e exóticos de suas civilizações. Como a exposição comemorava a Revolução, muitas monarquias decidiram não comparecer ao evento. Esse não foi o caso da brasileira, que teve um pavilhão à direita, mas muito próximo da Torre Eiffel. Especialmente idealizado por Gustave Eiffel para figurar na ocasião, o monumento logo tornou-se o símbolo maior da exposição. Já o pavilhão brasileiro, embora ocupasse localização central na Feira, acabou parecendo diminuto diante da grandiosidade da Torre. Ainda assim, o Brasil se fez representar com 1,6 mil expositores, oferecendo a maior mostra já realizada pelo Império no exterior. Por lá, imperou o exótico dos trópicos, o caráter mestiço da cultura brasileira e seu imperador, que ficava postado, sentado, bem à frente do estande. Em seu diário, d. Pedro anotou: "Dessa vez fizemos bonita figura."

Nicolau Facchinetti
Entrega da mensagem do Governo Provisório a d. Pedro II comunicando sua deposição e ordenando sua retirada do país dentro de 24 horas
IN: SILVEIRA, URIAS A. DA. *GALERIA HISTÓRICA DA REVOLUÇÃO BRASILEIRA DE 15 DE NOVEMBRO DE 1889 QUE OCASIONOU A FUNDAÇÃO DA REPÚBLICA DOS ESTADOS UNIDOS DO BRASIL*. RIO DE JANEIRO: TYP. UNIVERSAL DE LAEMMERT, 1890
LITOGRAFIA, 29 × 14 CM
INSTITUTO HISTÓRICO E GEOGRÁFICO BRASILEIRO, RIO DE JANEIRO

Em 16 de novembro de 1889, o major Sólon, comandante interino do 9º Regimento de Cavalaria, acompanhado do tenente Sebastião Bandeira, da mesma Arma, ambos em grande uniforme, foram ao Paço da Cidade, com um piquete de cavalaria, levar ao imperador a mensagem que o destituía das funções imperiais e o exilava do Brasil. Após a leitura, d. Pedro II comunicou aos portadores que mais tarde enviaria resposta. Na ocasião da entrega estavam na sala, entre outros, a família imperial, o marquês de Tamandaré, os condes de Aljezur e Mota Maia, médico particular do monarca, que o acompanharia no exílio. A imagem acima apareceu nos principais jornais da época e nela tudo é representativo: destaque-se a tomada do imperador sentado, enfraquecido, quase um velho, diante de seus interlocutores, orgulhosos em seus uniformes e patentes.

1ª EDIÇÃO [2012] 11 reimpressões

ESTA OBRA FOI COMPOSTA EM NUSWIFT E IMPRESSA EM
OFSETE PELA GEOGRÁFICA SOBRE PAPEL PÓLEN SOFT DA SUZANO S.A.
PARA A EDITORA SCHWARCZ EM DEZEMBRO DE 2020.

A marca FSC® é a garantia de que a madeira utilizada na fabricação do papel deste livro provém de florestas que foram gerenciadas de maneira ambientalmente correta, socialmente justa e economicamente viável, além de outras fontes de origem controlada.